讓小小孩瞬間聽話的說話公式

不動氣、不恐嚇，輕鬆化解親子

15個天天都上演的失控小劇場！

HOW TO TALK SO LITTLE KIDS WILL LISTEN

A Survival Guide to Life with Children Ages 2-7

喬安娜 · 法伯 Joanna Faber
茱莉 · 金 Julie King——合著

鄭百雅——譯

「沒錯！本書提出的育兒工具用在小朋友身上真的有效！身為家長，思考孩子的情緒、了解孩子的願望、學著從孩子們的眼光看世界的時機，永遠不嫌早。同樣地，法伯和金也像是兩個冷靜沉著的朋友，在你最辛苦艱困的時候，適時在身邊提供幫助，從不會妄加評斷或者數落你。事實上，她們對家長的感同身受，絕不亞於在孩子身上付出的同理心。她們很清楚，一味懲罰或掌控孩子，只會是死路一條，因此她們用本書鋪蓋了一條讓家長和孩童走向互助合作、相互連結的康莊大道。」

——《遊戲力》作者勞倫斯．柯恩博士（Lawrence J. Cohen, PhD）

「法伯與金真是完成了一個不可能的任務！這本教導我們如何與小小孩說話的書，真是了不起的佳作。本書提出的技巧都經過紮實的調查研究，每個家長都需要好好讀一讀。這本書真是太棒了！」

——《好個性勝過好成績》作者約翰・高特曼博士（John Gottman, PhD）

「生命就是生命，無論有多渺小！」

——出自電影《荷頓奇遇記》
改編蘇斯博士（Dr. Seuss）的創作繪本

「我們和孩子說話的方式，會成為他日後和自己對話的方式。」

——佩姬．奧瑪拉（Peggy O'Mara）
美國《母職雜誌》（*Mothering*）總編輯、親子作家

目錄

第一部

基本工具

第五又四分之一章　孩子的基本需求……212

第二部

實戰工具

序言

輕鬆面對小小孩的各種挑戰

黛爾．法伯

我第一次察覺這兩位作者有可能出現足以創作出這本書的熱情，是在輪到我開車送她們去幼稚園的某天早上。我先讓喬安娜坐上車，接著在家附近接到茱莉，最後再開兩個路口，把羅比也載上車。沒多久，三個繫好安全帶的小朋友就在車子後座，嘰嘰喳喳地聊了起來。突然，氣氛急轉直下，三個人開始激烈地爭辯：

羅比：他沒有理由哭！他根本沒受傷啊！

茱莉：可能他心裡覺得受傷了啊！

羅比：那又怎麼樣？感覺一點都不重要，要哭就要有理由！

喬安娜：感覺**當然**重要，就跟理由一樣重要。

羅比：才不是呢！做什麼事都必須有好的理由。

我聽著這三個小小孩的對話，心裡覺得妙極了。這三個孩子為什麼各自會說出這樣的話，一點也不難猜到。羅比的媽媽是個非常正經，不能接受「沒有道理」的女人。茱莉的媽媽是個鋼琴老師，她很喜歡跟我聊我參加知名兒童心理學家吉諾特博士（Dr. Haim Ginott）親子工作坊的新發現。對於孩子，我們倆總是有聊不完的事，還有源源不絕的新點子，想在她們身上試一試。

有些時候，我們討論的片段會出現在我和依蓮．馬茲麗許（Elaine Mazlish）合寫的那本書中。依蓮和我都各自經歷了親子關係的重大變化，也從團體中一再見證了他人親子關係的轉變，因此，如果不把我們走過的這趟旅程盡可能分享出去，讓更多的家長知道，似乎是不應該的。更棒的是，我們還得到吉諾特博士的讚許。他曾經親自讀過且編修過我們初期的文稿。

讓我快速說明一下過去二十五年的經歷。我們共同撰寫的第一本書——《解放父母／解放孩子：快樂家庭氣氛指南》（*LiberatedParents/Liberated Children: Your Guide to a Happier Family*）獲得了克里斯多福獎的殊榮，獲獎原因是「確認了人類精神最高價值的文學成就」。很快地，我們又接著完成了七本書。其中，《怎麼說，孩子會聽 vs. 如何聽，孩子願意說》和《如何說，孩子才能和平相處》（*Siblings WithoutRivalry*）是最暢銷的兩本書，目前已在全世界被翻譯成三十多種語言出版。

當年被我載去幼稚園的小女孩現在已經長大，喬安娜和茱莉都已各組家庭，各自扶養著三個孩子。她們都曾遠赴海外，在不同的學習領域深造。茱莉的第一份實習工作是在法律援助機構擔任助理律師，當我想起那時她跟我說的話，現在嘴角仍會泛起微笑。當時她負責的案件是一個明顯因為雙方發生誤會而產生的訴訟。

「我們可以請兩邊當事人坐下來談一談嗎？如果他們能傾聽對方的說法，我相信他們一定會互相理解的。」她的上司對這種天真爛漫的想法感到不耐煩：「我們不會這麼做，因為我們不能和對方當事人聯繫。」茱莉後來告訴我，在那個當下，她第一次開始思考自己是不是入錯了行。當我想起喬安娜曾經十萬火急打過來的一通求救電話，現在的我也同樣揚起嘴角。那天，她正被班上幾個有特殊需求的孩子弄得精疲力盡、萬念俱灰。

「孩子們就是不肯停下來，他們不停在爭吵、打鬧，簡直一片混亂。我根本連一堂課都上不完！我該怎麼做？」

當時我的腦袋一片空白：「呃……妳也知道我遇到瓶頸的時候一般都怎麼做，不過……」

「噢，妳是說叫我試著和他們討論解決方案嗎？這還真是幫了我一個大忙啊！再見！」然後她就掛了電話。隔天一早她就採取了行動，她的新策略帶來令人意想不到的效果。我和依蓮當時正在寫《如何說，孩子才肯學》（*How to Talk So Kids Can Learn: At Home and In School*）這本書，我們相當興奮地把喬安娜的新發現寫進書裡。最後，這兩位女人都各自在自己的生活圈中，被周圍環境亟需親子工作坊的需求所召喚：喬安娜在美國東岸，茱莉則在西岸。她們多年來為無數的家長提供了協助，其中不乏有各種來自小小孩千奇百怪的挑戰。最後她們決定共同攜手，寫出一本自己的書《讓小小孩瞬間聽話的說話公式》依蓮和我相信，讀者們將在閱讀此書的同時能獲得令您滿心歡喜、躍躍欲試的新發現。祝您閱讀愉快！

這一切是怎麼開始的？

茱莉

我的兩歲兒子又尿在嬰兒床下面的地毯上了……又一次！我該怎麼做？我的公共政策和法律學位在此時一點也派不上用場。這樣一個年紀輕輕、連車子都還不能開的孩子（他根本連鞋帶也不會綁！）能在這麼短的時間內再一次讓我屈膝臣服，真是連我自己也不敢相信。

我從沒想過自己會從事親子教育的工作。我一直以為，我可以一邊為人母親，一邊追求自己職業生涯的成就。然而，當別人告訴我，我家老大有嚴重的發展遲緩，而且老二也出現了同樣的徵兆，我才發現，為人母親並不是我可以「一邊」做的事。我開始無止盡地和醫療專家、物理治療師約談，也開始為神經發展與常人不同的孩子聲援。

幸運的是，我有一個從小一起長大的親密好友——喬安娜。她的母親阿黛爾．法伯曾經參加已故的偉大兒童心理學家，海姆．吉諾特的親子工作坊。喬安娜的母親和我的母親也是關係親密的好友，她們倆總是在我們身上嘗試自己的最新育兒策略。當時我怎麼也不會知道，母親用在我身上的這些方法，竟然會在多年後，在三個孩子令我黔驢技窮時，救我一命。

在我兒子還在上幼稚園時，幼稚園家長教育委員會的負責人曾經詢問有沒有人能為家長們組織些活動。當時我自告奮勇用阿黛爾所寫的《怎麼說，孩子會聽 vs. 如何聽，孩子願意說》來帶一個家長的工作坊。我帶的第一個工作坊為期八週，因為效果實在太好，於是家長們堅持要我再帶八週、然後再帶八週……最後，這個工作坊竟然持續了四年半！透過口耳相傳，越來越多人邀請我去帶領工作坊，日積月累下來，竟成了一份我從來沒想像過的職業。

同時，我和喬安娜的友誼依然歷久彌新。我們在許多方面都不同：她喜歡戶外活動，尤其喜歡狗（你會在這本書中看到許多和狗有關的例子），而我喜歡坐在鋼琴前彈彈古典樂曲（於是喬安娜在書中提到的流行音樂，經常讓我摸不著頭腦）。儘管如此，我總是覺得跟她可以無話不談，她不僅會用心傾聽，還真的能夠理解我。雖然我們現在分別住在東岸和西岸，但去年一整年我們都一起在寫作，而我們的合作成果就是你手上的這本書。

我希望本書能讓你感覺人生獲得轉變，就像當時的我一樣；我也希望你在閱讀時常會捧腹大笑，就像寫書時的我們一樣。我將在第五章正式向你介紹我的三個孩子，我們將在那一章討論如何作為一個特殊需求孩童的家長，以及我們該如何教導他們。

這一切是怎麼開始的？

喬安娜

我要向您告解。我的母親是一位親子教養專家，寫過無數本盤據銷售排行榜的教養書籍。我和兩個兄弟從小就生長在一個父母會透過言語去尊重孩子的想法與情緒的家庭。就連我們最嚴重的一次衝突，也是用「討論解決方案」的方式來處理，而沒有受到爸媽的懲罰。

所以，為人家長對我來說應該是輕而易舉吧？我沒有任何藉口啊！而且，我也不覺得我需要任何理由開脫。因為我不只有一對近乎理想的父母，我自己也累積了許多經驗。我曾經廣泛閱讀、研究兒童發展與心理學的相關書籍文獻，在就學期間取得了特殊教育的學位。之後，我進入紐約教育體系，在西哈林區當了十年的老師，不僅指導過以英語為母語的孩子，也包括能說雙語的孩子。那麼當我自己生了孩子，想必是得心應手吧！

我還記得在我生出第一個孩子後，我曾經帶著還是嬰兒的他去逛超市。我溫柔地對著他又說又唱，一下子介紹蘋果，一下子介紹香蕉。另一個在超市採買的顧客靠了過來，由衷地給了句建議：「好好珍惜現在吧！在他還沒有開口說話之前。」天哪，這女人真沒禮貌！我可是等不及要聽我的小寶貝開口對我訴說他美妙的想法呢！

時間來到幾年後，場景換到雜貨店。這時的我，身邊已經有了三個小小孩，這天他們尤其特別地乖。兩個小的坐在購物車裡，老大則在幫忙我從架上取下要買的東西。一個老爺爺經過我們身邊，他停下腳步，看著這些可愛的孩子說：「你們真乖！我猜媽媽從來不嵩你們吧？」

由也沒有！」

重點來了。我家老大睜大眼睛看著他說：「才沒有呢！她一天到晚對我們大吼大叫，而且一點理

等等，這是怎麼回事？這些近乎完美的乖孩子是哪裡來的？那個從來不會「沒有理由就大吼大叫」的完美母親又跑哪裡去了？而且他還說我「一天到晚」這麼做！

當了母親之後，我發現這種二十四小時全年無休照顧著孩子的生活，會讓一個人的腦袋沒法好好運作。雖然我曾經認為自己應該是育兒方面的天生好手，但是當我必須不斷處理孩子們接二連三的需求、連綿不絕的情緒，日復一日、夜復一夜……我發現沒有什麼事情是簡單的，也沒有什麼事情能夠做到完美。有些時候，甚至只要能安然度過，就是大功一件。

作為一個新手媽媽，我絕不認為自己在育兒方面有足夠的智慧可以和他人分享，我甚至一點也不覺得我有多麼勝任媽媽的角色。事實上，關於家人的豐功偉業，我覺得避而不談才是上上策。我一直很低調，沒有讓身邊其他媽媽知道，我的母親是個出名的親子作家。當我的孩子們大哭大鬧、低聲啜泣，或是打成一團的時候，我希望自己能專心處理當下的狀況，而不是需要擔心會不會有其他人看著我，心裡想著：「嗯……這個人的媽媽是親子教養專家？」

沒想到，有一個人一直在身邊看著我，然後也發現了這個事實。有一天，在我帶著孩子參加團體遊戲的時候，我的朋友凱西這麼對我說：「喬安娜，我發現一本妳一定會喜歡的書，這本書寫的完全就是妳的教養風格，我在讀的時候甚至會想起妳和孩子說話的樣子。這本書叫《怎麼說，孩子會聽 vs. 如何聽，孩子願意說》。」

我發現，繼續裝不知道已經不是辦法。於是我只好承認，那本書的作者就是我母親。凱西聽到後興奮極了，馬上對著其他的媽媽說：「嘿，大家聽我說！喬安娜的媽媽寫了一本超棒的書，而她竟然從來沒跟我們說過！」

就這樣，我的祕密身分被揭發了。沒過多久，凱西就告訴我她正在安排教會的演講活動，並且詢問我能不能去教會談談作為阿黛爾·法伯的女兒，我的成長經驗是怎麼樣的？隨著演講的日子一天天接近，我開始盼望教堂能出點什麼事。當然我不希望傷害到任何人，所以只要稍微淹點水，或是好巧不巧停了電，就再好不過。我到底該跟這些人說什麼呢？我覺得自己根本不足以被稱為是家長的典範，這件事我根本連想都不想去想！

但是人們還是希望我能站上講台說點什麼。我看了氣象預報，天氣似乎好到不行，那天不會有龍捲風，也不會有暴風雪。我簡直走投無路。最後，我突然想起，我確實有點什麼可以跟大家分享。當凱西提到我的「風格」時，她想必也發現了。我並不是一個完美的母親，我和我的孩子曾經發生過無數次衝突。但是我確實會用某些技巧來幫助我們一起度過這些衝突，而且這些技巧我天天都在用。

於是，我去了教堂，完成了演講。結束後，當地的教友們開始興致勃勃地想成立家長互助團體。於是，我開始帶領親子工作坊，然後又做了更多次的演講，最後甚至在全國各地，在家長、老師、社會工作者與醫療照護者面前做報告和展示。

現在你手上的這本書之所以會出現，是因為有越來越多的家長希望能看到更多可以運用在幼兒身上的案例和對策，也就是那些恐怖的兩歲小孩、好戰的三歲小孩、粗暴的四歲小孩、魯莽的五歲小孩、自我中心的六歲小孩與偶爾稍微有點教養的七歲小孩。這本書讓我再一次回想成長過程中爸媽教會我的知識，我也在書中加入身在二十一世紀的我們如何成為成功父母的個人見解。本書有部分是和我從小一起長大的手帕交茱莉．金一起完成的。在我覺得自己才不過剛剛理清一點思緒的時候，茱莉就鼓勵我帶頭主導這本書。於是後來，我們就在這本書中一起寫下自己親身經歷的觀察，以及所有信任我們的家長和老師們，跟我們分享的故事。

我們將這本書分成兩部分。第一部要介紹的是家長的基本配備，在你的小小孩失控的時候，你會發現這些基本工具相當好用。第二部則以我們觀察到小小孩家長最常遭遇的挑戰為主題（包括讓他們吃飯、穿衣服、出門、不要亂打人、趕快去睡覺……等），在這些章節中，你會看到我們工作坊的家長們是如何發揮自己的創意，用超乎尋常的方式來使用各種溝通工具。我們希望這本書就像是一個充滿新點子的深井，當你感覺自己才思枯竭、黔驢技窮時，只要向下一探，就能撈起滿滿一桶清新沁涼、振奮人心的新點子！

我們曾經為了該用誰的口吻來寫這本書而苦惱了一陣子。畢竟，動筆後沒多久，我們就發現「我是喬安娜……」和「我是茱莉……」這樣的寫法是行不通的。我們也試過創造一個能同時代表我們倆人的角色，以及相應的孩子角色，但總感覺不夠真實。我們希望書中呈現的是真實發生在家庭中的故事。要是你已經翻開這本書，就會發現，雖然整本書都是我們共同協力寫出來的，但最後我們都認為用我們各自的口吻來說明是最恰當的。因此，你會在每個章節的題目底下，看到喬安娜或茱莉的名字，這是為了讓讀者知道，這一個段落主要是由誰來述說內容。這本書裡，所有的故事都是真實發生過的故事。雖然我們改掉了主角的名字，以及有可能透露出身分的細節資訊，但每一個案例都是真實存在的孩子、父母和專家間發生的故事，每一句話、每個情節都千真萬確。

第一部 基本工具

面對「歡比霸」、愛唱反調、邏輯不通又難以控制的小小孩時，父母一定要先學會「小小孩專用」的說話公式。第一部要介紹的是家長的基本配備，在你的小小孩失控的時候，你會發現這些基本工具相當好用，讓你與你的小小孩們能更有效的溝通。

第1章

處理情緒的工具

情緒到底有什麼重要的？

孩子心情不好，
就不可能做出正確的舉動。

來參加工作坊的家長們，通常都會對我提出的第一個主題感到不耐煩：幫助孩子處理不舒服的情緒。他們通常更希望直接跳到第二個主題：怎麼讓孩子聽命行事！其實，我們並不是真的不在乎孩子的感受，只是在家長筋疲力盡的當下，實在不會覺得孩子的情緒是需要優先處理的事。說白了，要是孩子們乖乖按照我們說的去做，事情順利完成，不就大家都開心了嗎！

問題是，想讓孩子乖乖配合，這條路是沒有捷徑可走的。你當然可以試試看，但結果很可能是深深陷入親子衝突的泥沼。

回想一下，你的生活中一定出現過某些難堪的場面，讓你慶幸自己好險不是在錄電視真人秀吧？例如當你對著孩子吼到喉嚨痛的時候；或是你已經對孩子說過一百遍不准把妹妹推到瓦斯爐附近，或是不准去拉家裡那隻養了多年的老狗的耳朵——「牠會咬你喔！到時候是你活該！」——但孩子老是把你的話當成耳邊風的時候。

我想，這些場景想必是發生在你累壞了、壓力很大，或正為了其他事情心煩意亂的時候。要是這些事情發生在你心情比較愉快的時候，你就能耐著性子展現出父愛／母愛的光輝了吧？或許你會順手把妹妹或那隻可憐的狗抱起來，很快地親她一下、撓撓狗狗的下巴，然後笑著把那明知故犯的小搗蛋鬼移動到別處。

說了這麼多，我究竟想表達什麼呢？我想說的是，當我們**心情**不好，就沒辦法做出正確的**舉動**。同樣地，孩子心情不好的時候，也不可能做出正確的舉動。如果我們不先照顧好孩子的情緒，他們當然就更不可能好好配合，最後我們別無他法，只能搬出父母的架子，或用更強悍的手段來處理。身為家長的我們，多半都希望自己只在千鈞一髮的緊急情況下才動用蠻力（例如將孩子從危險的馬路上拉回來時），既然如此，孩子的情緒問題就更不容忽視。那麼，現在我們就來看看，該怎麼處理孩子的情緒問題。

當孩子表現出正面情緒時，通常家長都能欣然接受，不會遇到什麼問題。畢竟，這很簡單啊！

「哇，小吉是你全世界最好的朋友啊？你好喜歡吃爸爸做的鬆餅呀？你好想趕快見到小嬰兒嗎？好棒喔！很高興聽到你這麼說。」

當孩子表現出負面情緒時，才是家長走錯的第一步。

「什麼？你討厭小吉？他不是你最好的朋友嗎！」

「你想打他一拳？你**最好敢**給我試試看！」

「你說鬆餅吃膩了？怎麼會？你不是最喜歡吃鬆餅的嗎？」

「你要我把小嬰兒**還回去**？怎麼可以這樣說話！**不准**再讓我聽到第二遍！」

我們不想接受負面情緒的原因是……呃……因為它們太負面了。我們不想讓這些負面的念頭繼續滋長下去。我們希望能讓這些想法被改正、縮小，最好全部通通消失。我們的直覺反應是必須盡快、儘可能把這些情緒推得越遠越好。但事實上，反而是這樣的直覺反應讓我們誤入歧途。

我的母親經常告訴我：「要是你不確定該怎樣做才對，就設身處地想一想。」那麼，我們就來試試看吧！假設你現在正處於下面這個情境中，請想想看你會有什麼樣的反應：

假設有一天，你一早起床就覺得全身不舒服。你昨天晚上根本沒睡飽，即將發作的頭痛已經在蠢蠢蠢欲動。在去幼稚園上班的路上，你半路停下來想買杯咖啡，剛好在那兒遇到你的同事。你對她說：「唉！我今天真不想上班，想到孩子們大吼大叫、吵吵鬧鬧的樣子，就覺得好累。我只想回家吞個止痛藥，睡上一整天！」要是你的朋友這樣回應你，你會有什麼感覺？

如果她……否定你的情緒，指責你的工作態度？

「嘿，別再抱怨了好嗎？小朋友沒有那麼壞，你不應該這樣說他們。而且，你明明知道，你只要進了教室，就會很喜歡跟他們在一起。來啦，笑一個。」

或者……用溫柔的方式跟你說人生的大道理？

「哎呀，世上沒有完美的工作，這就是人生啊！所以抱怨是沒有用的，老是這麼負面思考，對你一點幫助也沒有。」

那要是她……拿別的老師來跟你比較呢？

「你看麗姿，她上班永遠是開開心心的樣子。你知道為什麼嗎？因為她總是做好萬全的準備。她每天都能拿出很棒的課程計畫，因為她早在幾個禮拜前就已經準備好了。」

不然……多問你一些問題會好一點嗎？

「你昨天睡得夠嗎？你是幾點睡的啊？你會不會是感冒了？你今天吃過維他命C了嗎？你有用學

校裡放的消毒濕紙巾嗎？要用才不會被小朋友的細菌傳染啊。」

我曾經在工作坊中用這些情景舉例，下面是在場某些家長的回應：

「我再也不要跟**你**說話！」「你才不是我的朋友！」「你根本就**不懂**我的感受！」「我恨你！去死吧！」「嗯哼……（翻白眼）」「**閉嘴！**」「我絕對不會再跟你說我的煩惱了，從現在開始我們就只聊天氣吧！」「我覺得好有罪惡感，竟然因為這點小事不開心。」「是啊，我也在想為什麼我就不能搞定這些孩子呢？」「我覺得自己好可憐。」「麗姿真是討厭死了。」「我覺得自己好像在被別人審問。」「我覺得自己被批評了，你一定覺得我很白痴對不對？」「這些話我不好明說，所以我就消音吧……X你的！」

當我們的負面情緒被其他人否定時，心中可能會出現強烈的敵意。最後那位家長把這樣的情緒傳達得淋漓盡致。當別人這樣對待我們，我們的情緒很可能從原本的一點不開心，迅速轉變成巨大的憤怒。**孩子們也是一樣**。那麼，在這樣的情況下，別人**到底**該說什麼才能對我們產生幫助呢？我想，只要有人能承認並接受你的情緒，那天早上你的悲慘程度大概就會好多了。

「天哪……身體不舒服的時候還要上班真是太慘了，尤其我們從事的工作又必須得跟小朋友互動。現在我們最需要的，就是一場來得正好的暴風雪，不然來個小小的龍捲風也好，只要今天能停班停課就好。」一旦自己的情緒被認可，人們就會覺得鬆了一口氣：「她真的懂我、我覺得好多了、或許沒有這麼慘、或許我能撐過去。」那麼，當孩子出現負面情緒時，我們是否曾經試著糾正他們、責備他們、審問他們、對他們說教？家長們想都不用想，就向我舉出一堆例子。以下是最常見的幾種：

否定孩子的情緒：

「你才不是真的討厭上學呢，等你到了學校就會很開心了！」

有沒有任何一個孩子曾經點頭說：「你說的對，你正好提醒了我，我**真的**很喜歡上學！」

講人生大道理：

「聽好了，小朋友，人生本來就是不公平的！你不能一直覺得別人的比較好。」

你覺得你的孩子會這樣回答你嗎？「天哪，剛才我真的超沮喪，聽到你說人生不公平之後，我突然就好了耶！謝啦，爸比！」

提出問題：

「你為什麼又亂丟沙子了呢？我剛才不是跟你說了不可以嗎？」

有哪一個孩子會說：「對耶，我為什麼會這樣呢？我想大概沒有一個合理的原因吧！謝謝你指出來，我以後不會再這樣了。」

跟別人比較：

「你看看奧莉維亞，她一直安安靜靜坐在那邊等，馬上就會輪到她！」

請問誰的孩子會說：「好耶，我要跟奧莉維亞學習！」孩子應該只會想朝她頭打下去吧！

長篇大論：

「為什麼每次弟弟玩什麼，妳就想要玩什麼？妳剛剛明明不想玩那個玩具啊！妳只是不想讓弟弟玩吧！妳這樣很不好。而且，那個是給小寶寶玩的玩具，妳現在已經是姊姊，是大女生了。妳應該要讓給弟弟玩！」

這世界上有哪個孩子會說：「是的，親愛的媽媽，請再多說一點。我真的從妳的話裡學到好多喔，讓我把重點記下來，這樣我等下才能再複習一遍。」

好啦好啦。我知道你們一定會這麼說。

「可是對朋友比較容易有同理心嘛！朋友都是大人了，大人比較懂事啊！小孩才不是那樣，他們通常沒有道理可言。而且我的朋友也不會害我晚上沒辦法睡覺……呃，至少大部分的朋友不會啦！我不用催我的朋友去上學、叫他們趕快刷牙，或是阻止他們亂打兄弟姊妹。要我把小孩想像成大人並不能解決問題。要是有哪個已經成年的朋友，還做出像我孩子一樣的舉動，我大概也不太可能跟他來往了。」好，我懂你的意思。我們不能用對待大人的方式來對待小孩。但是如果我們想要孩子願意跟我們配合，而不是心中充滿敵意，我們就還是需要把大人心情不好時適用的那套原則（承認他的感受）想辦法派上用場。現在，讓我們打開工具箱，看看我們能怎麼把平常慣用的方式，調整成可以用在小朋友身上的技巧。

工具一　透過語言承認孩子的感受

下一次，當你的孩子說出某些負面或激動的話時，請採取以下步驟：

1. 咬緊牙關，千萬忍住不要馬上否定他！
2. 想像一下，他現在是什麼感受？
3. 用一句話說出他的情緒。

要是你夠幸運的話，就會發現孩子的壞情緒幾乎馬上消失大半。壞情緒必須被釋放，好的情緒才能進駐孩子心中。如果你想方設法要把那些壞情緒壓回他心底，這些負面情緒只會不斷浸漬，變得更濃、更強烈。

舉例來說：當孩子告訴你：「我恨死小吉了，我以後不要再跟他玩了。」

與其說：「你當然還會跟他玩，因為小吉是你的朋友啊！而且不可以說『恨』這個字喔。」

不如說：「哇，聽起來你現在真的很生氣！」或是「小吉真的做了讓你好生氣的事喔！」

當孩子告訴你：「我們為什麼每天都在吃鬆餅，我討厭鬆餅。」

與其說：「你明明很喜歡鬆餅的啊！鬆餅不是你最喜歡的食物嗎？」

不如說：「你聽起來對早餐吃鬆餅這件事感到很失望，你今天好像比較想吃別的東西。」

當孩子告訴你：「這個拼圖好難！」

與其說：「不會啊，很簡單，我幫你。你看，這一塊不就是放在角落的嗎？」

不如說：「噢對呀，拼圖有時候真的讓人很挫折，這些小東西簡直可以把人搞瘋掉。」

當你這麼說的時候，其實你也正在把重要的情緒字彙教給孩子。等到他們有需要的時候，這些字彙就能派上用場。當他們哭著大喊：「**我覺得好挫折！**」，而不是亂咬、亂踢、亂打的時候，相信你會因此感到激動不已！

重點　我們可以接納所有的情緒，但有些行為必須被制止！

我的意思不是說，接下來你就袖手旁觀，在孩子往小吉臉上揍下去的時候，還站在旁邊拍手叫好；我也不是要你在他對鬆餅挑剔、不滿的時候，馬上轉身去做他想吃的蘑菇起司煎蛋。事實上，你只需要單純接納他的情緒就好。通常，只要你簡單地承認他的感受，就足以讓孩子不至於崩潰或失控。當然，有時候光這麼做並不夠，那麼，你可以在第二章學到更多能派上用場的工具。

就像所有知易行難的事情一樣，接納他人情緒這回事，也是說得比做得簡單。我自己就曾經一再被這看似簡單的技巧難倒。接下來，我將帶你重溫幾個我親自經歷的情景（在我身上發生的次數太多了，這裡只簡單舉幾個例子）。對我來說，這些故事最美妙的地方在於，當你聽完故事回家準備練習時，你會知道，不管搞砸多少次都沒關係。你永遠有改正的機會！你可能在這條路上徬徨徘迴、陷入泥沼，但是你依然可以想辦法把自己拖出來，撓一撓身上被蚊子叮咬的包，然後繼續前進。這些搔癢的紅腫終會消退，你身上的泥濘也總有一天會洗清，你的親子旅程又會再一次變得好玩，至少持續一小段時間。

當一段對話就快演變成衝突，我的母親通常會做出像擦黑板一樣的手勢，然後說：「擦掉，重來！」不過，這個做法現在看起來太老派了。畢竟她是生長在一個老師還在用黑板上課的時代。現在的小朋友還知道黑板是什麼東西嗎？工作坊中的某些家長會改說「**倒帶！**」，然後一邊倒退走出門外，再重新走進房間，修正自己的言語。不過，這聽起來還是有點過時，畢竟現在也沒有人在看錄影帶了。那麼，如果我們想要有再一次重新來過的機會，在這個時代應該用什麼作比喻呢？例如，大喊「Control、Alt加Delete！」或是「重新開機！」加上用手指按某個按鈕的動作？不管你用什麼做比喻，重要的是，要給自己無限次重新來過的機會。下面是在我的孩子還是小小孩的那幾年，我曾經成功轉換話鋒，在險些釀成大禍的惡水中順利向前航行的例子。

令人失望的海綿玩偶

山姆三歲的時候，會玩一種海綿蛋玩具。只要把蛋丟進溫暖的水裡，就會膨脹成各種迷你的海綿動物。那時他堅持每天只要玩一個，因為這樣才能玩比較久。他一天到晚問我：「現在已經是明天了嗎？」儘管都問到快把我搞瘋了，他還是堅持按照自己的計劃行事。沒想到，第三天的海綿蛋竟然孵出兩隻鼻子連在一起的小馬。

山姆：這是什麼？

我：（千萬得好好說才行）哇，寶貝你看，這是一個馬媽媽跟一個馬寶寶。

山姆：才不是！我根本看不到它們的臉！

我：可以呀，你看，它們在親親！

山姆：我不喜歡它們。

我：（快要無計可施）我可以用筆幫它們畫鼻子喔！

山姆：就算這樣我也不喜歡！

我：（還在傻傻堅持）我可以用剪刀把它們分開，這樣你就可以看到它們的臉了喔！

山姆：就算這樣我也絕對、絕對不會喜歡它們！它們壞壞！

我：（這時才終於開竅）噢，我知道了，你不喜歡它們的臉擠在一起是不是？

山姆：對。我要去跟小企鵝玩了。

我為什麼寧可說這麼久，也不去接納他的感受呢？因為我太想要扭轉情勢，我希望解決問題，我想保護我的孩子，讓他不要感到難過或失望。好啦，坦白說，我是想保護我自己，以免我需要承受孩子悲傷的情緒。誰喜歡看到自己的孩子哭哭啼啼呢？但是，他也同樣迫切地需要把心中失望的感受傳達出去，這樣他才能轉換成更快樂的情緒。下面是山姆又一次感到失望，而我又沒有在第一時間接受他情緒的例子。

《神偷卡門》究竟在哪裡！

這個故事發生的時候，阿丹五歲，山姆三歲。

我：阿丹，我幫你把《比爾教科學》（*Bill Nye the Science*）錄下來了喔！

山姆：那你有幫我錄《神偷卡門》（*Carmen Sandiego*）嗎？

我：沒有啊。

山姆：哇～（開始大哭）。

我：你又沒有請我幫你錄，阿丹有**請**我幫他錄《比爾教科學》啊！

（請問當孩子在哭的時候，像這樣好好解釋事情發生的理由，真的有幫你解決問題嗎？）

山姆：（繼續哭，完全不理會我解釋的前因後果）。

我：（看他這麼愛哭真讓我不耐煩）山姆，《神偷卡門》每天都會播，你明天再看就好了。

山姆：（哭得更大聲了！眼看就要一發不可收拾。）

我：（決定換個方法）噢，你聽起來**好**～失望喔！你是不是很喜歡《神偷卡門》？

山姆：（突然不哭了）對，那是我最喜歡看的節目。

我：好啦，那你跟我說說，你為什麼喜歡它？

山姆：我喜歡裡面有很多人跳舞，還有會冒煙的機器，他們都在想辦法抓壞人，我覺得好酷。

後來我們好好地聊了《神偷卡門》有多酷，就像兩個正常人一樣對話。

奇怪了，我明明知道的，但是為什麼這次又沒有在一開始就接受他的情緒呢！好吧，既然你想知道，我就告訴你！當時我很確定山姆就是因為一點小事情在過度反應。對我來說，只不過是錯過一集電視節目，沒必要崩潰大哭吧！但是，對孩子來說，他的情緒就是如此真實、如此重要，就像大人覺得自己的感受是如此真實而重要一樣。想讓孩子的情緒趕快「過去」，最好的辦法就是幫助他度過。下面是另一個曾經讓我覺得很難接受情緒的例子。

積木大戰

還有一次我也曾經感覺很無助。那時山姆才一歲，三歲的阿丹正在旁邊玩積木。山姆向他靠近，阿丹卻看起來一臉防備的樣子。

我：阿丹，給弟弟幾個積木，他只是想要跟你一起玩。

阿丹：不要，我在組東西。

我：不要這樣嘛，他只會玩一下子而已，你也知道小嬰兒不會玩很久。

這時，山姆把手伸向阿丹堆到一半的積木，阿丹立刻把他推開，山姆跌在一旁，開始大哭。

我：阿丹，你幹嘛啦！你看，你把弟弟弄哭了！

顯然，這樣的言語是很傷人的。不過，當家長的福利之一，就是雖然這次搞砸了，但永遠會有下一個機會等著你。以這個例子來說，同樣的場景大概在我家發生了幾百遍，所以我多的是機會練習。下面就是我處理得比較好的一次：

阿丹：不要！不要！不要！

我：（試著接受並且說出他的情緒）啊~你剛才正在組一個特別的東西，結果小嬰兒竟然想把它拿走，你一定覺得很洩氣！

阿丹：這裡！這裡！這裡！（他狡猾地在地上丟了一把積木，分散了嬰兒的注意力。接著再把他的小作品搬到茶几上。）

我：哇，你現在知道怎麼樣可以讓小嬰兒開心了耶！

回到第一個情景，為什麼我當時很難馬上接受阿丹的情緒呢？嗯……因為那時我覺得，只為了幾塊積木就讓弟弟撞到頭，這是非常不對的。我希望他**現在**就可以了解這件事，而不是繼續沉浸在想攻擊的衝動裡面，就算多一秒鐘也不行。但是，唯有先去尊重他在作品被亂碰時感受到的強烈不滿，才可能讓那股想攻擊的衝動消退。當我對他的感受視而不見，就等於他必須同時對弟弟和母親抗爭。

我們經常會不自覺這樣做——我們不願意把悲傷的情緒說開、我們會忽視那些自己覺得不值得一提的細微感受、我們會儘可能抑制憤怒。我們不希望這些負面的情緒被放大，所以去承認、接受它們，似乎是違反本能的。

你或許會想：「我們不是本來就需要趁機教育孩子，告訴他為什麼我要求他這樣做嗎？難道我們不需要告訴孩子，他必須懂得尊重其他人的感受嗎？」

我的回答是：對，沒錯……但是現在還不是時候。如果孩子的感覺沒有先被接受，那麼不論你多麼詳盡地解釋，多麼熱切地懇求，他們也聽不進去。住在我家隔壁的小不點就曾經親自示範給我看。事情是這樣的，有天我答應幫忙鄰居照顧她的孩子小賈姬，讓她能抽出時間去完成重要的文書工作，結果……。

失敗的保姆

賈姬：（當時她三歲）：我想回家。

我：可是你才剛到呢！我們在院子裡玩一下吧，我們可以一起盪鞦韆喔！

賈姬：不要！我要回家！

我：可是你的媽咪有重要的事情要做耶，我們可以在這裡一起玩！

賈姬：不要！（然後馬上朝著她家跑回去。）

我（打電話給賈姬的媽媽）：賈姬還好嗎？

賈姬的媽媽：嗯，她沒事。

我：不好意思，搞成這樣。她有說她為什麼不想待在我家嗎？

賈姬的媽媽：她只有跟我說，「喬安娜一直『啦啦啦啦啦～』不知道在講什麼！」

哇，這位小朋友怎麼能這樣說！我可是親子溝通專家耶！

但是因為我沒有先去承認她的感受，所以無論我再怎麼努力想說服她留下來，她聽到的就只有「啦啦啦啦啦」而已。

孩子需要靠我們把情緒說出口，才能慢慢建立起自我意識。如果我們不這麼做，就表示無形之中我們正在傳達著這樣的訊息：「你說話言不由衷，你不知道自己知道什麼，你沒有感受到現在的感覺，你不能相信自己的感官。」

孩子需要我們確認他的感受，如此一來，日後他們才能長成一個知道自己是誰、清楚自己感受的成年人。當我們這麼做的同時，也是在培養他成為一個能尊重他人，不會忽視別人的需求和感受的人。好啦，我知道了，那這個話題可以結束了嗎？我聽到你這麼說。我們想看第二章了！我不會勉強你繼續看下去，如果你想跳過這一章，隨你高興沒問題。但我還需要就這個主題再多說一點。接納孩子的情緒是一個很大且非常重要的議題，因此在我到下一章跟你會合之前，我還需要多談談這個議題的其他面向。我敢說，只要我在遇到棘手情況時能多花點時間去接受孩子的情緒，那麼許多衝突就會迎刃而解，甚至根本不需要用到介紹的技巧！接下來，我將介紹幾個能幫助你更順利接受孩子情緒的點子。

重點 別說「但是」這個字

在我們用超級溫柔的語氣說出孩子的情緒之後，再加上一個「但是」接著說下文，是非常誘人的好主意吧？我們總會擔心，要是接納了孩子的負面情緒，孩子就會以為我們是在贊成他的負面行為。因此，我們總是用下面這些話來破壞原本美好的出發點：

「我可以理解你現在很生氣，**但是**你不可以打妹妹啊！」

「我知道你很沮喪，因為弟弟把你的樂高弄壞了，**但是**你要知道，弟弟只是小嬰兒啊！」

「我知道你想留在這裡繼續玩，**但是**我們現在要去接哥哥了。」

「我知道你現在想吃巧克力跟餅乾，**但是**我們家裡現在沒有。」

當你說出「但是」這兩個字，就等於前功盡棄了。這就像是在說：「我知道你現在是什麼感覺，而我要告訴你，為什麼你不應該有這些感覺。」想像一下，要是有個人跟你這樣說，你會有什麼感覺：「真遺憾你母親過世了。但是，唉呀，逝者已矣，你們現在就是生死兩隔，你流再多眼淚也沒辦法改變什麼啊！所以，趕快走出來吧！」每當你覺得「但是」就快從嘴巴脫口而出，你可以用這個好用的字來取代：

問題是……

「是啊！你想專心組太空船，妹妹又爬一直過來，真的很煩吧！**問題是**，妹妹還不知道樂高是怎麼玩的呀！」

「你好想吃餅乾，可是打開盒子卻發現吃完了，真的好失望！**問題是**，現在已經太晚了，我們沒有辦法出去買了。」

當你用「問題是」來表達的時候，相當於在告訴孩子有一個問題可以一起解決，而不一定非要把心中的情緒趕走不可。例如你可以換到一個小嬰兒碰不到的桌子去玩樂高，或者你可以在採購清單上面，用紅筆大大地寫上「要買餅乾」，然後貼在冰箱前面。

在我帶的工作坊當中，有一個正經八百的母親，名叫唐尼。她跟我反應，用「問題是」這個字並不恰當。「因為，並不是每件事情都是個問題啊！」她提出異議：「為什麼要把什麼事都說成一個大問題呢？餅乾吃完了就是吃完了呀！接受現實好嗎！」

於是我不得不思考。可惡，這就是我提供的解決辦法，這個人卻聽不進去。但是我又必須接受她的情緒。我最好趕快想出另一個可以替代的字。好在，我馬上想起媽媽以前會對我們說的另一個字。「啊，那你試試看這樣說。」我提供了下面這個選項：

雖然你知道……

「**雖然你知道**現在已經太晚，沒辦法出去買餅乾了，可是你現在就是好想吃喔！」

「**雖然你知道**我們現在需要去公車站接哥哥了，可是你玩的正高興，要離開這裡還是讓你覺得很惱人。」（你看，你還順便教了他一個新字：惱人！）

用「雖然你知道」這個字並不會讓孩子不開心，因為這表示你相信孩子已經理解當下的問題，同時，你還讓他清楚知道，你對於他現在的感覺是多麼能夠感同身受。

工具二 透過文字承認孩子的感受

當孩子看到自己的感覺或期望被白紙黑字寫了下來，那種感受有可能是非常強大的，甚至對還不識字的孩子來說，也是一樣。當你出門購物時，我會建議你帶上紙和筆，這樣你就可以在需要的時候，寫下孩子的「願望清單」。你會發現這招非常好用，尤其當你為了幫**別人的孩子**準備生日禮物，不得不踏上走進玩具店這條不歸路的時候。眼前有鋪天蓋地的誘惑讓你的孩子目不暇給，而且他可是一點預算概念也沒有。與其跟孩子解釋，因為你上個月才買過生日禮物給她，所以她現在不應該再吵著想要新玩具，她這樣看起來就像是被寵壞的臭小孩一樣……（**這樣**的長篇大論到底哪一次起過作用？），你還不如就把她想要的東西，寫在她的願望清單裡。對孩子來說，有一個實際存在的清單，上面寫著她想要的東西，這樣就很令人滿足了。而且你還可以把這張清單貼在家裡，當你需要幫孩子買生日禮物、節日禮物時，隨時可以用來參考。

「但是這麼做會不會讓孩子覺得，他所有的願望都一定要被實現？」總是單刀直入的唐尼這麼問。「正好相反，」我說：「回想一下，曾經有多少次，我們為了不在公共場合丟人現眼，只好掏出錢來，買下那些根本不需要買的東西？把孩子的願望寫下來，就是另一個讓你避免公開出糗的方式，而且還不會把孩子寵壞。你可以把它想成是另一個一邊接納孩子情緒，一邊限制他們行動的機會。」

當孩子的情緒被接納，他們才更容易接受「想要的不見得永遠能得到」的現實。例如，延續玩具店的例子，你可以說：「哇，這個獨角獸真的好酷喔！你很喜歡它的毛亮晶晶的樣子……它的屁股上還有粉紅色跟橘色的星星耶！那我們把獨角獸寫在願望清單裡面吧！」寫歸寫，誰知道之後會怎麼樣呢？或許她會努力存下零用錢來買，或者她會在她生日時請柏塔阿姨買給她當禮物，也或許幾個禮拜、幾個月後，她喜歡的東西又不一樣了，於是她就會把獨角獸從願望清單上劃掉。重要的是，她會知道當她渴望想得到某樣東西的時候，她的家長真心地傾聽了她的感受，而這將幫助**她**發展出能夠「延遲滿足」的重要能力。那麼，當我們需要幫家裡的某個孩子添購某樣東西，而另一個孩子並不需要這樣東西的時候呢？我們是否會為了公平起見，忍痛多買一份？還是閉著眼睛熬過另個孩子受傷難過、哭哭啼啼的樣子？只要使用這個技巧，你就可以發自內心真誠地同理孩子的感受：

「**雖然你知道**你還不需要買新的睡衣，可是看到哥哥有新睡衣，你也很想要吧！那我們現在先把你想要的花色寫下來，這樣以後等你需要買睡衣的時候，就知道要買什麼樣的了。」我們在工作坊中討論過承認孩子的感受之後，小組裡總是最躍躍欲試的家長麥可，在下一次見面時就回報了成果。

工具三 透過藝術創作承認孩子的感受

有些時候，孩子的感受可能非常強烈，這時，只靠父母說出來或寫下來可能不夠。如果你當下有發揮創意的興致，不如用藝術創作的方式試試看。這可不是只有偉大的畫家才辦得到的事，用貼紙也可以喔！瑪麗亞是兩個孩子的媽，妹妹伊莎貝爾一歲，哥哥班傑明三歲。班傑明每天都會大哭大鬧好幾次。

瑪麗亞的故事：火車事故

最近班傑明完全迷上了玩具火車。他特別喜歡把軌道搭得很長、設很多交叉點，然後讓火車爬上爬下，可是有時候，火車或軌道會摔下來或散掉。奇怪的是，每當遇到這種情況，小班馬上就會瞬間暴怒，然後開始把火車跟軌道拿起來亂摔。有一天，我剛好在看他玩火車，火車爬上山頂之後，果然在走下坡的時候又要翻車了。那一瞬間，我看出班傑明又快要發作了。平常這種時候我總是說：「沒關係，我們把它修好就好，不用擔心。」接著他就會開始尖叫、亂丟東西。但因為我上過工作坊的課程，所以這次我**沒有**這麼說。當時我是這麼說的：「啊！好沮喪喔！你不喜歡看到火車翻車。」。

他抬頭看著我，沒有尖叫。我手邊剛好有一塊小黑板，我順手把它拿了過來，跟他說：「我們來畫畫看你現在是什麼感覺。」

我畫了一個哭臉。「這是你現在的感覺嗎？」

他對我點點頭。我在眼睛附近畫了一滴眼淚，他說：「再畫一個。」

我又多畫了幾滴眼淚。他伸手想要拿粉筆，這時我看出他的眼神已經恢復了一點神采。他又畫了幾滴超大的眼淚。然後我畫了一張看起來沒有那麼悲傷的臉。當時小班的臉上已經出現一點點笑容，所以我把它畫成笑臉。然後小班就開始咯咯地笑起來了。後來我們就回去繼續玩火車。我成功把他的怒火澆熄了！

下面這個故事的主角安頓是一個自閉兒，因此，每當期望落空的時候，對他來說總是更難調適。他的母親安娜在工作坊中分享了這個故事。

安娜的故事：釀成大禍的小睡

我跟安頓說好，我們離開叔叔阿姨家之後，可以順路停在一個很酷的兒童遊樂場玩一下。但是那天我們很晚才走，而且當車子經過遊樂場時，安頓在車子裡睡得正好，我當然不想把他叫起來。其實我心裡暗自希望，他可以就這樣一直睡到明天早上，不過，在他爸爸把他從車子裡抱出來的時候，他還是醒了。當他發現自己錯過了去遊樂場玩的機會，他馬上就開始大哭，並且喊著：「妳騙我！妳騙我！」

我儘可能沉住氣，跟他解釋那是因為當時他在睡覺，但是這樣只讓他更加生氣。最後我說：「我知道你真的很喜歡那個遊樂場。雖然你當時已經睡著了，你還是寧願起來玩。你其實希望我們把你叫醒！」

「對！」

我隨手拿了紙筆，開始畫畫。「你在那個遊樂場裡面最喜歡的是什麼？」

「鞦韆，」他說。於是我在紙上畫了鞦韆。

「還有那個很大的溜滑梯也要畫。」我把溜滑梯也畫進去了。然後他在旁邊畫了一個雪球。

「那個吊橋呢？要畫嗎？」

「要！」

於是我畫了吊橋，還在橋上畫了一隻貓和一個小男孩。最後他說要把這張圖貼在房間的牆壁上，所以我們就把它貼在他的床旁邊。呼，真是成功解救了那天晚上的大災難啊！麥可跟往常一樣對這個新的辦法躍躍欲試。他在實驗過後，回來跟我們分享了下面這個故事。

麥可的故事：火球

那天早上，我去叫四歲的傑米起床準備上學。他躲進棉被裡，告訴我說他不要起床、不要去學校、他討厭上學！

我輕輕搓了他的背，說：「好，我看的出來你現在還**沒有**準備好要起床。我現在會下樓去做早餐，只要你準備好，隨時都可以下來。我會在樓下幫你拿出紙跟蠟筆，這樣等你下樓，就可以畫一張圖告訴我學校到底有多討厭！」

大概才過了五分鐘，我就聽到傑米砰砰砰跑下樓，瞬間在他的座位上坐好了。「紙跟蠟筆呢？」我當時以為他不會吃這一套，所以根本沒有提前準備好。於是，我迅速地把紙筆拿過來給他，他馬上激動地畫了起來。我看了一眼，然後問他：「這些又大又紅、到處彈來彈去的東西是什麼？」

「這是學校裡的火球，」他斬釘截鐵地說。

他說得像真的一樣，以至於我還真的問了他，學校裡真的有火球嗎？

「當然沒~有！」一個四歲小孩用他最最不屑的語氣回答了我。

「他吃完早餐之後就開開心心地去上學了。我到現在都不知道那些火球究竟是怎麼回事。」有些時候，只是畫畫是不夠的。瑪麗亞的三歲兒子班傑明很容易生氣，而且經常一氣起來就會開始打自己或打媽媽。有一次，瑪麗亞邀請小班把它的感覺畫出來，我們一起來看看這個故事。

瑪麗亞的故事：表演藝術

小班那天又生氣了，因為他周末沒辦法跟爸爸一起出門。他開始鬱悶地在家裡晃來晃去，用腳踢東西。我找來一疊紙和幾隻蠟筆，跟他說：「來，你有多生氣，畫給我看。」

小班吼著：「不要！」，然後把蠟筆丟到地上。看來這個技巧不管用，但是因為我必須在下次聚會時分享在家裡實驗的結果，所以我耐著性子繼續嘗試。

我自己拿起蠟筆，邊畫邊說：「你有這～麼生氣！」我畫了幾個表示憤怒的符號，一邊畫，一邊像是在攻擊那張紙一樣。我用蠟筆狠狠地劃過紙張，這個動作吸引了小班的注意。他拿起蠟筆，用力地在紙上畫了好幾道線條。他似乎很喜歡這麼做。接著，他用雙手拿起紙，開始把它撕成碎片。當時我一直在旁邊說：「哇，原來你這麼生氣！」

當他把紙全部撕碎之後，他看著地上的紙屑，突然咯咯笑了起來：「媽咪，你看我剛剛有多生氣，呵呵呵！」

「是啊，你剛才**真～的**好生氣。真是可憐的紙啊，看起來像是被老虎咬過一樣。」

他起身離開，跟我說想吃點心，於是我拿了幾片蘋果給他。後來，那天他時不時就會走去看看地上的那堆紙屑，然後高興地說：「你看！我剛剛有多生氣！」

重點 情緒表達要切題，而且要誇張一點！

有些家長告訴我，當他們試著去承認孩子的感受，孩子反而變得更激動。就是沒有用啊！我請他們舉個例子。

唐尼說：「例如我跟我的兒子湯瑪斯說：『你看起來很生氣。』結果湯瑪斯反而更生氣地回我：『我不是**看起來**很生氣，我現在**就是**很生氣！』」

當我聽到唐尼冷靜的語調時，我說：「啊哈！你說的話雖然表示你理解我的情緒，但是你用的語調其實是在叫我冷靜一點。」一個人在生氣的時候，沒有什麼比聽到別人叫他冷靜更上火的了。小組裡的另一個媽媽，莎拉，馬上表示贊同：「冷靜是我老公**絕對不能**說出口的兩個字。他要是敢的話，我會把他的頭扭斷！」

「想像一下，假設有一天你打電話給我，跟我說：『今天真是糟透了！孩子們精力超級充沛，但是外面下大雨，他們只好無聊到在家裡玩樂高。後來我終於把手邊事情搞定，決定帶他們出門去看電影。到了電影院才發現，報紙上寫的放映時間是錯的，只好打道回府。這下好啦，孩子們現在全部哭成一團，怨聲載道。』」

我用一種超級溫柔、超級平淡、而且冷靜到令人抓狂的語調對妳說：「喔，妳好像感覺很受挫。沒關係，帶小孩時會覺得受挫也是很正常的。」小組裡的家長們聽完之後，不是翻了白眼，就是氣得握緊了拳頭。

「好啦，好啦，那我再試一次！你們聽聽看這樣有沒有好一點？」我帶入自己的情緒，真誠地說：「噢，天哪！真是有夠**挫折**！聽起來妳今天好像做什麼事都不順，好慘喔！」這一次，我聽到有幾個家長脫口而出：「這才對嘛！」當下我才終於覺得自己稍微安全了點，不至於被揍。當你把一群人惹毛，會很慶幸自己至少知道怎樣把他們安撫下來。

「聽起來這至少是我願意試試看的方式，」唐尼說：「我不喜歡只用好聽的話去哄小孩，那樣很假。」當你在承認孩子感受的時候，重要的是必須真誠。沒有人會喜歡被別人刻意操弄的感覺。所以，請打開自己的心房，找到自己真正能對應的情緒。表現出真實的自己！小組聚會結束後，大家各自回家、投入工作。到了下一周聚會時，他們分享了好幾個有大幅進展的故事。

瑪麗亞的故事：萬能腳踏車

大家都知道，小班很容易因為一點小事就崩潰大鬧。我後來想想才發現，其實我經常會假裝用一種安慰的語氣跟他說話，因為我很擔心，一不小心他又會一發不可收拾。問題是，這從來就沒有效！昨天晚上要吃晚餐的時候，我要他把新買的大腳踏車放一邊，先進來吃飯，結果他就又開始了。當時他叫得淒厲不已，就好像哪裡受了重傷一樣。這一次，我沒有再試著安撫他、讓他冷靜，相反地，我讓自己也激動起來。我故意用誇張的語調對他說：「你好想繼續騎腳踏車對不對！」

他說：「對！」我看到他的嘴唇顫抖著，拼命忍住不流眼淚。

我說：「管他是不是晚餐時間啊？我猜你就算一邊騎車一邊吃東西，也會很開心吧！」

小班又說了一次：「對。」

「我猜就連該睡覺的時候你也想騎這台腳踏車吧！你連作夢都要騎！」

他又說了一次「對。」但這時他已經不哭了，反而用很好奇的眼神看著我。

「我猜你明天上游泳課的時候也想騎吧！放在水裡面騎！」

這時他笑了。就這樣，我的小寶貝乖乖跟我進去吃晚餐了。

麥可的故事：光溜溜！

我的太太叫珍，她每天早上幫我們女兒穿衣服都要費好大的工夫。卡拉現在才兩歲，但是她真的很會掙扎。她會扭來扭去、大哭大鬧，因為她就是不喜歡穿衣服。幫她穿衣服簡直就像在打摔跤賽一樣，沒騙你。珍也試過溫柔地承認她的感受，跟她解釋為什麼她需要穿衣服才能去學校，但是都沒有用。上次聚會結束之後，珍決定要用更誇張的方式來試試看。於是，早上我就聽到她大喊：「你好喜歡光溜溜！晚上光溜溜，白天光溜溜！在家裡光溜溜，在車上光溜溜，去學校也光溜溜！」然後我就聽到卡拉喊著：「光溜溜，光溜溜，光溜溜！」我猜珍一邊在喊的時候，一邊就幫她穿好了衣服。因為她下樓的時候，卡拉已經完全穿好了，而且珍說，今天幫她穿衣服簡直是輕而易舉。

工具四 現實中辦不到的，用想像來補償

有些時候，孩子想要的東西是你沒辦法給他的。這種時候，通常家長的第一反應就是跟孩子解釋他**為什麼**不能、不應該、不可以想要這樣的東西。這是非常理性的一種做法。

那麼，這種理性的方法對孩子來說有效嗎？你說不怎麼有效，是嗎？你講的道理孩子聽不進去？你只要開始解釋，她就摀住耳朵開始尖叫？放心，有很多家長跟你一樣！當孩子遭遇情緒上的挫折，無論你說得多麼有道理，也不太可能真正安撫他。

在這種時候，有一個超棒的工具可以使用：讓孩子用想像的方式獲得現實中你無法給他的東西。當孩子因為你剛才在百貨公司裡，沒有買下他想要的糖果而在車上嚎啕大哭，這時可不是跟他解釋吃糖會蛀牙的好時機。承認吧！糖果就是很好吃啊！要是我們可以天天吃糖果，又不會害牙齒蛀牙，該有多好？要是這樣的話，你早餐想吃什麼呢？巧克力？還是棒棒糖？那午餐呢？引導孩子加入討論。我到現在都還記得，有次在我開車載孩子回家的路上，我三歲的兒子興奮地想像自己坐的車子是用各種糖果做成的，甚至整條路都鋪滿了糖果。我們隨時可以停下來休息，把車子的保險桿捏一塊起來吃。或者，想吃點心的時候，就從人行道敲一小塊下來嚼一嚼。

莎拉是我們小組裡的一位幼稚園老師。她自己也有三個小孩，分別是七歲的索菲亞、五歲的傑克和剛滿三歲的蜜亞。她跟我們分享了一段用孩子的想像力幫助自己度過生命低潮的故事。

莎拉的故事：粉紅小屋

那時我們租的房子是只有一間臥室的公寓，第二個孩子出生之後，空間明顯變得不夠。於是，我們終於做了一個重大決定——買下了一間房子。我們雖然興奮，卻也感到焦慮，因為這是一筆幾乎快要超出我們能力範圍的大錢。我們連在去銀行的路上，都還在猶豫到底是不是真的要這麼做。後來，有天早上我開車載索菲亞去幼稚園的時候，她突然開始抱怨：「我討厭那間新房子！」

我知道小朋友不喜歡變化，對她來說，不想搬家也是情有可原，但當下我仍然抑制不住怒氣。我嚴厲地指責她，叫她別再抱怨了。然後我開始滔滔不絕地解釋說，我們現在住的房子太小了、周圍環境不夠好，而且到了新家，她就能有一間自己的房間。我一直說、一直說，直到我瞥了她一眼，看到她竟然在哭，我才意會過來：「天啊，你是真的不喜歡我們買的那棟新房子。你想選別的房子吧？」

她說：「對！」

「那要是你可以選，你想選什麼樣的房子呢？它會長什麼樣子？」

「粉紅色的！」

「喔~~你想要粉紅色的房子啊。」

「對，要有粉紅色的牆壁、粉紅色的屋頂，還有粉紅色的床。」

「再來點粉紅色的草皮怎麼樣？」我提議。

「媽~咪~，世界上哪裡有粉紅色的草啦。不過可以種一點粉紅色的花。」

後來，我們整趟路都興高采烈地討論著房子裡還有什麼東西是粉紅色的。索菲亞的心情完全變好了。最後，我們也確實幫她買了一套粉紅色的床單。真慶幸那天我送去學校的是一個開開心心的孩子，而不是哭哭啼啼、心情不好的孩子。到了下一次聚會時，莎拉又跟我們分享了一個發生在她幼稚園班上的故事。

莎拉的故事：用不完的時間

上禮拜，我們幼稚園有一個小朋友在遊戲間玩積木，但是時間到了，他卻不願意把積木收起來。我沒有像往常一樣跟他說教，告訴他為什麼現在要開始收拾積木，而是試著去承認他的情緒：「你才組到一半，現在卻必須收起來，好沮喪喔！」他沒說話，只是看著我。因此，我試著讓他想像，他有更多時間可以玩積木：「我真希望你有一百個小時可以玩。」他終於開口：「我希望我有一千一萬一億個小時可以玩！」話才說完，他就開始收拾積木了。真神奇！

瑪麗亞的故事：省了一塊錢

有次，小班在公園裡撿到一塊錢，放進了自己的口袋。在我們開車回家的路上，他想要拿那一塊錢，但是因為他被綁在汽車座椅上，所以他沒辦法從口袋裡掏出那枚硬幣。這時，他開始大哭大鬧。通常在這種時候，我會跟他說：「沒關係，等我們到家就可以把硬幣拿出來了。」不過這招通常都沒什麼用。或者我也可能一邊開車，一邊試著從車上找出一個硬幣給他，但是這樣一不小心就可能對路上的其他人造成危險。這次事情發生時，我突然想起可以用想像的方式實現願望。所以我說：「啊～

好沮喪喔！你知道我想要什麼嗎？我真希望在**這裡**有一個按鈕。」我一邊說，一邊指向儀表板的某個地方。小班盯著我指的地方看。「然後只要我按下這個按鈕，就會有好～多好多的一塊錢從那邊掉下來。」我指向車頂上的燈。

「而且不只是一塊錢喔，各式各樣的硬幣，還有每個國家的硬幣都會從那裡掉下來，而且剛好就掉在你腿上。然後你就會有好多好多錢，可以買好多好多你喜歡的東西。你想用這些錢買什麼呢？」

「一個很大的泰迪熊！」班傑明說。

「多大？跟你一樣大嗎？」

「對！」

這時，他已經完全沉浸在我編的故事裡面，非常心滿意足。他竟然沒有因為拿不到一塊錢就失控，要是你見過我家孩子，就會知道這真的非常神奇！

重點　當孩子心情不好時，千萬忍住別問任何問題

或許你已經發現，當孩子心情不好的時候，我並不建議用問問題的方式來回應：你很傷心嗎？這讓你很生氣嗎？為什麼你哭了？就算用極溫柔的語氣提問，也會讓心情不好的孩子感覺自己被質問。他很可能根本不知道為什麼自己會生氣，也可能沒有辦法用言語清楚地說明和表達。就連大人被問到這樣的問題時，也會感覺對方咄咄逼人。

我們會覺得自己被要求，要對心中的感受做出說明和解釋，而且，我們提出的說法還有可能不符合提問者的標準。（噢，只是因為這樣啊！你不能因為這點事情就哭啊！）當我們用陳述句取代問句，就表示我們不用對方做任何辯解，就直接接受了他的感受。你並不需要透過釐清情緒的成因來表現出同理心，你只需要說「你看起來很難過」、「有什麼事情讓你生氣了」，或甚至是最簡單的「剛才有什麼事情發生了」就好。當孩子想說一說的時候，這樣的話語相當於在邀請他暢所欲言；當孩子不想說的時候，這樣的話也能讓他感覺被安慰。

唐尼對這個技巧抱持著懷疑的態度，不過她願意一試。唐尼有三個孩子，包括六歲的湯瑪斯，和一對四歲的雙胞胎姊妹艾拉和珍娜。

唐尼的故事：多方夾擊

過去幾個禮拜，當我開車載湯瑪斯去上學的時候，他都很開心，但只要一到學校，他就會坐在路邊，不願意進去。當我問他發生了什麼事，他只會說：「沒事！」有時候，當他的同學出現在校門口，他就會突然間跳起來，跑過去跟同學一起進校門。

湯瑪斯心情不好的時候，一直都不太喜歡回答問題，但我真的很想知道到底是怎麼一回事。我一直等到吃完晚餐，他看起來比較放鬆的時候，才開口：「我發現我們到學校的時候，你看起來不太開心。好像有什麼事情讓你不想進校門。」

湯瑪斯遲了一會兒才點頭。他告訴我，如果他和二年級的小孩子一起進去，他們都會笑他是小嬰兒，可是他現在已經**不是**小嬰兒了。（他一直因為自己在家裡是大哥哥而感到自豪。）所以他想等到所有二年級的學生都進學校了再進去，或者至少等到有朋友來了再一起進去。我從來不知道就連進個校門也能這麼複雜。現在既然我已經知道是怎麼回事了，早上的時候我對他的行為就更有耐性了。

工具五　用不發一語的聆聽，來承認孩子的感受

於是，接下來我們就要端出這個雖然其貌不揚，威力卻很強勁的小工具——不發一語的聆聽。你可以一直聽孩子說，只需要用有同理心的態度，發出像「噢……」、「嗯……」、「喔……」或「嗯哼」等聲音。通常，真的只需要這樣就夠了。只要家長專心用耳朵聆聽、緊緊闔上嘴巴，或者頂多發出一點呼應的聲音，我們就能幫助孩子自己找到處理情緒的方法。我們能給予孩子的禮物，就是確保他們在這個過程中不受到阻撓，不會被我們的建議、質疑與糾正等反應所干擾。重要的是，家長必須全神貫注地用心傾聽，並且相信孩子有能力自己解決。

後來，莎拉向小組回報了使用這個工具的成果。

莎拉的故事：姊弟口角

告訴你們，我成功了！我七歲的女兒前幾天在睡覺之前，過來跟我抱怨弟弟的不是……又來了。都已經這麼晚了，我的耐心實在有限。當時我心裡想著：「妳就不能別再說了嗎？」弟弟跑進她的房間，沒有經過她同意就亂碰她的玩具，然後還怎樣怎樣惹她……等等。通常我會耐著性子跟她說，弟弟還小，妳是姊姊，要懂得包容。但這通常只會讓她改用更大聲、更誇張的方式，把弟弟做的壞事再重新說一遍。於是這一次，我就只說：「嗯……啊……喔……這樣啊……。」就按照我們上次學的那樣。結果，奇蹟真的發生了。大概五分鐘之後，她就告訴我：「好吧，那我現在要去看書了。」然後還親了我一下，跟我道晚安。我根本不需要解決任何事！我自由了！

麥可的故事：真慘的一天

那天傑米放學回家時告訴我：「今天真是糟透了，所有人都討厭我。」要是以前，我大概會開始跟他爭辯。拜託，幼稚園小朋友每天只需要去學校玩遊戲、畫畫、聽故事，他的一天能糟到哪裡去？他又不需要煩惱繳稅的事，也不會被塞在路上動彈不得！而且，大家都討厭他也不是事實啊！我很可能會開始把所有愛他的人都點名出來：爸爸、媽媽、妹妹、爺爺、奶奶、還有好多好朋友。

然而這一次，我就只用我最同情的語調，說了一聲「噢……」，然後伸出雙手環抱他。他坐下來，告訴我他的朋友麥克斯真的很討厭。我特別注意管好我的嘴，忍住不告訴他，其實他自己有時候也很討厭，而且麥克斯明明是他最好的朋友。接著他花了很長的時間，跟我說了一個傷心的故事。原來以前麥克斯都會跟他一起玩星際大戰，但是現在，他都跟一群新朋友一起玩魔鬼剋星，不再跟傑米玩了。可是傑米不想玩魔鬼剋星，因為他覺得那個遊戲好蠢，怎麼會有人想玩，可是偏偏現在大家都在玩。他把自己的心聲說出來之後，就走到旁邊拿了點心吃。

我覺得驚訝極了，因為他以前從來沒有這樣跟我說過話。我從來不知道幼稚園小孩也有這麼複雜的社交生活。我替他覺得難受，但我想他會找到辦法解決的。至少，在他跟我說了他的傷心事之後，他看起來就開心多了。我們的聚會時間已接近尾聲，幾乎沒有時間再讓家長分享了，但唐尼還是堅持要在大家離開之前說說這個故事。

唐尼的故事：自動自發的姊妹

那天我們剛從得來速買完漢堡準備回家，坐在車上的艾拉真的很想馬上拿出來吃。大家都累壞了，艾拉又一直吵鬧，真的讓我快抓狂。我跟她解釋，等我們一回到家她就可以吃，但是在車上不可以吃，因為會弄得到處都是。大家妳一句我一句，卻一點幫助也沒有，此時，她的雙胞胎妹妹珍娜開口說：「艾拉，我懂妳，有的時候要忍耐真的好痛苦。」

這簡直是最關鍵的一刻。我接著說：「對啊，妳說的對！要忍耐**真的**好痛苦，對不對？」

艾拉說：「對，要忍耐真的好痛苦。」

後來我們的回家之路就安靜多了。珍娜知道，她的妹妹只是需要被同理，而不是要別人跟她講道理。有趣的是，連一個四歲小孩都知道的事情，當媽的我卻不知道。我安慰自己說，一定是因為前兩天我才剛用同理心去回應她，所以她馬上就學會了。連四歲小孩都會，我卻現在才在學！

在本章的最後，我準備了一份簡單明瞭的章節重點表，讓你可以影印下來，貼在你最容易看見的地方。當然，你已經把這一章都全讀過了，但這不代表當你實際上了戰場，還能有清楚的頭腦去好好思考。當嬰兒哇哇大哭、牛奶被打翻、吐司正在燒焦，而狗狗在家裡追著尿布跑的時候，你一定會需要一個一目了然的提醒單，讓你知道現在可以怎麼做！

與其忽視孩子的感受

不如透過「語言」承認孩子的感受

透過「文字」承認孩子的感受

透過「藝術創作」承認孩子的感受

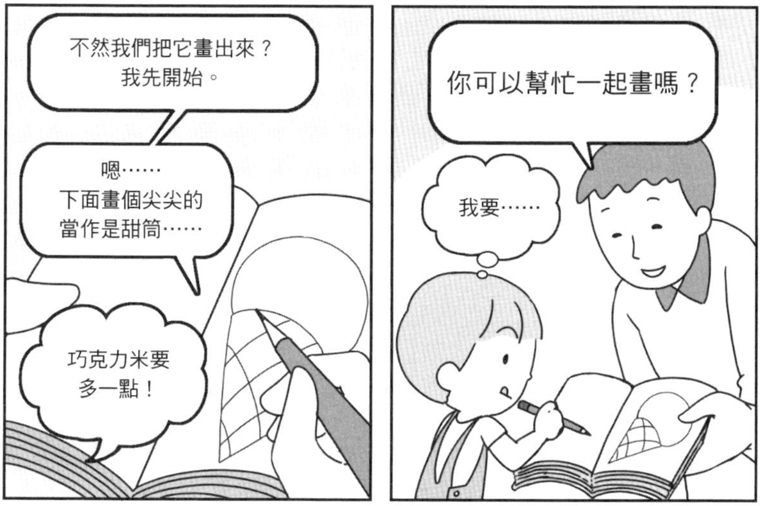

用想像來補償

與其說教　　不如用簡單字句回應

處理孩子情緒的工具

1. 用語言承認孩子的感受

「噢，你期待好久了，沒辦法跟其他小朋友一起玩，好失望喔！」

「你的弄得火車軌道被亂七八糟，一定很沮喪！」

2. 用文字承認孩子的感受

「噢不！家裡現在沒有那個材料！我們趕快把它寫在購物清單裡面。」

「你真的好想要那個可以在水裡玩的樂高喔，那我們現在把它寫到願望清單裡。」

3. 用藝術創作承認孩子的感受

「你看起來好傷心。」（在紙上畫出一個在流眼淚的人，或是直接把讓孩子畫。）

「你有這麼生氣！」（在紙上畫出憤怒的線條，或是把紙撕開或揉成一團。）

4. 現實中辦不到的，用想像來補償

「我希望我們有一百一千萬個小時可以玩。」

5. 用不發一語的聆聽，來承認孩子的感受

「噢……」、「嗯……」、「喔……」、「嗯哼。」

第2章

讓孩子乖乖配合的工具

讓孩子完成該做的事

不管真有情緒還是裝模作樣，
該刷牙就是要刷牙。

好啦，情緒的部份說得夠多了。知道我們可以如何增加孩子的自信、幫助孩子發展自我意識當然很好，但是這真的能幫助我們順利度過每一天嗎？並不全然。在生活中，我們還需要孩子們乖乖**做**一些事，例如進到浴缸裡讓我洗澡、刷牙、坐好讓我穿鞋子、上車坐進安全座椅……**快點！**不然我們會遲到；趕快睡覺，**拜託！**

有些時候，**不要**做某些事情才更重要，例如：不要打妹妹；不要亂丟食物；不要把剛穿好的鞋子脫下來；不要把吃飯的叉子插進牆壁的插座裡；不要吃掉在地上的糖果；不要拉狗狗的尾巴；不要爬到冰箱上——不要爬櫃子！這是櫃子，不是樓梯。無止盡的提醒、嘮叨、哄騙、命令，這就是有了小孩以後的真實生活。

換句話說，小小孩其實一直不斷在被我們發號施令。從早到晚。**這**，就是當個小孩的真實生活。他們本來就應該聽話，因為我們才是家裡的老大，而且我們做的這一切都是為了孩子好，我們是在避免他們傷害到自己，或至少是在幫助他們不會變得又髒又臭、牙齒蛀光光、營養不良或睡眠不足。

問題是，沒有人喜歡被命令。小組裡有個家長曾經直截了當地說：「就算我本來就**想要**做某件事，一旦有人命令我去做，我馬上就會變得不想做了。」

即便身為大人的我，最近也剛經歷過這種「忍不住唱反調」（irresistiblecontrariness）的狀況。我在家附近的圖書館裡，看到一疊書，後面的牆上貼著一張便條紙，上面寫著：請勿觸碰。我想，大概有什麼原因吧。果不其然，原來是因為這些書還沒有被登錄進系統。即便如此，我還是忍不住。我湊近那疊書，伸出我的手指，然後**碰**了一下。「嘿嘿！」那一瞬間，我感覺像孩子一樣欣喜雀躍。

這就是人的天性。我們是這樣，孩子當然也是。我們都不喜歡被命令。直接的命令會引起直接的反抗。於是，當我們為了某件事而命令孩子，其實只會適得其反。我們以為能讓孩子學會順從，事實上只是在他們小小的心靈中激起叛逆的漣漪。

通常，在工作坊裡帶這個主題時，一開始我會先對家長們丟出幾個**命令句**：

「嘿，後面那兩位……不要講話！」

「不要碰那些書！難道你看到上面寫了你的名字嗎？」

我還會丟出幾個**責怪和指控**的句子：

「是誰把塑膠袋留在走廊上沒帶走？這樣會害別人被絆倒。」

另外加上幾個**人身攻擊**的句子：

「你又忘了帶鉛筆來？你腦袋裡到底都在想什麼！」

「不可以插嘴。你這樣很沒禮貌！」

還有一些**警告句**：

「不要把筆電放在膝蓋邊上。這樣它會掉下來！」

「不要邊講電話邊挪椅子。一次專心做一件事情就好，不然你會不小心弄到別人。」

或許也可以**嘲諷**一下：

「一隻腳穿藍色襪子，另一隻腳卻穿了綠色襪子。你也真厲害！你確定今天把腦子帶來了嗎？」

或是提出**威脅**：

「聽好了，各位。如果你們還要繼續這樣私下聊天，我準備的資料就會講不完。這樣的話，大家今天就只能延後半小時離開。」

當然少不了一番**長篇大論**：

「你今天又遲到十分鐘，這已經變成你的常態了。你知道你遲到會造成什麼後果嗎？每次全班都在等你一個人。其他人都排除萬難，準時過來上課。有些人甚至特地花錢請保姆在家看小孩，到了教室卻只能坐在這裡等你。要是其他人這樣對你，你會有什麼感覺？守時是一種生活技能，如果你想要擁有成功的人生，我勸你最好把它學會。你必須再努力一點。提前把自己的事情都先安排好，不要把所有事情都拖到最後一刻才做。」

通常這時，小組裡的家長們都會像想殺人一樣，惡狠狠地瞪著我。「好啦，」我儘可能用歡快的語氣詢問大家：「說了這麼多，有沒有人覺得自己願意跟我配合？」家長們仍然只盯著我，不說話。我就像被大家孤立一樣。我開始覺得氣氛變僵，因此趕緊更換計策：「我們真的都是這樣跟孩子說話的嗎？」

終於有人開口：「當然啊！」

「我們平常都是怎麼跟小孩講話的，有沒有人能舉例？」話匣子終於開了。下面是家長們舉的某些例子。

命令：

「這是你的包包嗎？拿起來，馬上！」「把積木收好。」「不要再發出那個聲音了。」「把電視關起來。」「不要弄弟弟。」「去洗手。」「不可以靠近瓦斯爐。」「你剛才打擾到人家了，跟她說對不起！」

責怪和指控：

「剛才你倒完蘋果汁的時候，要是記得先把蓋子蓋好，就不會在拿鬆餅的時候把它打翻了。」

人身攻擊：

「喂！過來幫忙收拾。這些不都是你弄的嗎，不要這麼懶惰！」「每次你去別人家裡玩的時候，人家都會分你玩他的玩具，所以你現在不可以這麼自私。」「你又去拉貓咪的尾巴了，你這樣真的很過分！」

警告：

「小心！你這樣會被車子撞到！」「不要這樣扭來扭去，你會摔下來喔！」「你要是把這些糖果全部吃掉，就會生病。」「小心一點！你會被燙到啦！」「趕快下來！你這樣會摔倒！」

嘲諷：

「你把書包忘在同學家裡了喔，你頭腦真是有夠好。」「你想說把妹妹推倒，你就可以先玩了是不是？你人真好啊。」

反問：

「你為什麼要那樣捏小嬰兒？」「我剛剛不是才說過不可以在廚房裡丟球，你為什麼又丟？」「這是你現在該做的事嗎？」「你到底怎麼回事？」

長篇大論：

「搶人家的東西是不對的。你不會希望別人來搶**你**手上的東西，對不對？既然這樣，你就不應該去搶別人的東西。如果你一直這樣，以後就不會有人想跟你玩了。所以你要有耐心一點，等輪到你再玩。」

威脅：

「我數到十，如果你再不把玩具收起來，我就拿去丟掉囉。」「你現在不趕快上車的話，我就走了喔，那你就自己留在這裡。」「你不把蔬菜吃掉的話，等下就不能吃甜點。」「你不要再吵了，乖乖繫好安全帶，不然我就不帶你出去玩。」「現在馬上去戴安全帽，不然就把你的腳踏車放回去。」

這時，小組裡的家長有點被自己嚇到了，原來這麼容易就能想到這麼多的例子。不過，他們還沒有準備要舉手投降。

唐尼首先提出異議：「妳說的威脅，在我看來只是告知後果。我只是在告訴我的小孩，要是他不聽我的話，會發生什麼事。這是他需要知道的啊！」

「是啊，我們經常會很想說出具威脅性的句子，」我附和著：「某方面來說，威脅句確實很像是……嗯……像在提供孩子一些資訊。如果你這樣做，我就會那樣做。問題是，威脅聽起來和挑戰只有一線之隔。當一個家長說『你要是敢再亂扔沙子，再一次，我們就馬上回家！』其實孩子並不會聽到一整句話，他們大概只會聽到『扔沙子……再一次！』」

因此，你的威脅句反而會變成他難以抗拒的挑戰。

「那如果加上**請**這個字呢？」莎拉問。「這樣口氣很好，也很有禮貌。我告訴我的小孩現在該怎麼做，但是我用很有禮貌的方式去說。」

有些時候，為了讓命令聽起來緩和一點，我們會在句子裡加一個「請」字。問題是，這個「請」字就和鴕鳥的翅膀沒兩樣。鴕鳥的翅膀看似是用來飛翔的正確配備，但事實上鴕鳥飛不起來，因為這雙翅膀太重了。「請」這個字，最好只留在真的和禮儀有關的時候再使用，例如「請把鹽遞過來。」當你好聲好氣地提出「要求」，**請**孩子站好別動……趕快上車……或是把積木收好的時候，你並不是真的在溫柔地請求他配合或幫忙。你也並不是真的能接受他用「不用了，謝謝！」來回答你。

「如果在我們今天開始之前，我跟你們說：『請大家坐好，別再講話了。』請問有多少人會覺得氣氛很溫馨，很想跟我配合？」我提出疑問。

沒有人舉手。

這時，有人嘆了一口氣。很明顯，現在房間裡瀰漫著一種氛圍：不管我們說什麼都是錯的！因此我得趕快接著講，免得家長們從我這裡受到太多挫折，甚至引發暴動。於是我接著說。

「那麼，當我們需要這些小小年紀、邏輯不通又難以控制的小朋友乖乖配合的時候，我們**可以**怎麼做呢？如果不能命令他，還有什麼方式可以用？」

工具一 要好玩

我要介紹的第一個工具，並不是一個什麼時候都可以使用的工具。至少，你的心情必須要還不錯才可以。雖然這個工具只有在某些時候才能使用，我卻把它排在第一個順位介紹，原因是，它有超乎尋常的驚人效果。我們可以把這個效果叫做「好玩的魔力」。這是什麼意思？你可能會這麼問。當孩子不乖乖配合的時候，你根本不會有想玩的興致？然後到底什麼叫好玩？聽起來不是有點模糊嗎？

對，我同意，你說的都很有道理。不過，如果你願意試試看的話，說不定會喜歡上這個方法。所以**如果**你現在心情不錯的話，不妨接著看下去。

把事情變好玩的技巧之一（我想只要是七歲以下的小孩都會非常喜歡），就是**讓物品說話**。

例如，鞋子可能會孤單地說：「我覺得好冷、好空喔，有沒有誰可以幫幫忙，把一隻溫暖的腳放進來？」玩具箱可能肚子餓了，喊著：「我想吃積木！那個綠色的看起來很好吃！」杯子可能用尖尖的聲音說：「別把我自己留在這啊！我想去水槽裡跟我的朋友們一起待著。」牙刷的聲音可能很粗很低沉：「讓我進去看看，我記得上次看到臼齒後面藏了一個細菌。」當這些物品大聲疾呼，孩子的臉上很可能泛起笑容，並且更願意配合進行日常生活中的瑣事。另外一個把事情變得好玩的技巧是，**把無聊的任務變成挑戰或遊戲**。

我想跟我的朋友一起待在水槽裡！
讓我看看臼齒後面……
我好想念你的腳！

與其說：「你看家裡有多亂，髒衣服應該要放進籃子裡。」

不如說：「你覺得把你的髒衣服全部放進籃子裡需要幾秒鐘？……二十秒鐘嗎？噢……我看不止喔。衣服這麼多，二十秒鐘應該不夠吧？沒關係，不然我們試試看。預備……開始！……哇，你只用十秒鐘就收完了啊！太厲害了！時間根本還沒到呢！」

與其說：「現在馬上上車，不要讓我說第二遍。」
不如說：「現在我們要從家門口進到車子裡，要不要單腳跳過去？這可不容易喔！」

與其說：「你現在不趕快去換睡衣的話，今天就不說故事給你聽了。」
不如說：「你覺得你有可能閉著眼睛自己換好睡衣嗎？」

除了讓物品說話，以及把瑣事變成遊戲之外，還有很多方法可以開發。多多探索你自己傻氣的那一面吧！例如，當你希望孩子做什麼的時候，不要用你平常的語氣說，而是用一隻鴨子、體育播報員，或是孩子最喜歡的卡通角色的語氣來說，或是搭著熟悉的旋律把它唱出來。當你需要帶他離開朋友的家時，可以用火山爆發、流沙陷落或鱷魚入侵等情節，和他一起逃脫。要是你是幼稚園老師，與其命令小朋友們安靜坐好，不如叫他們模仿雕像，一動也不動。你可以說，他們現在「像冰山一樣完全靜止」，或者「像藏在草叢裡面躲貓咪的老鼠一樣，不能發出一點聲音。」你可以給他們「大力丸」（煞有其事地拿一顆葡萄乾放在他們手掌心），吃下去之後就有無窮的力量可以打掃。所有無聊又討厭的任務，只要加入一點好玩的元素，多半都能讓孩子改觀。

家長們現在臉上有著各式各樣的表情，有人完全著了迷，有人看起來一臉不耐煩。麥可臉上泛起微笑，我猜他已經在腦中想好某個瘋狂的計畫。瑪麗亞看起來就有點煩躁，她說：「有些時候小孩不就是應該照大人說的做嗎？難道我真的需要把每一件小事都變成遊戲？聽妳這樣說，我覺得好累！」

根據我的經驗，如果你願意花點力氣把事情變得好玩一點點，通常會比直接下指令，然後接著處理孩子的抱怨和反抗，來得輕鬆一些。而且這麼做也能讓氣氛好一點。或許直接下指令可以讓你更快達到效果，但是好玩能讓孩子的心情更愉快，也讓人們感覺更被愛、更願意合作。

當你這麼做的時候，其實也正在教導孩子如何把無聊的日常瑣事變成有趣的活動。我們可以看著成堆的髒碗盤怨天尤人，也可以放點輕鬆的音樂，玩玩肥皂水，邊唱邊跳地把碗洗完。這是一個相當重要的生活技巧。

麥可的故事：不同人物陪你穿衣服

每天早上要讓卡拉穿上衣服出門都是件苦差事。現在，我跟我太太會扮演各種不同的角色來幫她穿衣服。機器人羅傑（這是我）會用機器人的聲音說話，動作也像機器人一樣。「這隻……手臂……必須……放進……袖子……裡。」

還有科米蛙，講話的方式跟電視上的科米蛙一模一樣。還有一個聲音又粗又尖的嚴莉夫人（由我太太負責）：「什麼？這位小朋友竟然不穿衣服？真是壞透了，趕快過來！」另外有一個超級溫柔的珍妮佛姊姊（也是我太太），她會說：「噢～親愛的，這隻襪子要怎麼套上你可憐的小腳呢？噢，真是對不起，我的鼻子不小心撞到你可憐的小腳趾了。」還有一個傻姊莎莉，她老是做一些很蠢的事，需要我女兒糾正她：「這個袖子是要從腳穿上來的嗎？這個襪子是要戴在耳朵上的，對嗎？」

顯然，我太太最喜歡的角色是嚴莉夫人，只可惜，她很少被點名出場。不過至少，卡拉現在每天早上要穿衣服時都很興奮，她再也不會想盡辦法要逃跑了。以前每次快來不及的時候，簡直讓我們抓狂。而且這樣的事，在過去可是三天兩頭就會發生呢！

唐尼的故事：飛回家

早上送雙胞胎姊妹上學時，從下車到走進校門的這一段路，每次都會搞到我快崩潰。她們倆會只顧著跟彼此爭辯、堅持要邊走邊數數、撿路上的石頭……反正總是做一些會讓我們遲到的事情。上禮拜她們倆剛好說到蜻蜓，因此我順水推舟說：「那我們一起假裝成是一個蜻蜓家族，現在我們要飛回家了，我們家就是學校的教室。」於是，我們全部把「翅膀」打開，然後從停車場一路「飛」到學校去。這個方法實在太有效，於是隔天我又用了一次。後來，我們還扮演過蝴蝶、瓢蟲跟老鷹。一個禮拜之後，我才剛在學校停好車，停車場的警衛就抬著眉毛問我：「今天你們又要演什麼了呀？」說實話我覺得有點丟臉，竟然在眾目睽睽之下假裝飛來飛去，不過，再怎麼樣也比在別人面前對孩子大吼大叫來得好吧！

瑪麗亞的故事：餓到不行的指甲刀

小班每次都不讓我剪他的指甲，因為他不喜歡乖乖坐在一個地方不能動。昨天晚上，我假扮成指甲刀跟他講話：「噢～班傑明，我好餓喔。你粉紅色的小指甲可不可以分我吃一點點呀？」他把他的小指頭伸出來，指甲刀吃得津津有味：「噢，太感謝你了，這片小指甲真好吃啊！我可以再吃一片嗎？」於是他又把另一個手指頭伸出來。後來，就在他和指甲刀真摯地談論著跟恐龍有關的事情時，我一邊已經把他的指甲剪好了。小指甲刀對草食性和肉食性恐龍的撕咬能力非常感興趣，而小班則很高興能就自己喜歡的主題跟別人大聊特聊。

工具二 提供選擇

第二個能讓孩子更加配合的工具，是用選項取代命令。選項？你這麼問我。什麼選項？沒有選項好嗎！她就是必須換好衣服出門，因為她不能穿睡衣去學校啊！他就是得先洗手才能吃三明治，他剛剛在水裡玩青蛙耶！她要騎腳踏車就不能不戴安全帽。這些都沒有商量的餘地！

我並不是要你勉強妥協，或是叫你讓一個三歲小孩自己決定所有的事。我只是想說，只要是人，無論他多小，都會想對自己的生活有一點參與感或決定權。我們有無數的選項可以提供給孩子，只要不是把車鑰匙跟信用卡也交出去就行啦！

與其說：「現在上車！馬上！」

不如說：「我們現在要出發了，你想帶著玩具還是零食？」「你想要跨大步走到車子，還是想用跳的過去？」

與其說：「趕快進去浴缸，你要是讓我再說一次，我就……」

不如說：「你想要跟泡泡一起洗澡，還是跟小船一起洗澡？」、「你像要像小兔兔一樣跳過去，還是像小螃蟹一樣爬過去？」

與其說：「快去寫作業，不要再拖了！」

不如說：「你覺得先把作業寫完再去玩比較好，還是你想要先吃完點心呢？」、「你想要跟我一起在廚房寫作業，還是想要在房間裡安靜地寫呢？」還有一個家長用了這招很有效，他說：「你想要在桌子上寫，還是在桌子底下寫呢？」（我想你應該知道她女兒會選哪一個吧！）

與其說：「現在去換睡衣！」

不如說：「你想要用平常的方式穿睡衣，還是想要反過來穿？」「在你穿睡衣之前，你想再跳五次還是十次？好，那我們這次認真跳高高喔！一……二……三……」

每當你這麼做，就等於在告訴孩子：「我把你當成是一個可以對自己人生做出決定的人。」孩子現在做的每一個小小決定，都是往後在人生道路上遇到更艱難的抉擇之前，一次次寶貴的練習機會。

喬安娜的故事：要剪什麼？

儘管我們提出選項，但結果並不永遠會照著你心裡的劇本走。當我告訴阿丹說，他不可以拿剪刀幫我們家的地毯剪頭髮，我馬上想到一個很合理的選擇題：「你可以剪紙，也可以剪紙箱，由你決定。」阿丹的回答是：「都不要！」

不過，有些時候家長必須堅持：「但是我並不想要地毯被剪短。那不然**還有什麼**是你想剪的？」這下他興致來了。他一邊環顧四周，一邊說：「繩子……可以剪，面紙……可以剪，髒衣服……不可以剪。啊，我知道了！雜草！」接著他就跑出去剪院子裡的蒲公英了。請注意，我是故意讓阿丹自己去想選項的。畢竟，總不能什麼事情都要由我傷腦筋吧？

唐尼的故事：完美的合照

有一次，親戚朋友在我家聚會。我的表姊想要拍一張家族合照，但是她四歲的女兒一直不肯配合。儘管她媽媽說破了嘴，她也不願意跟大家坐在一起。我真的不知道為什麼。我猜，她一開始可能只是單純不想好好坐著，最後騎虎難下，變成一種無謂的堅持。這時我走到她身邊，跟她說，我需要她幫忙決定，我們應該全部的人都站著照相，還是小朋友可以坐在餐桌上照相？她突然停下來，盯著我看。接著她說了聲「餐桌」，然後就跑過去坐好了。我成了大家的英雄！

麥可的故事：亂七八糟的浴缸

當我要卡拉去浴缸裡洗澡的時候，我一直都會為她提供一些選項。例如問她洗澡的時候想要吃胡蘿蔔條，還是吃蘋果。我知道這聽起來很奇怪，但是她確實喜歡在不尋常的地方吃東西。那天我犯了一個錯誤。那天我們的晚餐是鬆餅，當我叫卡拉去洗澡的時候，她手上還拿著一塊鬆餅，於是我很自然地問她是要洗澡，還是帶著鬆餅一起洗澡。你們千萬別跟我犯下同樣的錯誤。原來，鬆餅一碰到水很快就化掉了，更別提上面的糖漿了！簡直把浴缸搞得一蹋糊塗！

當我太太回家看到浴缸被搞得亂七八糟時，她完全氣炸了。不過，我想你們會很為我驕傲的，因為當下我馬上接受了她的感覺！我說：「我看得出妳現在因為這裡亂七八糟所以很生氣！不過等卡拉一睡著，我就會馬上過來清理。現在妳只要悄悄離開浴室，假裝從來沒有看到過，就可以了。」

喬安娜的故事：孩子接手了

阿丹三歲的時候，有一次跟他的朋友克里斯一起在玩動物玩具。老虎和獅子打得正激烈。阿丹拿著老虎，按住克里斯拿著獅子的手。於是克里斯又用自己的另一支手，壓住了阿丹的手。

「放開！你把我的手弄得好痛！」克里斯大喊。

「是**你**把**我**的手弄得好痛！我**沒辦法不**弄到你，因為你正壓在我的手上！」

「可是是**你**壓著**我**的手！」

兩個小男孩誰也不讓誰，於是他們的聲音越來越憤怒，還伴隨著哭聲。我嘆了一口氣。好吧，我不得不過去把這兩隻小野獸分開來。正當我打算開口調解時，我聽到阿丹說：「克里斯，我們現在有兩個選擇。我們可以把手拿開繼續玩動物大戰……或者，我們可以找別的東西來玩。你要**選**哪一個？」克里斯說：「那我們玩別的。」

於是，他們就把動物們留在地上，兩人一起起身離開了。

重點　別把選擇變成威脅

當你為孩子提供選擇的時候，請注意兩個選項都必須是令人開心的選項！雖然我知道你會忍不住想說：「你可以選擇現在跟我走，或是自己留在這裡被狗咬。給你決定喔，親愛的！」但請你務必忍下這個衝動。還有像下面這位爸爸提出的選項也是個錯誤示範，因為他提出的兩個選項都是孩子不想要的選項：「你可以選擇左邊被打或是右邊被打，你自己決定！」

工具三 讓孩子主導

幼兒家長們經常抱怨的一件事情是：「孩子就是不聽我的話，因為他想要主控權！」我的回答是：「那我們就**讓**他來主導。」讓孩子為自己的行為做決定，你是絕對不會吃虧的。無論是小朋友、青少年、成年人，或是整個國家的公民，大概都不會喜歡被他人控制。只要是人，無論男女老幼，都會希望擁有自主權和獨立性。想想著名的波士頓傾茶事件*吧！如果當時把茶葉倒入海裡的是一群小朋友，我們大概就會把它說成是「波士頓鬧脾氣事件」了。所以，我們一起來想想，怎麼樣能讓孩子擁有主導權。

安娜滿臉疑惑地看著我。「可是這樣不就像是讓動物在動物園裡隨便亂跑的意思？」

「嗯，對，可以這麼說。不過這不表示沒有界限範圍。你可以讓獅子負責一塊自己的草坪，但不需要誘使牠跑到餐廳或紀念品店去。等牠們學會一定程度地限制自己的行為之後，則另當別論。」

做為父母，你可以明確定義好需要孩子完成什麼工作，然後讓孩子自己去處理其他的細節。要放手！長遠來看，你的工作會變少，而孩子也喜歡有一定程度的自主權。舉例來說，如果你每天早上都因為要不要穿外套而跟孩子爭執不下，或許你就可以考慮畫一張溫度對應圖。請看下面的故事。

喬安娜的故事：不需要看氣象，就知道風往哪裡吹

阿丹五歲的時候，通常都不願意穿外套。你完全可以想到我們倆的對話，就是這麼無聊：

「你要穿外套，外面很冷。」

「才不冷。」

「很冷！」等等。

有天下午，我突然有點畫畫的興致。於是我拿了紙、彩色筆，還有一個大溫度計。我把阿丹叫了過來：「我們需要幫這個溫度計畫上插圖。」

我們畫了一套泳衣，把它貼在溫度計三十二度的地方。然後又畫了一件大衣，貼在十度的地方。毛帽和手套貼在零度的地方，到了這裡就要下雪啦！然後，我們又在二十一度貼上T恤、在二十度貼上長袖運動衫、然後在十度貼上外套。最後，我們用透明膠帶把這些圖畫貼好，確保它們不會被雨淋

＊波士頓傾茶事件是一七七三年發生在波士頓的殖民地反抗運動，也是發生在美國革命前夕的關鍵事件。當時受英國殖民的美國人民，為反對英國對北美殖民地茶葉進口貿易的管控和壟斷，漏夜登上東印度公司的商船，將船上所有茶葉搗毀，倒入海中。

濕，然後就把溫度計掛到房子外面去。從頭到尾花了一小時才搞定。

不過，這一切非常值得！因為從現在開始，阿丹就是我們家的天氣預報員了。現在我不再需要告訴他今天要怎麼穿衣服，反而是請他去外面看一下溫度計，讓他告訴我，我該怎麼穿。自從我把這個重責大任交給他，他就沒有再為穿不穿外套的問題跟我抗議過了。

莎拉忍不住開口說：「我想到一個利用這個工具的好方法。我們可以讓孩子自己安排時間！我們總是為了時間跟孩子嘮嘮叨叨，例如『你只能再玩十分鐘』或是『趕快，只剩五分鐘校車就要來了』，可是他們好像還是不太有時間觀念？在我們幼稚園教室裡面，有一種很好用的小計時器。當你轉好刻度，你設定的時間區塊就會變成紅色。所以假設你把時間設定在三十分鐘的地方，那麼看起來就有一半是紅色的；如果設定十五分鐘，就有四分之一是紅色的。當時間一分一秒過去，紅色的部分就會越來越少，所以孩子們可以親眼**看到**時間消失了。所以，透過這個工具，我們就可以讓孩子自己練習輪流，或是自己意識到該打掃了，而不需要一直在旁邊唸他們。我曾經在教室裡親耳聽到孩子們提醒對方：『我們要快一點，你看，紅色的地方只剩下一點點了！』」

我真希望在我的孩子還小的時候，能有一個像這樣的計時器。時間觀念對小朋友來說，確實很難掌握。大人滿腦子都是這個抽象的、看不到摸不到的東西。我們生活的世界，是一個時鐘滴滴答答、分分秒秒都在流逝的世界，是一個「快快快！我們要遲到了！」的世界。但是孩子的世界不一樣，孩子的世界是「嘿～你看！那裡有一隻蜘蛛掛在天花板上」、「哇！沙發上的坐墊原來可以拆下來！」、「不知道狗狗會不會去舔地毯上的蘋果醬？」。我們總因為他們不了解時間的急迫性而生氣。我想，讓孩子們自己掌握時間是個非常棒的點子。

喬安娜的故事：時間的本質

多年前，我曾經和一個四歲的小朋友諾亞有過這樣的對話，諾亞是阿丹的朋友。

我：諾亞，阿丹再過五分鐘就要走了喔。

諾亞：五分鐘是多久？很長還是很短？

我：嗯，那要看你當下感覺怎麼樣。如果你玩得正開心，五分鐘就很短；如果你當下很痛，例如被曬衣夾夾著鼻子，那你就會覺得五分鐘好長。

我（幾分鐘之後）：諾亞，為什麼你要把曬衣夾夾在鼻子上？

諾亞：這樣我們才能玩久一點。

工具四 提供資訊

並不是每一次都必須大費周章，才能讓孩子懂得怎麼主導一個任務。一般來說，你只需要用資訊取代命令就可以了。讓我告訴你這是怎麼一回事：首先，你為孩子提供一些資訊，然後，讓她自己思考該怎麼做。這麼做，不僅能避免孩子因為你直接下命令而自然產生反抗的心態，事實上，你也正在幫助孩子奠定好基礎，讓她發展出練習自我控制的能力——不管身邊有沒有大人告訴她該怎麼做。這確實是一個重要的學習。當你這麼做，就等於為孩子提供了一份日後也會非常受用的知識，而不是立下一個只有你在場時孩子才會遵守的規定。

與其說：「不可以亂打鍵盤！你會把它弄壞！」（通常你說完孩子只會反駁：「才不會！」）

不如提供資訊：「鍵盤是很精密的東西，你只需要輕輕碰它，就會有反應了。」

與其說：「你又忘記把膠水的蓋子蓋起來了，你看你！」

不如提供資訊：「用完膠水如果沒有馬上蓋起來，它很容易就會乾掉。」

與其說：「快點繫好安全帶，不然你就別想要我載你去朋友家玩。」

不如提供資訊：「法律規定要等每個人都繫好安全帶，車子才可以動。」

與其說：「你在想什麼！怎麼可以把起司放在椅子上！」

不如提供資訊：「起司放在那裡有可能會被狗狗吃掉。」

這個工具最好的一點就在於，當它不奏效的時候，並不那麼讓人生氣。當你直接命令孩子「趕快繫好安全帶！」，但是她卻不照做，這確實很讓人上火。但如果你只是為她提供一些資訊，就算她沒有做出你想要的反應，你還是可以馬上換用別的工具，而不會因為覺得被忤逆而生氣。

工具五 用一個字（或手勢）表達

當我們想要控制孩子的行為時，我們說的話大部分都是老生常談。這些話他們早就聽過，而且都聽了幾百遍了！承認吧，當孩子聽到長篇大論，就會馬上關上耳朵。其實大人也是這樣。想想看，在我們聚會結束，你們準備離開教室時，你們會想聽到我說「各位，你們又忘記把椅子放回去了。到底要我講多少遍呢？我們沒有請打掃阿姨，沒有人會在下課之後幫忙打掃教室。」還是要我說「椅子！」就好？

「如果妳用第一種方式講，我可能會想拿椅子砸你的頭。」唐尼說。

「我記住了！」

「唉唷，我的意思是我會被惹毛，」唐尼試著安撫我：「我**應該**不會真的那麼做啦！不過說真的，我可以聽出兩者的不同。當妳說『椅子！』的時候，感覺妳並不是不相信我們。妳似乎覺得，只要把問題指出來，我們就會樂於改進。但另外一種說法真的很不尊重人，感覺好像我們是很懶惰又粗心的人。」

「沒錯！你說到重點了。這不只是一個工具，而是一個完全不一樣的態度。當妳這麼說，就表示妳認為妳的孩子自己知道該怎麼做。」

你想想看，要是你四歲的孩子聽到你說「蘋果核」，她會有什麼反應？她會需要想一下。蘋果核？蘋果核怎麼了？噢，我不小心忘在沙發上了，我好像應該把它拿去垃圾桶。如此一來，孩子會自己告訴自己該怎麼做，也不會覺得有人一直在旁邊指使她。當然，這樣她也就不會想拿蘋果核去砸你的頭。

在你使用這個技巧的時候，需要注意，你說的字必須是名詞，而不是動詞。因為動詞很容易聽起來像是命令。坐下！過來！安靜！這些字比較適合用來訓練狗，而不是養小孩。

我請小組裡的家長提供一些可以用的例子。各式各樣的建議此起彼落。

「安全帶。」（而不是說：「趕快繫上安全帶。」）

「外套。」（而不是說：「把外套撿起來掛到衣架上。」）

「燈。」（而不是說：「到底要我跟你說多少遍，用完廁所要關燈！」）

用手勢表示刷牙。

用手勢示意安靜。

用手勢表示洗手。

最後，這個方法還有一個好處，就是你可以在心情好氣氛佳的時候使用，也可以在你怒氣衝天的時候使用。例如，你已經跟孩子講過一百遍，吃完蘋果不可以把蘋果核留在沙發上，但是當你一屁股坐在沙發上，卻感覺底下有一個瘦瘦軟軟的東西，似乎還沾濕了你的褲子……這時，你一樣可以馬上站起來，大吼：「蘋果核～～！」對家長來說可以紓解怒氣，對小孩來說，也不太會造成長久的心理創傷。也就是說，你可以同樣強烈地表達你的感受，但卻不需要用人身攻擊、謾罵或威脅的方式。

莎拉的故事：聰明人自然聽得懂

當孩子不把食物放回冰箱的時候，我真的很難不嘮叨。這大概是我的怪癖吧！想聽聽看我都怎麼說的嗎？我會說：「你又害牛奶臭掉了。我早就跟你說過了，如果你的年紀已經大到可以自己從冰箱裡拿點心來吃，那你就也大到應該知道要把它們放回冰箱裡面去。看吧，這一大罐牛奶現在都要酸掉了，你知道買牛奶要花多少錢嗎？」這只是一小部分，我還能繼續說個不停！

但是孩子總是有藉口。

「不是我。」「是我拿出來的，可是最後用的是傑克。」

「我不管最後用的是誰，反正就是要把它放回去！」

「不公平！為什麼妳就不叫他放回去？妳只會叫我放！」

然而這一次，我只用手指著牛奶，然後說：「牛奶。」

然後索菲亞就說：「噢，對不起。」接著馬上把它放回去。

五分鐘之後，傑克把他剝下來的橘子皮忘在桌子上，我又試了一次。我用手指了橘子皮，然後說：「廚餘桶。」

傑克：「噢，對。」然後就把果皮拿起來放到廚餘桶裡去了。完全沒有任何意見。

這真的很神奇，當我不再嘮叨，他們竟然會這麼配合！我的不愉快馬上煙消雲散，而且對他們更有愛了。

工具六　說出你看到的

有些時候，只用一個字還是不夠，因此你可能會需要再多說幾個字。要是你能儘量控制住自己，只簡單地說出你看到的狀況，而不是生氣地指使孩子、怒罵孩子，那麼，或許你會發現，孩子的配合度就提高了。

與其說：「先把衣服撿起來再走，我不會幫你撿喔！」

不如描述現狀：「我看到地板上有一件外套。」

與其說：「你又弄得亂七八糟了！趕快清乾淨，不然我就要把水彩沒收！」

不如描述現狀：「我看到顏料滴得到處都是。」

與其說：「不要亂跑！你還沒穿褲子！」

不如描述現狀：「我看到有一個小男生睡衣穿到一半還沒穿完喔，他只穿了上衣，是不是很快……就要穿上褲子了！」

重點　先稱讚孩子已經做了什麼，再說明還有什麼需要完成

或許你在看最後一個例句的時候已經發現了，當你在描述現狀的時候，如果能先用正面的方式稱讚，而不是只說負面的話，那麼這個工具就可能會更有效果。先描述孩子已經做了什麼，再指出還有哪些事情有待完成。例如，與其說「我看到你還沒有把玩具收完」，不如說「哇，我看到你已經把車子跟積木都收回去了，現在只要再把大卡車跟鐵軌收好就完成了喔！」

工具七　描述你的感受

作為家長或老師，我們通常會覺得自己應該要對孩子有無比的耐心。我們會深呼吸、從一數到十、想像世界是多麼美好又和平，只為了能讓自己保持冷靜，絕對不失控。但是這一點也不實際！我們是人，不是機器人。想盡辦法裝冷靜，到最後卻火山爆發，這樣可不是辦法啊（而且，我們多半忍到最後都真的**會**爆發！）。

讓孩子知道其他人的感受，對他們也會是很有幫助的學習。孩子需要知道，爸媽或老師也會覺得驚嚇、沮喪或生氣。要是我們說出來的話和我們當下的情緒無法對應起來，孩子就更不容易搞清楚情

況。當你描述自己的感覺時，你不僅為孩子提供了重要的資訊，也是在為**他**示範，當**他**感覺挫折、沮喪或害怕的時候，可以用什麼詞彙來表達情緒。

麥可的故事：當下的要事

那天我在燙襯衫的時候，傑米希望我能過去幫忙他一起做花生果醬三明治。要是平常，我大概會馬上放下熨斗跟他過去，但我會需要先把插頭拔起來，再把熨斗放到卡拉碰不到的地方。不過，那天我突然意識到，我其實並不想要這樣做啊！所以我告訴他：「如果我不先把襯衫燙完，我會覺得很沮喪。所以等我把袖子燙好，我就會過去幫你的忙。」

傑米回答：「好。」然後就一直黏在我身邊，看我什麼時候燙好。要是我沒上過這堂課，我大概永遠不會想到要告訴他我的感受。我真的覺得好不可思議，我到了三十四歲的年紀才學會把「我很沮喪」說出口，而我兒子才四歲就懂了。他比我厲害多了！

喬安娜的故事：無所畏懼的爬山好手

阿丹小時候真的是天不怕地不怕。我一直想盡辦法要讓他了解，我們是血肉之軀，有可能一不小心就會受傷或丟了性命，但他總是左耳進右耳出，我說了也像沒說一樣。每次我們去爬山，他總是太靠近山邊，於是我總是不斷耳提面命：「你這樣會掉下去，會受傷喔！」而他卻永遠一派樂天地回答我：「才不會。」

但是，當我改用下面這個方法，就有效多了。我說：「我看到小朋友那麼靠近邊邊，我會覺得很害怕。我擔心他要是掉下去，骨頭會受傷。你現在站在那邊還可以，可是再過去就不可以了喔！」

要是他像平常一樣心情不錯的話，通常都會乖乖的願意聽話。如果不是的話，我也只能動手把他移到比較不危險的地方！我沒有辦法說服他變得害怕，但是通常他都會願意為了讓媽媽不那麼緊張，而做出一點妥協。

瑪麗亞的故事：該隱和亞伯

自從我生了老二之後，我們家就像在上演該隱和亞伯的劇碼一樣。每次小班只要欺負伊莎貝爾，我就會抓狂。我通常會完全不經大腦就對他大吼：「不可以推妹妹！她還是小嬰兒！你會讓她受傷！這樣很過分！」而小班的反應總是非常詭異，有時候他甚至會看著我大笑。

這禮拜，我開始試著跟他說我的感覺。「當我看到我的孩子在欺負另一個孩子的時候，我會很不開心！」我必須承認，這招真的很有效！他不僅馬上停手，也沒有嘻笑或跑走。昨晚我們準備要睡覺的時候，換**他**把他的感覺告訴了**我**。他當時在床上跳來跳去，每跳一次，就說一個字，他說：「我……對……妳……很……生……氣！！」

我能猜到為什麼。那天伊莎貝爾發燒了，我幾乎一整天都抱著她。於是我跟小班說：「有一個生病的妹妹真的好討厭！媽媽的注意力都在她身上。」

他一直跳著，直到累得和我一起躺在床上。在這過程中，我一直稱讚著他：「哇！你快要碰到天花板了！你幾乎像鳥一樣在飛！你就快跳到外太空了！」

後來我告訴他：「你越來越知道怎麼在生氣的時候用言語來表達，而不是摔東西或打東西。這很不簡單！」他鑽到我腿上，給了我一個擁抱！

我覺得這樣的表達方式，能幫助我們回到還沒有伊莎貝爾時的親密狀態，那時候他還不是可惡的哥哥，而我也不是一個愛生氣的媽媽。

重點　表達憤怒或沮喪時，多說「我」，別說「你」

從瑪麗亞的故事可以看出，她向小班表達自己的憤怒時，用的是一種很有技巧的方式。她完全沒有用到「**你**」這個字。她說：「當我看到我的孩子在欺負另一個孩子的時候，我會很不開心！」而不是說：「當我看到**你**欺負妹妹的時候……」

當我們想表達討厭、惱怒、生氣等情緒的時候，要注意，千萬不要說出「**你**」這個字。因為「**你**」聽起來就像是在指控。孩子一聽到「**你**」這個字，就會出現防衛心。他有可能頂嘴、不合時宜的嘻笑、逃走，或是反過來生你的氣。如果我們可以做到完全不說「**你**」這個字，我們就更可能得到孩子的配合。

「你看看你做了什麼好事！」和「我不喜歡看到地上有食物！」這兩句話可以說是天壤之別。當你用第一種說法，孩子很可能這樣回答你：「不是我！」、「是強尼弄的，你為什麼要罵我？」、

「管他的！」但是第二種說法則可能讓孩子自己在腦袋裡思考：「完蛋了，媽咪真的不喜歡看到地毯上有餅乾屑，我最好趕快把它撿起來。」

當你看到孩子在做一件危險的事情時，如果你說「快停下來！你會受傷！」通常都不怎麼管用。孩子很可能給你這個典型的回答：「才不會。」如果你改成描述自己的感受，而且注意不說出「**你**」這個字，通常會更有效。例如：「我在煮飯的時候如果看到其他人在瓦斯爐旁邊跑來跑去，我會覺得很害怕，我擔心會有人不小心燙傷。」

當孩子任性地大喊：「給我喝果汁！」妳別回她說：「妳真沒禮貌！」因為這樣並不會讓她變得比較有禮貌，只是讓她學會頂嘴說：「**妳**才沒禮貌！」這時，如果妳跟她說說妳的感覺，會更有用：「我不喜歡被別人吼，如果被吼我就會很不想幫忙。我比較喜歡聽到人家說：『媽媽，我可不可以喝果汁？』」當我們告訴孩子要怎麼說話才能如他所願，通常他們都會樂於接受。孩子年紀越小，你就越可以清楚明白地告訴他，什麼話才是你喜歡聽到的。

重點 謹慎表達強烈的憤怒，因為孩子很可能感覺被責怪

就算你的用字遣詞已經近乎完美，對於小朋友來說，要處理大人非常強烈的負面情緒，還是很困難的。所以，請儘量小心使用像**生氣**或**抓狂**這樣的字眼。如果你用「沮喪」、「灰心」或是「我不喜歡……」來取代，會比較不容易讓孩子覺得自己被責怪。

記得有一次，參加工作坊的家長告訴我，她因為我們總是晚下課而覺得好沮喪。原來，因為她必須準時回家，才能趕上保姆下班的時間，所以她總是沒辦法把課聽完。我當時懊惱極了。我以為晚一點開始上課是方便大家，沒想到這麼做卻讓這位必須準時離開的母親更加為難。我向她道歉，並且決定跟大家宣布，以後大家都要遵守上課時間。

不過，如果這個母親是過來告訴我，每次晚上課讓她簡直快**抓狂**了，那會怎麼樣呢？我確定，我的反應一定會有所不同。我可能會覺得自己受到責怪，或許還會猜想，這位太太是不是有點情緒問題？我有可能以後都會儘量躲著她。把你的怒火留在不得不爆發的時候用。例如當孩子朝著你的鼻子打了一拳、在貓咪身上倒滿了糖漿，或是把你的結婚禮服沖進馬桶的時候。請記得，在親密關係中，怒氣可不是一種適合天天拿出來使用的調劑！

工具八　寫張小紙條

當你發現，你已經把同樣的話說了一遍又一遍，連你自己都對自己的聲音感到厭煩時，或許就可以考慮用寫的代替。就算你的孩子還不識字也沒關係。寫下來的字就是有一種話語無法取代的魔力。簡單的一張便條，可能比你嘮叨不休的聲音還要有效得多。

喬安娜的故事：洗澎澎邀請卡

一張簡單的字條曾經幫我解決了家裡天天都在上演的家庭大戰——惡夢般的洗澡時間。當然，你可以直接用蠻力把孩子抱到浴缸裡，但你的背可能得付出代價。而且，我的孩子為了不要洗澡或是晚一點再洗澡，基本上可以使出渾身解數，簡直花樣百出。我根本還沒動手，就已經又累又氣。後來，我甚至出現這樣的念頭：「為什麼小孩子一定要是乾淨的呢？我可以偷懶多久？幾天？幾個禮拜？老師會發現嗎？」

後來，一張正式的邀請卡幫我解決了這個難題。我畫了一張洗澡時間的「預約單」，上面有三個不同的時段可以勾選：晚上六點、六點十五分、六點半。六點的場次有特別供應的泡泡澡。六點十五分則是歡樂場次，可以和胡蘿蔔與小魚玩偶一起洗澡。孩子們只需要在自己想洗澡的時間前面打勾就可以了。他們一個個都在深思熟慮之後，幫自己選擇了一個洗澡時間。這張紙的效果實在出乎我意料，我只需要等時間一到，朝他們揮一揮預約單，說：「先生，您預約在六點鐘的洗澡水已經準備好了！」就全都搞定了。

莎拉的故事：營業時間

每天我都會儘量早一點起來，在孩子起床之前，用短短二十分鐘自己喝杯咖啡、看看報紙。擁有這段過渡的時間，對我來說真的很重要。但是，最近蜜亞總是會提早從樓上溜下來找我。當我告訴她，現在還不可以到廚房這邊來，她會在附近晃來晃去，一下子一腳踏進廚房，一下子又溜回樓梯上。她的表情看起來既可愛又調皮。雖然我可以在危急時刻為了孩子奮不顧身，我卻不能忍受她在早上提早出現。我只不過想要有點自己的時間，不過是幾分鐘而已！

這個禮拜，我拿了一張很大的紙，寫好字，掛在樓梯最下面。紙上寫著，「廚房營業時間：七點」。當蜜亞下樓，我問她：「妳看到那張招牌了嗎？」

「媽媽，我看不懂字。」

「妳想要我念給妳聽嗎？」

「好。」

於是我念給她聽。她把計時器拿了過來，我幫她把時間設定好之後，她就回到樓上去，等到七點才下來。

工具九　在不人身攻擊的前提下採取行動

上述的工具不可能適用於每個孩子。你仍然在管理著這個動物園，該做的還是得做，才能讓這艘船才繼續航行（我們可能要想像這個動物園是在一艘船上，這個比喻才說得通。大概就像是諾亞方舟那樣。）所以，在這一章的最後，我要提供的工具就是：在不人身攻擊的前提下採取行動。

假設你的孩子就是不願意在騎腳踏車時戴上安全帽，即便你已經用盡心思讓一切變得超級好玩，還給予選項、提供了資訊，這時你可以說：「我要把腳踏車暫時沒收了。雖然你現在沒有心情在頭上頂著安全帽騎車，但我不能讓你不戴安全帽就上路。」

假設孩子不斷用力敲打你的觸控螢幕，即便你已經抗議過螢幕很精細，依然無效。這時你可以把螢幕拿開，告訴他：「我看得出來你現在精力充沛，但是我擔心螢幕可能會壞掉，那我們找找看，有沒有其他用力敲也不會壞的東西可以玩。」

假設你的孩子就是忍不住要在公園裡亂扔沙子，雖然你已經提供了極誘人的其他選擇，他仍然不改心意。這時你可以說：「我現在要帶你回家了，因為我不希望有任何人被石頭打到，就算是小小的沙子也不可以。」

假設你的孩子想要幫著你一起煎鬆餅，但即便你已經好聲好氣提醒過，他仍然在瓦斯爐邊亂跑亂跳，這時你可以說：「我現在沒有辦法跟你一起煮東西了，因為我太擔心你可能燙傷。」

假設你的孩子不願意坐到汽車座椅上，你可以說：「我知道綁安全帶很不舒服，我也知道不綁安全帶你會感覺比較自由，但是如果你沒有扣上安全帶，我就沒有辦法帶你去朋友家。」或者：「我不想要上班遲到，所以我現在只能幫你把安全帶扣上，雖然我知道你超討厭它！」

假設你的學生正拿著沾滿顏料的畫筆，在同學身邊揮來揮去，你可以說：「我看得出你現在並不想把顏料畫在紙上，但是我不能讓你把顏料撒在別的同學身上。不然，我帶你去玩黏土吧！你可以擠它、捶它、捲它，或是用力把它打扁！」

請注意，在上面所有的例句當中，**小孩都沒有被責備或指控**。**所有的大人都只是在描述自己的感受，以及說明他即將採取什麼樣的行動**。大人只是站在自己的立場，去堅持自己的底線，並陳述自己的價值觀。

這次的小組聚會花了比平常更久的時間，家長們看起來都有點眼神呆滯了。我聽到有人嘆了一口氣。最後，安娜把大家心照不宣的想法說了出來。「這實在是太辛苦了。我的意思是，每件事到了這裡都好像要我們使出渾身解數一樣……提供選擇、讓他覺得好玩、畫溫度對應圖、買一個特別的時鐘。到底到哪裡才是盡頭呢？我要等到什麼時候，才能讓孩子一聽到我的話就乖乖照做呢？」

我聳了聳肩。「這就像是遊樂園有不同的區域一樣，小孩本來就很累人，而小小孩更是累死人。對我來說，與其大家都累得發火，還不如累得開心一點。這些工具能幫助你累得開心一些。而且一切會慢慢變容易的，等孩子慢慢長大，他們會更能打理好自己。尤其如果在小時候，他們曾經練習做出選擇，或是處理自己的事，日後就會更能自主。」

雖然有些時候你實在沒有耐性、沒有精力去發揮巧思運用工具，但是，在你心力有餘時**曾經做過**的那些努力，就像銀行存款一樣，不會白費。當你願意向前一步，不再只是透過命令或威脅利誘讓孩子乖乖配合，你得到的回報將是無比巨大的。已經有無數的研究證明，平時不常被命令指示的幼兒，會比那些長期處於高壓管理、受到嚴密控制的孩子，更容易配合家長提出的簡單要求——例如要求他們收拾玩具。這樣的孩子也更可能配合老師等其他成年人的要求，而且，在沒有成年人在場管控的時候，也更容易遵守規定。自我控制的能力只能藉由一次次的練習來開發，強逼是沒有用的！[1]

與其提出威脅……

你再扔一次沙子，
我們就馬上回家！

不如描述你的感受

我擔心沙子會讓其他
小朋友眼睛受傷。

好玩一點

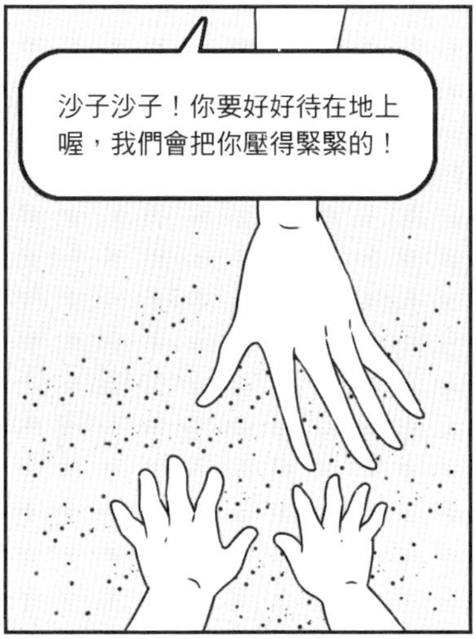
沙子沙子！你要好好待在地上
喔，我們會把你壓得緊緊的！

提供選擇

讓孩子主導

在不人身攻擊的前提下採取行動

與其威脅小孩……

不如用一個字表達

說出你看到的

要好玩

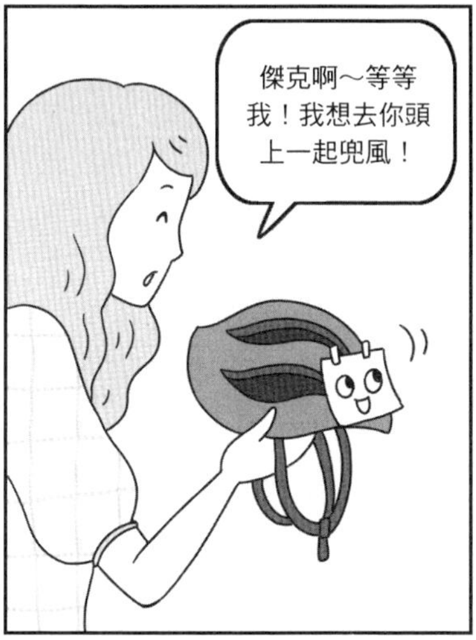

提供資訊

寫張小紙條

章節重點

讓孩子乖乖配合的工具

1. 要好玩

- 把任務變成遊戲

「你覺得我們能在計時器聲音響起之前把車車全部放回箱子裡嗎？預備～開始！」

- 讓物品說話

「我是個空蕩蕩的襪子，我需要有人把腳放進來！」

- 用傻里傻氣的聲音和語調

「我……是……你……的……機器僕人，現在……請……繫好……安全帶。」

- 裝裝樣子！

「我們需要先爬過這條滑溜溜的山坡，才能到達汽車座椅。」

- 裝傻

「噢，親愛的，這個袖子該從穿到哪裡去呀？頭上嗎？不是？是手臂嗎？我真是搞不清楚，謝謝你幫我的忙！」

2. 提供選擇

「你想要像烏龜一樣爬進浴缸，還是像螃蟹一樣跨進去呢？」

3. 讓孩子主導

「強尼，你能不能幫忙設定鬧鐘，讓我們知道什麼時候該離開？」

4. 提供資訊

「用過的衛生紙要放進垃圾桶。」

5. 用一個字（或手勢）表達

「垃圾桶！」

6. 說出你看到的

「我看到大部分的積木都已經放回箱子裡了，現在只剩下最後幾個要收了。」

7. 描述你的感受

「我不喜歡看到食物被扔在地上。」

8. 寫張小紙條

「請先把我放在頭上再騎車。安全帽敬上。」

9. 在不人身攻擊的前提下採取行動

「我要暫時把顏料沒收起來，因為我不能讓你把顏料灑在其他孩子身上。」

第3章

解決衝突的工具

避免發生家庭大戰

用更和平、更有效的解決方式取代懲罰。

你才剛跟孩子說過別這樣做，他卻又明知故犯。這時，你會怎麼做呢？或許他偷偷伸手拿了糖果、故意拉了狗狗的尾巴，或是把整個蛋盒翻倒，只為了看到十二顆蛋黃穿過碎裂的蛋殼，流進瓦斯爐與流理台夾縫的美好景象。你已經試過第二章的每一個工具，孩子卻仍然不聽話。這時，你會怎麼做呢？孩子有時就是這麼讓人灰心、讓人惱怒、讓人抓狂，以至於我們很難克制那股想懲罰他們的衝動。在你忍不住要把書丟出去之前，請在腦海中想像這個情境：在一個天氣晴朗的午後，你打算帶孩子到公園去玩。在你們走出家門之前，你提醒你的四歲孩子說，等到了停車場之後，他要牽著你的手一起走去公園，而且到了遊戲區也不可以亂跑，要待在你看得到的地方。噢，還有，跟其他小朋友一起玩的時候，要排隊輪流玩，不可以欺負別人。

結果，你的小寶貝一到了公園就變成脫韁野馬，把你說的話拋到九霄雲外。這時你會怎麼做呢？車一停好，他就精力充沛地鑽過車陣，穿越整個停車場。一到遊戲區，他就推著嬰兒車到處跑，甚至把它狠狠撞到公園設施上。當他爬到溜滑梯的頂端，竟然動手把才兩歲的妹妹往下推，只因為妹妹膽小不敢滑，而他沒有耐性等。

他是不是該被打屁股？或者被罰不准吃冰淇淋？或是回到家以後，他應該被關在房間裡，好好反省自己的過錯？

大部分的大人都會覺得，這時我們一定得**做點什麼**！我們不能允許孩子這麼不顧自己的安全，甚至無法無天去傷害身邊的人。人們會說：「小孩需要自己承擔後果。懲罰要看時間、看地點，而現在就是該出手的時候！」「這個孩子就是還搞不清楚狀況，他需要被教訓教訓才行。」在此時懲罰孩子，似乎是天經地義的事。

不過，在我們善盡父母責任，把後果和懲罰加諸在孩子身上之前，我想先花點時間來釐清幾個字眼的涵義。我們所說的後果，例如自然的後果、合理的後果，究竟是什麼意思？當我們對孩子施以懲罰，我們究竟**教了**他們什麼呢？

我們先從自然後果說起。基本上，我們不可能**給予**孩子一個自然後果。因為真正的**自然**後果，只會自然出現。我們不需要做任何事情，這樣的後果也會自然發生。如果你扯了狗狗的耳朵，可能會被咬；如果你把手伸進火裡，你就會灼傷；如果你從懸崖邊踏下去，地心引力會使你墜落到下方的平地上。至於合理後果，合的是哪個「理」，則是很有爭議空間的。假設我一再警告大家上我的課不可以遲到，但每次你依然姍姍來遲，我可能會認為把你關在教室外是很「合理」的。或者，當課程結束大家都離開之後，把你獨自**留在**教室裡，遲到多久就關多久，說不定更「合理」。說到這裡，你可能已經發現，這些所謂的「合理」，都不是真正符合邏輯的道理。它們更像是一種自由聯想，是我們為了讓犯錯的人罪有應得，而想出來的懲罰方式。我們希望藉由這些受苦受難的懲罰，讓違反規定的人下次不敢再犯。

我們就承認吧！其實對孩子來說，承擔後果和接受懲罰根本是同一件事，只不過說法不同罷了。就算我們用自然後果、合理後果等新潮的字眼來包裝，也是一樣的意思。用傳統方式教育的家長可能會說：「因為你做了這些事，所以你現在要被**罰**關房間……停用電腦……打屁股。」用新潮方式教育的家長則會說：「因為你做了這些事，所以**後果**就是，你現在要被關進房間裡……不准用電腦……被打屁股。」無論我們幫自己的行為貼上什麼樣的標籤，孩子最終受到的情緒挫折與身體疼痛，都是一樣的。不管我們用什麼樣的話語來包裝，我們真正想要的，就是找個方法讓孩子受苦或至少感覺內疚，藉此希望他下次不會再犯同樣的過錯。

為了讓我們的討論更順利，接下來我會統一用**懲罰**這個字，來表示大人為了改變孩子行為而加諸在他們身上的所有不愉快經驗。我問小組家長說，為什麼人們要懲罰孩子？以下是他們的回答。

麥可：我跟你說，有些小男生就是講不聽。我自己小時候就是個管不動的孩子呀！我媽媽會叫我不可以做某些事，但我根本沒在聽，她必須打我才能得到我的注意力！

唐尼：我們不能因為想當好爸爸、好媽媽，就放棄大人的權威。我並不提倡打人，但有些時候，只有懲罰才能讓孩子學乖。要是打屁股能讓孩子學會不能隨便跑到馬路上，那麼打這一下完全值得。

莎拉：我不認為懲罰是可以每天使用、經常使用的工具，但是孩子需要知道大人的底線，不是嗎？作為一個幼稚園老師，我並不見得每次都知道**為什麼**某個孩子現在會做出這樣的行動，但這並不表示，他就可以因此不遵守規定。我們在學校從來不會動手打小朋友，但孩子可能會被剝奪某些權利，或是受到隔離處分，去教室的角落自己思過。

瑪麗亞：有些時候，孩子會做出一些可能造成危險或傷害的行為，但他卻蠻不在乎。讓他承擔後果，是要讓他「感受到痛苦」，因此不會再犯。對於年紀還小，還不明白為什麼的孩子，也一樣能達到效果。他們需要知道，如果要為所欲為，後果就必須自己承擔。

「好，那現在我想聽聽另一方的說法，」我向家長們提問：「你們還能想起小時候自己被懲罰的記憶嗎？父母的懲罰是否真的有讓你們洗心革面、改過向善？」

「我好像想不起自己小時候被懲罰的經驗，」莎拉說：「可能我小時候太想取悅所有人，所以一直都在努力做個乖孩子吧。不過我可以分享的是，在我教的幼稚園裡面，被罰隔離處分或是剝奪權力的孩子，永遠都是那幾個人。我必須承認，懲罰似乎沒有改變他們的態度。」

「有次我和妹妹一起在商店裡偷了一些糖果，」瑪麗亞說：「我媽發現那些糖果之後只對我進行懲罰，妹妹因為年紀小所以逃過一劫。我甚至因此沒辦法參加我最要好的朋友的慶生派對。我記得，當時我因為媽媽不公平的行徑而氣炸了。我之後再也沒有在商店偷過東西，所以你或許可以說她的懲罰是有用的。但是我後來氣我妹妹氣了好久，甚至不斷在報復她。我會故意惹到她忍不住打我，然後再讓她被媽媽懲罰。」

安娜一臉憂愁地說：「雖然我不想這麼說，但是懲罰對我來說確實是有用的。我爸打人從不手軟，他會非常用力，而且是用皮帶抽我們。有時候，我媽媽會罰我露出膝蓋跪在白米上。那不但非常痛，還很傷自尊心。這些懲罰確實讓我不敢再做那些可能會惹禍上身的事。但是我的童年非常悲慘，小時候的我既膽小又害怕。我不想讓我的孩子像我一樣。」

我們可以從這些親身經驗中，看出懲罰的某些問題。雖然懲罰可能讓你迅速達到效果，但也可能讓你陷入許多困境：

- 當你把懲罰當作是解決衝突的方式，而你採用的懲罰效果卻不大時，你會陷入一個非常危險的處境。你可能會發現，自己只能一次比一次罰得更強硬、更狠毒，除此之外別無他法。

- 懲罰並不能解決問題。例如一個不擅於在團體中互動的幼稚園小孩，有可能會因為推人或是咬人而遭受懲罰，但懲罰並不會讓他學到與其他小朋友互動的社交技巧。
- 通常，當性格倔強的孩子受到懲罰，他們只會更下定決心要抵抗權威。研究發現，受到懲罰的孩子在未來會**更容易**出現行為偏差。懲罰會使那些不被樂見的行為更有可能發生[1]。
- 懲罰可能會模糊了孩子的焦點，反而使孩子錯過真正需要學習的重要教訓。懲罰並不會讓孩子產生想趕快解決問題或彌補過錯的衝動，只會讓他們用更自私的方式思考事情。她將會錯過哪一個電視節目？她會無法吃到哪個甜點？孩子更可能感到怨懟，而不是覺得自責。
- 就算懲罰真的見效了，孩子也確實沒有再犯，但你可能得為這個成功之舉付出極大的代價。一個遭受嚴厲懲罰的孩子，有可能出現其他的問題，例如恐懼、膽怯，或是對其他孩子做出攻擊行為。
- 最後，我們對孩子施加的懲罰，會成為他們日後在人生中遇到衝突時，自我應對的行為藍圖。請捫心自問，我們是否希望孩子用這樣的方式來對待自己的同儕和兄弟姊妹？

最後這點，在阿丹四歲的時候，就曾經活生生地在我面前上演。當時他總喜歡用手指戳弟弟的頭，這樣的行為讓人很不舒服，但無論我怎麼跟他**解釋**都沒有用。我實在不懂他這樣做到底有什麼樂趣。最後，無計可施的我對著他大吼：「阿丹！你沒有聽懂我說的話！我必須讓你自己體會一下這是什麼感覺。」由於心中累積了強烈的挫折感，我用力地往他頭上戳了一下。「怎麼樣，你喜歡我這樣做嗎？」

他哭了。「不喜歡！」

「好，既然如此，你、就、不、要、這樣弄弟弟！」這下他該知道了吧。

就在隔天，我聽到他在客廳跟弟弟說道理，他非常平靜地說著：「山姆，我必須讓你自己體會一下這是什麼感覺。」接著我就聽到山姆歇斯底里的哀嚎。好吧，是我錯了。

孩子是如此真切地想要模仿我們的一舉一動，甚至到令人驚嘆的地步。更訝異的是，他們是多麼專注於觀察我們的整體行為。孩子會照你做的做，而不是照你說的做。這句話雖然老掉牙，卻再正確不過。

而，最關鍵的問題是：我們希望孩子以後用什麼方式應對衝突？我們是希望他們在腦中思考「我可以對其他人**做些什麼事**」（例如把某個東西搶走，或讓別人遭受某些痛苦），還是希望他們想想「我可以如何解決這個問題」？

聽起來有點理想主義，對吧？那麼，對於我們前面說的那個在停車場裡鑽來鑽去，還在遊戲區推了妹妹一把的孩子呢？面對這樣一個失控的孩子，家長實際上能用我們說的這套哲理來**做**什麼呢？如果要把哲理轉化成行動，就需要實際的工具來幫忙。我們就用這個把妹妹推下溜滑梯的小壞蛋為例子，看看我們能如何運用下面這些工具。

工具一 表達你的感受……用非常強烈的方式！

「嘿！我不喜歡看到有人被推！」

有些時候，你只需要這樣說就夠了。這一句話取代了命令：「現在馬上住手！」取代了人身攻擊：「壞蛋，你很可惡耶！」還取代了威脅：「你現在不住手的話，等下就不准吃冰淇淋！」這一句話可以讓你遠離那些使孩子不自覺反抗的情緒反應。但這可能還不足以讓你們家的小惡魔就此收手。他覺得很好玩，而且他並不真的知道，把一個孩子從溜滑梯上推下去有可能產生什麼後果。他還以為自己是在幫她一把呢，真是見鬼了。

工具二 讓孩子知道如何彌補過錯

「你剛才推妹妹，她嚇到了。我們來做點什麼讓她開心一點。你想拿幾片蘋果去給她吃嗎？還是，你覺得她會想跟你一起玩沙子嗎？」

改變孩子行為和**態度**最快的方式，就是帶著他一起彌補過錯。要讓孩子以後做得更好，最好的方式是現在就給予他做得更好的機會。懲罰會打擊他的自尊心，而彌補能幫助他提高自信，幫助他把自己視為一個可以做好事的人。

工具三 提供選擇

「我們現在暫時不可以玩溜滑梯了。我看得出你現在不想跟大家排隊輪流玩。你可以去玩盪鞦韆，或是去把沙坑挖一個大洞。給你決定。」有時候，年幼的孩子需要我們幫忙把精力導引到別處。你提供的選擇可以幫助他把精力投入到其他更能被接受的活動當中。

工具四 在不人身攻擊的前提下採取行動

要是你家這個不定時炸彈依然不斷做出可能傷害到自己或其他人的行為，或許你就需要採取行動：「我們現在要回家了，下次再來玩。因為我現在非常擔心其他小朋友可能會受傷。」

「嘿嘿，被我抓到了吧！妳其實**也**吃後果這一套嘛！」我聽到你這麼說：「那妳剛才花那麼多時間說承擔後果跟懲罰沒兩樣、懲罰對孩子不好，又是怎麼一回事？」

我是這樣看的。我採取行動，是為了**保護**孩子，而不是懲罰孩子。我採取行動，是為了保護我的孩子，讓他不至於受傷，也為了保護其他的孩子，讓他們不會在身體或情緒上受到傷害，除此之外，還為了保護身邊的物品，以及保護我自己的情緒。

為了保護孩子，讓他不會在停車場被車子撞到，我可能必須拽住他的手臂，或是要求他坐上嬰兒車。「我現在要把你扣在嬰兒車上，這樣你才不會被其他車子撞到。我知道你不喜歡！但只要我們走出停車場，你就自由了！」

為了保護其他孩子，讓他們不會被我家孩子粗暴的行為所傷害，我可能必須把孩子暫時帶離遊戲區。「我現在要帶你去草坪玩。我們把球帶過去吧！我們需要換一個可以自由自在奔跑，又不用怕撞到別人的地方。」

我可能需要把嬰兒車拿走，以免孩子把它弄壞。「我現在要把嬰兒車放回車上，這樣它才不會被弄壞。我們找找有沒有其他東西可以玩？有沒有什麼東西是很堅固、怎麼撞也撞不壞的？」

為了保護我自己，讓我不至於在這次外出承受太大的壓力，在我們想到更好的計劃之前，我可能會需要把今天的遊玩行程暫時喊停。「我今天不能帶你去遊戲區了。我不想要到時候又被你惹生氣，或是大聲吼你。我們需要重新想一個計畫。」

請注意，我們必須清楚地向孩子傳達這個訊息：我們這麼做不是為了懲罰，而是為了保護。我們不說：「你昨天在公園表現得糟透了，所以你今天不可以去公園玩。」我們也不說：「你推嬰兒車推得太粗魯了，所以從現在開始你不准碰嬰兒車。」**我們要把重點放在當下對安全及情緒的顧慮，以及之後的解決辦法。**

孩子在這過程中學到的經驗，將成為他長大成人後也十分受用的技能。例如，當你和身邊的成年人出了點問題時……假設你有一個朋友，每次跟你借東西，不是不按時還，就是還回來時弄壞了，或者他根本就有借無還。遇到這種情況時，你大概不會想你能怎麼懲罰這個人吧！你會去想該怎麼樣婉轉地保護好自己。你不會跟他說：「因為你把我的外套弄髒，而且又撞壞了我車子的後照鏡，所以我現在要……賞你兩巴掌！」這樣會變成對他人施暴耶。

不然換成「……把你鎖在房間一小時！」這樣會變成監禁他人喔！要不然換成「……沒收你的手機！」這樣會是偷竊。你比較可能會這樣對他說：「我以後不想再借衣服給你了。看到借給你的東西被弄壞，會讓我覺得很生氣。然後，我也不能把剛剛修好的車子再借給你開，因為我需要我的車子保持在能正常運作的狀態。事實上，我還覺得你應該出點修理費！」

你的這些反應，應該會讓朋友好好學到一課。他會發現，你的忍耐是有底線的，而他的所作所為已經超過了你的底線。如果以後他還想再跟你借東西，他就需要改變自己的行為。他會了解到這一點並不是因為你做了什麼讓他痛苦的事，而是因為你堅定地採取了保護自己的行動。

當然，孩子跟大人還是有所不同，有時候孩子的想法比大人稀奇古怪多了。下面是幾個當以上所有工具都不奏效時，我們可以如何對孩子**採取行動**的例子。

「我現在要先把積木沒收。我不能讓你這樣亂丟積木。我很擔心等等有人的頭受傷。」

「我現在要把你跟哥哥分開！我知道你非常生氣，但是我不希望你們之中有任何一個人受傷。」

「我們現在要離開圖書館了，我不能讓圖書館的書都從書櫃上被推下來。」

「我現在要把食物拿走了。我看得出來你現在不是很餓，而且我不喜歡看到食物把衣服弄髒。」

採取保護自己和他人的行動，是成年人必備的生活技巧，同時，它也具有強大的示範作用，能讓孩子學習如何處理衝突。這個方法和那些設法讓別人感到不舒服，藉此希望對方能學到教訓的做法，完全是天壤之別。

「那孩子該學到的教訓呢？」你提出疑問：「那下一次去公園怎麼辦？如果我一直只是溫柔地防止孩子對自己、對別人、或對物品造成傷害，那什麼時候他才會想到要改變自己的行為？如果我不懲罰他的話，那他不就是『得逞』了嗎？」先別把書闔上啊！我們還有一項工具，可以讓孩子被激發出改變行為的動機，而且比懲罰有效多了。當重複的問題不斷上演，而當下的矯正方式總不見效的時候，這個工具的作用簡直無價。這個工具通常不能在事發的當下使用。有些時候，潑出去的水就是沒有挽回的餘地。但當你把大哭大鬧的孩子拽出商店或遊戲區，在內心深處，你可以這樣安慰自己：等大家都冷靜下來之後，我要來試試討論解決方案這個辦法，下一次一定會更好！接下來說明這個工具的使用方法。

工具五 討論解決方案

要想成功討論出解決方案，其中的一個關鍵在於時機。也就是說，要等到大家情緒對的時候，才能進行。如果我們的情緒還停留在沮喪或憤怒的狀態，是不可能成功討論出解決方案的。所以請等到風暴平息之後，再邀請孩子和你一起坐下來聊一聊。

討論解決方案的第一步是承認孩子的感受。這是最最重要的一步，也是家長最容易忽略的一步！要是你沒有先承認孩子的感受，你們的討論就很難有進展。孩子需要知道你能從他的角度看事情，並且真的了解他的感受，否則他們就不容易敞開心扉，參與你接下來準備提出來的提議。

「我知道你不喜歡在停車場被別人牽著手，你比較想要自由自在奔跑！」

「你一定不喜歡要排隊等很久才能溜滑梯吧！妹妹擋在你前面，又一直不決定到底要溜還是不溜，這樣真的很惱人。」

這時，如果孩子有話要說，請靜靜聆聽，並且複述他的感受。「喔！所以你很討厭我每次牽你的手都抓得太用力。然後你希望要是有時候整個遊戲區只有你一個人就好了！」

討論解決方案的第二步是描述當下的問題。這時，你可以開始說說**你**的感受，或是其他人的感受。可惜的是，請務必長話短說，你千萬不能一開口就停不下來，否則你的計畫都還沒開始，就已經失敗了。

「問題是，我擔心停車場裡的車子會撞到像你這樣的小朋友。」

「對於像妹妹這麼小的小朋友來說，從溜滑梯上被推下去有可能是超級恐怖的事。她也可能會摔倒或受傷。」

討論解決方案的第三步是請孩子出主意。你會需要準備一張紙和筆。請務必把**所有**的點子都寫下來，無論它們有多麼不切實際。如果你在這時開始拒絕孩子出的主意（「唉呀！這個不可行啦！」），那麼孩子很快就會失去興趣。事實上，先用一些荒謬的點子做開頭，會是不錯的做法。

「我們需要想想辦法，讓我們下次去公園玩的時候，可以玩得很開心，又不用擔心其他人會生氣、嚇到或是受傷。你覺得我們可以怎麼做呢？」

- 把停車場的車子變不見。
- 像小鳥一樣，從車子上面飛過去。
- 不牽媽媽的手，但是拉住媽媽的皮帶。
- 不牽媽媽的手，但是扶在嬰兒車上，順便一起幫忙推嬰兒車。
- 假裝媽媽迷路了，拉著她的袖子帶她走出停車場。
- 把水灑在溜滑梯上，這樣就沒有其他人會去溜滑梯了。
- 在溜滑梯旁邊掛一個告示牌，寫上：「小寶寶請勿使用」。他們可以去玩盪鞦韆。
- 如果有小朋友覺得害怕，問他想不想要你陪他一起溜下去。
- 如果想玩溜滑梯的人太多，就先去旁邊玩爬架。
- 如果想玩溜滑梯的人太多，就先從梯子上跳下來，拿桶子和鏟子去沙坑玩。

討論解決方案的第四步是選出你和孩子都滿意的選項，以及把你們都不喜歡的選項刪掉。

「嗯……要是能像鳥一樣飛就好了，但是我覺得我應該做不到。還是你想幫忙推嬰兒車嗎？噢，你喜歡拉著袖子帶我走嗎？好，那我們把這一項圈起來。」

「我想我們不能真的在溜滑梯上灑水，因為其他人可能會生氣。我們也不能不讓其他小朋友過來玩，因為公園是屬於大家的。那玩爬架呢？你覺得怎麼樣？」

討論解決方案的最後一步是實際試看看。找個磁鐵，把你們列出來的各種解決方案貼在冰箱上，然後等待適當的時機出擊！當你們要去公園時，把單子帶上。在下車之前把單子拿出來，再一次和孩子確認你們討論好的方案。

「你準備好要拉著我的袖子帶我去遊戲區了嗎？好，抓好袖子喔，我準備好要跟著你了！」

如果孩子確實和你一起討論了解決方案，那麼他很可能會急著想試試這些辦法。你會發現，這一次去公園，你不僅心情很好，孩子也很配合，而且孩子還得到了一次珍貴的經驗，練習解決了生活中棘手的難題。你可以完全跳過家長打罵懲罰的階段，直接達到解決問題的成果。

但是，萬一這招沒有用呢？

那麼你就只能重新回到出主意的階段，也就是說，你需要其他的新點子。討論解決方案最美妙的地方就在於，它永遠有無限多的可能性，這一點和懲罰是完全不同的。如果你選擇用懲罰的方式教訓孩子，而孩子卻仍然不聽話，那麼你能做的就只有罰得越來越重。你可能會打得更狠，或是剝奪他更多的權利，但就算如此，你還是很有可能無法達到目的，也就是沒辦法讓孩子乖乖配合。而且在這過程中，還可能讓孩子衍生出許多不好的念頭。如果採用討論解決方案這個辦法，那麼你們永遠都可以重新再一起腦力激盪，想出其他更好的解決方案。只要你和孩子能夠相互交流、集思廣益，最後一定會想出能讓雙方都滿意的解決方案。

重點　如果上述工具都無效，表示你需要重新思考對孩子的期待

當孩子還沒有準備好能用對自己和他人都安全的方式來行動時，我們通常會先試著從控制周圍環境下手。我們不會期望小嬰兒知道不能用手碰插座，因此我們會把牆壁上的插座遮起來。我們不會把遊戲區蓋在高速公路旁邊，然後還期望小朋友不會為了追回滾出去的球而衝到車陣當中。我們會在遊戲區周圍加裝圍欄。我們不會把堆得像山一樣的巧克力放在餐桌中間，然後還期望幼稚園小朋友（或是小朋友的家長！）**只拿一個來吃**。我們會一人發一個，然後把剩下的巧克力趕緊收起來。我們會讓小嬰兒讀紙板書，這樣他們才不會用那胖嘟嘟的小手，執意把書頁撕壞。要是外婆在家裡的矮櫃上精心陳列了一排精緻華美的中國娃娃，妳大概就知道，帶著兩歲大的孩子去那裡玩不會是件輕鬆的事。所以，當外婆想看小外孫女時，妳會把她請到妳家來。

圖書館破壞王

阿丹快要滿兩歲大的時候，圖書館對他來說是個超級好玩的地方。他很喜歡書。不過，不是像你

想的那樣……他可不是把書拿來讀！他很喜歡書本陳列在書架上的樣子，而他最愛的活動就是沿著書架從頭跑到尾，然後把伸手所及的所有書本都往後推，這樣，書架另一面的書就會一本本掉下去，發出一連串令他心滿意足的落地聲。接著，他會趕緊跑到書架的另一面，去欣賞自己運用質量和重力做出來的實驗結果。那時我決定，在我的小科學家懂得對書裡的內容產生興趣之前，暫時不再帶他去圖書館。

暫時收起的積木

阿丹過兩歲生日的時候，我的父母喜孜孜地送來一份精心挑選的禮物：一整組大型積木。我敢說，他們一定在腦海裡想像過，阿丹會組出各種超有創意的積木建築：有城堡、有摩天大樓，還有玩具車在建了橋樑和隧道的車道間穿梭，或者甚至能組出一整座城市。不過，阿丹卻不是這樣想的。他覺得把這些沉甸甸的方塊當成小砲彈發射到空中，才是好玩。看到拱橋往天上飛，最後落地墜毀，這景象讓他興奮極了。在我試過無數種方法之後，我承認自己真的沒輒了。為了保護好家裡的窗戶和我們每個人的腦袋，我只好把積木收回盒子裡，放到地下室。等到阿丹三歲的時候，這些積木才重出江湖。阿丹的建造計畫依舊，不過這一次，他的作品都牢牢蓋在地上了。這真的是個很棒的禮物，只不過得用對時機！

我們先假設現在你對孩子的要求，是以他的年紀和他的能力都完全可以達到的。那麼，下面有幾則用其他方式取代懲罰的真人故事可供參考。你或許會覺得，不懲罰孩子就等於讓他逃過一劫，並且失去學習為自己行為負責的機會。不過，只要你讀完下面這些故事，就會發現事實恰好相反。例如第一個故事裡的孩子，就因為發現自己有彌補過錯的能力，於是更有勇氣面對自己犯下的錯誤。

麥可的故事：卡車惹的禍

我一走進客廳，就發現傑米把麵粉放在玩具貨車上載著到處跑。地板被弄得亂七八糟。我大喊：「是誰把地板搞成這樣？」

傑米說：「完蛋了！」然後一溜煙躲到沙發後面。

我發現我嚇到他了，這讓我感覺很愧疚。於是我說：「糟了，我們遇上麻煩了。我們現在可以怎麼補救？」

他從沙發後面探出頭，大喊：「水！」接著他跑到廚房，拿了一條沾濕的廚房紙巾過來。

以前，珍和我最氣傑米的一點，就是每次當我們指責他，他只會跑走而不知道要道歉。當我使用這個新的技巧之後，我發現他的態度完全不一樣了。後來有一天，我在廚房忙，他在客廳翻看一本有動物圖片的書。他突然急急忙忙地跑過來，一臉擔心的樣子。他問我：「爸爸，我不小心把書撕壞了一頁。我們現在可以怎麼補救？」於是我就去拿了膠帶給他。我想，要是在以前的話，他一定會偷偷闔上書，然後把書藏在我們看不見的地方。

有些時候，家長只需要強烈地表達自己的情緒就夠了。

瑪麗亞的故事：逃跑的藝術家

我們家的院子周圍有圍籬，所以當我需要在家裡忙的時候，有時候我會讓小班自己去院子玩，我只要從窗戶看著他就好。昨天當我往院子裡看的時候，發現他竟然在爬圍籬。之前我已經為了這件事懲罰過他很多次了，包括打屁股，還有隔離處分都試過。籬笆的另一頭是一條馬路，很多車子都會經過，所以他這樣的舉動非常危險。不過這次，我只是儘可能大聲喊著：「我看到有人爬到圍籬上了，我擔心他會受傷！」然後小班就跳下圍籬，往我這裡跑過來了。我抱著他說：「你剛才真的讓我非常、非常害怕！」他說：「媽咪，對不起！」

有時你會需要把各式各樣的工具結合起來使用。請讀一讀下面這個故事，看看你是否能中找到**承認情緒**、**強烈表達情緒**、**提供選擇**以及**採取行動**等工具。

喬安娜的故事：髒兮兮的孩子

在我們家，每天的洗澡時間總是一場大戰，而且情況越演越烈。由於每次總是鬧得非常不愉快，於是我幫孩子洗澡的時間漸漸從幾天一次，演變到超過一周才洗一次。當時我心裡總想著，在別人發現之前，我還能再多拖幾天呢？洗澡大戰的癥結點主要在於洗頭。我們家五歲大的查克最痛恨的就是洗頭。我已經試過用好玩的方式、提供選擇、提供資訊……但到最後，我唯一剩下的辦法就只有：使用蠻力。我別無選擇。幼稚園裡沒有任何一個家長會容許自己的孩子頂著一顆臭油頭去上學。每次幫他洗頭時，我都會非常小心地用水把洗髮精沖掉，但當他開始抗拒、掙扎、不配合，洗髮精的泡沫就會流到他臉上，然後他就會開始尖叫。既然他已經氣得像隻憤怒的大黃蜂，我也只能趕快抓緊他滑溜溜的手臂，在頭上淋下更多的水，趕緊了事。當然，這麼做只會更把水濺得到處都是，而他也叫得更加聲嘶力竭。我得承認，此時的我真的算不上是什麼模範媽媽。

於是，我決定試著和他一起討論解決方案。

有天晚上，我和查克一起坐下來，我大大地嘆了一口氣：「哇，你真的好不喜歡洗頭喔，要是你可以選擇的話，你大概永遠、永遠都不想洗頭吧！」

「對！那些水在我臉上流得到處都是，而且妳每次都把泡泡弄進我眼睛裡！」

「聽起來真的好不舒服喔，難怪你這麼討厭洗頭。」

「超級討厭！」

「我看得出來。而且我也很討厭每次都要為了洗頭跟你打架，把你弄得又生氣又難過。問題是，媽咪必須確保你去學校的時候，頭髮是乾乾淨淨的，至少不能太髒。這是我身為媽咪的責任之一。所以我們需要一起來想一想，我們可以怎麼用更好的方式完成這件事。」

我拿出一張紙，在最上面寫著：**洗頭的問題**。

接著，我把查克最感到反感的地方寫下來，一邊寫，一邊大聲唸給他聽：**水流到臉上**、**泡泡跑進眼睛裡**。

然後，我再寫上我不滿意的地方：**頭髮黏黏的**。

我們對望了一眼。我想，我還是先說點能讓氣氛輕鬆一些的建議吧：「嗯……或許你可以等到下雨的時候，直接站到外面，讓雨把頭髮洗乾淨！」

我把我的建議寫上，順便在旁邊畫了一個站在雨中的小人，這樣查克只要看到圖畫，就知道我寫的是什麼內容。

接著，查克開始冒出各式各樣的點子：「我可以當一條魚！魚可以一直活在水裡。」

我把查克的建議寫上，在旁邊畫了一條魚。

「或者，我也可以當一隻貓咪！貓咪從來不用洗澡。」

我把這條建議也寫上了。好險！用我僅有的美術天分還能把魚和貓咪畫出來。

查克的腦袋還沒停下來：「等我長到跟山姆一樣大就可以了，山姆一點也不討厭洗頭。」

當時山姆八歲，所以我在紙上畫了一個小人，上面寫了一個8。

這時，我想我最好趕緊把話題導向比較可行的解決辦法，否則查克搞不好真的想等他長到八歲才肯洗澡。這樣的話，我就**真**~的是拖得夠久了！

我建議查克可以站在浴缸裡，然後彎下腰，把頭浸在水裡。只要我們沖完趕快用浴巾包住頭，水就不會滴到他臉上了。我還建議查克可以自己用蓮蓬頭沖洗頭髮。此時查克反駁說，我何不直接帶他去游泳池就好，因為他在游泳池的時候，並不介意臉上弄到水。

「等等，你說什麼？為什麼你在游泳池就不介意臉上弄到水？」

「因為在游泳池的時候，我會戴蛙鏡呀。」

「喔~~~！」

天哪，終於有進展了！「那如果我們進浴缸的時候也戴好蛙鏡呢？」我把這個提議寫了下來。

我們一起看了一下目前的選項。用雨水洗頭的建議被打了勾，其他的建議都因為太不實際或不舒服而打了叉，最後，蛙鏡的建議也得到一個勾。於是，我們就這樣說定了。接下來的一個月，每次洗頭都托蛙鏡的福而順利完成。肥皂水偶爾還是會滲進蛙鏡裡，但查克似乎不介意，因為就算解決方案並不完美，但它畢竟是我們一起想出的方案。真是謝天謝地！

解決方案並不是一定需要大費周章，花上大把時間、用許多步驟來進行。有些時候，它不過就發生在轉念之間。與其想：「我要怎樣才能控制這個孩子？」不如把孩子想成我們的隊友，邀請他一起參與、出力幫忙。

茱莉的故事：髒兮兮的母親

瑞西剛出生的時候，亞舍三歲。那時，光是想顧好我自己的需求都很困難，就連好好洗個澡都是奢侈。

有天早上，瑞西突然睡著了，我心裡想著，要是我夠好運的話，或許可以趕在瑞西醒來之前洗好澡。問題是，要是我不看著亞舍，他一定會直奔嬰兒床，做出把嬰兒吵醒的事。

此時，我發現亞舍在廚房，手裡拿著他的魔鬼氈球板——就是一種包覆著魔鬼氈的圓形板子，只要固定在手上，就可以接住別人丟過來毛絨絨的球。

「媽咪，丟球過來！」

可惡！千載難逢的嬰兒小睡時間，亞舍竟然早有其他安排。要是我想把自己洗乾淨，就必須用點技巧。瑞西總是睡得很淺，一不小心就會吵醒他。

「噢！你現在想玩丟球啊？」

「趕快丟球過來！」

「可是我現在想要去洗澡耶，那怎麼辦？」

亞舍想了一下，說：「那我可以把錄音機帶去浴室，在裡面聽《芝麻街》。」

「哇，真是好主意！就這麼辦！」

那天早上我成功洗了澡。終於洗乾淨啦！

從這個故事可以看出，透過和孩子一起討論解決方案的態度，可以很快把當下的問題搞定。

喬安娜的故事：製造麻煩的三輪車

那天，是所有家長最怕遇到的悲慘天氣，外面冷颼颼又下著雨，沒有鋪上石磚的道路簡直一片泥濘。好在，兩歲半的阿丹在廚房裡興高采烈地騎著他的三輪車。問題是，他偏偏騎得離六個月大的山姆非常近，而山姆那時正在地上練習爬行。

「阿丹，不可以離小嬰兒這麼近！」「阿丹，你會傷到他的小手指。」「阿丹，你再這樣的話，我就要把三輪車沒收喔！」

阿丹一再忽視我的警告和威脅，他覺得自己完全技術一流，可以悠遊在手無寸鐵的弟弟身邊。我並不是真的想把三輪車沒收，因為它不僅讓阿丹騎得高興，也佔據了他的注意力。於是，與其把我的警告付諸行動，我決定試個新的辦法。我知道當時的他還太小，沒辦法跟我一起討論解決方案。事實上，那時他連話都還不太會說。不過我還是決定姑且一試，我說：「丹丹，我知道你在廚房騎三輪車騎得很高興，而且弟弟也很喜歡看你騎。」（這是每次必備的開場白，也就是先接受他的情緒。）

「問題是，我很擔心弟弟的小手指會受傷，會被輪子壓到。」（這是描述問題。）

「那我們該怎麼辦呢？我們需要一起想辦法！」（這是請他出主意。）

阿丹若有所思地望向遠處，然後大聲宣布：「阿丹去那裡騎。」

接著，他就把三輪車推到廚房的另一邊，與弟弟隔開了一段距離。我當時驚訝地說不出話來。原來只要我肯讓他出主意，我那恐怖的兩歲小孩，竟然會完全願意配合我的要求。這個事件過後，我們家就經常會出現「阿丹有辦法！」這句話。

下面是另一個討論解決方案的例子，不過這一次，就沒有那麼快解決了。

喬安娜的故事：自由女神來幫忙

我一直等到阿丹滿兩歲八個月大，才第一次正式地跟他一起討論解決方案。也就是拿出紙筆、列出各種解決辦法，然後用磁鐵貼在冰箱上。

我清楚記得當時他有多大，因為那時我每天數著日子，就是想等到他滿兩歲八個月時，訓練他自己去兒童便盆尿尿。吼，說我是每分每秒都在數也不為過。我和他討論過當你想尿尿時「會出現什麼感覺」，以及，當這種感覺出現的時候，要馬上放下手邊的事，跑去廁所、脫下褲子、坐到小馬桶上，是多麼困難的一件事。我們甚至在冬天有幾天完全足不出戶，整天待在家裡陪著阿丹練習，讓他時不時去小馬桶上坐一坐，等待神奇的一刻到來。

最後，一切終於都搞定了！我的寶貝現在會自己上廁所了，這是我人生中第一個會自己上廁所的孩子！但是，幾周之後，他就失去興趣了。這一切已經不再有新鮮感，小馬桶也不好玩了。他會抓著自己的褲檔繼續玩耍，然後堅持說自己「不需要去上廁所！」

要是他沒忍住，就會在地毯上傾瀉而出。然後他會自己去廚房把小板凳搬到儲藏櫃門口，因為這樣他才能拿到我們家的地毯清潔劑。最後，他會自己用清潔劑努力把地毯清理乾淨。我那好不容易完成如廁訓練的成就感，就這樣粉碎得一乾二淨。我拿出紙和筆，準備討論解決方案。我一邊寫，一邊大聲唸出來。

「阿丹不喜歡玩到一半的時候要停下來去廁所尿尿。」

「媽咪不喜歡地毯上有尿尿。」

「妳在做什麼？」阿丹問我。

「我們需要想些辦法來解決這個問題。」我這麼說。

我在紙上標了一二三四等記號，滿心期待地看著阿丹，他卻只是望著我。我知道我應該讓孩子先說話，但這孩子什麼都不說呀！那時我才發現，我忘記提前先想好幾個選項，於是當下我沒有任何有創意或巧妙的點子可以提出來。不過既然我已經起了頭，只能想到什麼說什麼，就算很爛也沒辦法。

我一邊寫，一邊大聲地說：「一，媽咪會用和善的方式提醒阿丹去上廁所。」

這時，阿丹準備好發表意見了：「二，阿丹會用地毯清潔劑把地毯清乾淨。」

我咬著牙安靜地把他的意見如實寫在紙上。接下來我繼續說：「三，如果阿丹不想去小馬桶上廁所，他可以穿尿布。」

這時，阿丹開始茫然地環顧四周，當他看到房間裡的自由女神像時，眼睛突然亮了起來。那是一個綠色的塑膠製自由女神像，是有次我去校外教學時買回來的紀念品。「這個小綠人會告訴我要『去小馬桶噓噓』。」

我心想：糟了，看來今天要失敗了。不過我還是硬著頭皮把它做完。「我們現在來看看剛剛寫下來的辦法，看看哪些是我們喜歡的，哪些是我們不喜歡的。」

第一項：和善的提醒。阿丹強烈抗議，所以我們把它刪了。

第二項：阿丹喜歡這個主意，但媽咪不喜歡，因為地毯現在已經越來越臭了，使用清潔劑也無力回天。我們把這項也刪了。

第三項：阿丹很願意穿尿布，但媽咪自打嘴巴地反對了自己的意見。所以這項也刪了。

第四項：小綠人。我們只剩下這個選項了。雖然我半信半疑，但仍然假裝自己也一樣躍躍欲試。

我們在四號旁邊打了一個大勾勾。

我把這張單子貼在冰箱上，接著等待下一次他抓褲檔的時刻到來。就在我們吃晚餐的時候，阿丹又開始扭來扭去、用手擠著什麼，但卻一點想起身的意思也沒有。於是我把自由女神拿到他耳朵旁邊，用一種最粗糙低沉、最像雕像的聲調，輕聲對他說：「去小馬桶噓噓。」阿丹把自由女神像拿過去，對她回了句悄悄話（我到現在都不知道他到底說了什麼），然後就直接起身去上廁所了！

接下來的幾個月，我都隨身帶著那個「小綠人」。她簡直就是能讓我兒子噓噓的秘密武器。我再也不需要尷尬又無助地，聽商店裡的年輕店員告訴我：「太太，不好意思，你的孩子需要上廁所了！」現在我只需要把小綠人拿出來，我們就可以馬上直奔廁所。

不過，有一次小綠人還是讓我小小尷尬了一下。當我的瑞典朋友看到我手上抓著這個小綠人，他說：「哇塞，妳真愛國！我是不是該隨身帶著瑞典國旗啊？」

既然我們剛好提到如廁訓練，那麼我還有一個更簡短的故事可以和你們分享，是我和小兒子查克透過討論解決方案完成如廁訓練的例子。你會發現，這一次，我並沒有完全按照正確步驟進行：承認孩子的感受、描述問題、請他出主意。但無論如何，我們還是糊里糊塗地成功了。

回歸大自然

母親：查克，來坐坐小馬桶吧！

頑固的兩歲半小孩：不要！

母親：我們來看看你能不能用噓噓把小馬桶裝滿，很好玩唷！而且這樣以後你就不用穿尿布了。

小孩：我對那些「沒有興趣」。

母親：以前在外面的時候，你也這樣上過廁所呀！你知道在外面玩的時候，如果想上廁所，要怎麼樣先停下手邊的事，然後去樹叢裡脫下褲子尿尿。

小孩：那是因為我尿在樹葉上啊！我**喜歡**尿在樹葉上！

母親：這樣啊！好，那我們出去找點葉子過來。

然後，我們就出去撿葉子了。我們把落葉帶回家，鋪在便盆裡，然後查克就把上脫下褲子，在樹葉上尿尿了。

母親：哇！你辦到了！

小孩：我跟你說過了啊！

好險，我們家的院子永遠有撿不完的落葉可以用。如廁訓練，現在開始！

討論解決問題的方法可以有無限多種變化方式。可以是你和孩子之間的雙人活動，也可以加入其他人一起集思廣益。

莎拉的故事：當我說停，表示可以繼續玩

每天只要到了傍晚五點左右，我家的三個小孩就會開始很興奮。他們會瘋狂地在家裡橫衝直撞、彼此追逐，而且通常都會撞到東西，這是他們最近喜歡玩的遊戲。基本上，每次這樣玩，幾乎沒有不出事情過。一開始，他們個個都情緒高漲、興奮不已，但到最後，我的小女兒蜜亞通常都會受傷。或者，至少她會非常不開心，跟真的受傷沒兩樣。

以前我也試過制止他們。畢竟，我明知道接下來馬上會上演大哭大鬧的戲碼，這實在讓我很緊繃。可是，孩子們總是齊聲抗議，因為他們覺得自己玩得正開心，而且明明大家都在笑。我也知道他們現在很開心啊，那只是現在！

最後，我試著用討論解決方案的方法試試看。結果發現，做起來比我想得容易多了。我們當時是

這樣討論的。

我：你們喜歡在家裡跑來跑去、追來追去，是啊，是很好玩。問題是，每次玩到最後都會有人哭，這讓我覺得不開心。我想，我們需要一起想一想，你們要怎麼玩，才可以大家從頭到尾都開開心心的，沒有人受傷，也沒有人擔心害怕。

蜜亞：每次我說停的時候，傑克跟索菲亞都不停下來。

索菲亞：那是因為你每次這樣講的時候，臉上都在**笑**啊！你就只是想要耍賴而已！

傑克：對啊，你像嬰兒一樣，很幼稚。

蜜亞：我才不是嬰兒！你白痴喔！

我：嘿！不准罵人。我們現在要一起想想辦法。或許「停」不是一個恰當的字，因為有時候我們說「停」只是嘴巴上講講，而有時候說「停」是因為我們真的嚇到或受傷了。這樣別人會搞不清楚到底是什麼意思。我們需要想一個一說出來就知道是「真的要停止，我不是在開玩笑」的字。

蜜亞：（爬到一張椅子上，手指著前方正經地宣布）我知道了！我們可以說「遊戲暫停」！

索菲亞和傑克都沒有意見。因此，說「停」表示可以繼續玩，說「遊戲暫停」就表示真的要住手。討論結束後，孩子們就又回去繼續追趕跑跳。每當蜜亞覺得有點承受不住了，她就會使用她新獲得的這項能力。「遊戲暫停！」每當她這麼說，所有的孩子就會停住不動。孩子們似乎不介意遊戲出現這樣的轉折。接著，當蜜亞宣布：「繼續！」他們就會一起又跑起來。

這個做法絕對比我提出威脅，或向他們下最後通牒來得好。一起討論解決方案能讓孩子學會如何跟其他人玩耍，並且更能從其他人的角度看事情。

重點　尊重孩子間的爭執，切勿息事寧人

當孩子之間產生爭執，我們會被搞得筋疲力盡。我們只想要這一切趕快結束，因此會說：「好了，夠了！沒關係！」但我們這種息事寧人的做法，並不真的能帶來和平與和諧，被掩蓋住的問題，只會陰魂不散地持續困擾我們。

爭著搶電視遙控器這種事，對你來說大概是再小不過的事情了吧。孩子們究竟是看以科學的名義把各種物品炸來炸去的節目，還是看一個主角長得像海綿一樣，住在水果房子裡的卡通，有什麼差別呢？誰在乎啊！

但是請記得，你眼中的這些小吵小鬧，對孩子來說就像是你與同事、朋友或親戚發生爭執一樣，令人耿耿於懷。孩子需要練習去化解這些「幼稚」的爭端，等他們長大成人，才能知道怎麼樣和平地解決大人之間的矛盾。這是每個人在童年階段的功課。

與其說：「拜託好不好，你們又為了遙控器吵架？太幼稚了吧，這根本沒有什麼好吵的。」不如說：「這真的是個很棘手的問題，因為你們倆想看的節目不一樣。」

同時，你必須儘可能抑制偏袒某一方的衝動，例如：「每次我們都順著你，這次你就讓妹妹看她想看的卡通好不好？不然她又要鬧脾氣。」你也必須記得，不要代替他們解決彼此之間的爭執，例如：「今天讓哥哥看他想看的，明天就換妳看妳想看的。」

但是，你也不能就這麼走開。（如果你正盼著我這麼說，很抱歉，讓你失望了！）在你的孩子累積好經驗、成為解決問題的能手之前，他們仍然需要你在旁協助引導。

重點　把引起爭執的物品暫時拿開

當引起爭執的物品落在某個孩子手中時，孩子們會很難冷靜思考，於是狀況就很容易僵持不下。這時，你需要說：「在我們想好該怎麼辦之前，我先把遙控器放到櫃子上。我敢說，只要我們一起想、一起討論，就一定能找到一個你們兩個都滿意的解決辦法。」

接下來，你要做的工作就是專心聆聽，並且對每個孩子提出來的看法予以回應。你可能會說：「噢，為了要看今天的科學爆炸秀，你已經等了一整天了啊？他們今天要炸掉一整堆大西瓜，所以你不想錯過。」

然後，你必須接著聆聽另一個孩子的說法，並且回應她的情緒：「啊，妳覺得永遠輪不到妳看卡通，妳覺得不公平。哥哥每次都把遙控器拿走，然後你就看不到海綿寶寶了。可是海綿寶寶這麼好笑！」接著，注意力再回到第一個孩子：「我聽到你說了，海綿寶寶每天都會播，有時候還一天播兩次，可是你的爆炸秀每個禮拜只有一次，你只有今天可以看！」

最後你可以說：「嗯……那我們要怎麼做，才能讓你們兩個都看到想看的節目呢？我們要說好輪流看嗎？還是我們來畫一張計畫表，上面寫好哪一天是由誰決定看什麼？你們覺得怎麼樣比較好？」

當孩子們自己想出計畫，他們會相當心滿意足。而且，他們還會學到，以後遇到爭執的時候，多點交涉、少點爭吵，將更能解決問題。

獎勵的問題

那麼，如果我給孩子獎勵呢？你可能會這麼問。如果我沒有時間跟孩子討論解決方案，可不可以用獎勵的方式解決？這是很正面的解決方式啊，只要是正面的，就是好的，對吧？

我們花點時間來想一想，當別人想用獎勵要求我們改變某個行為，我們會有什麼樣的感覺？想像一下，假設在輪到你為家人煮飯的那幾天，你在下班後變出好幾頓好吃得不得了的晚餐，雖然開飯時間晚了點。你對自己感到很自豪。在上班、採買、打掃、照看孩子之餘，你還讓家人吃到健康營養的家常菜，而不是用披薩省事地解決一餐，多了不起！但是，你的另一半卻不滿意，他（她）說：「我希望我們在上班日可以早一點吃晚餐，這樣我才能早一點去睡覺。這樣好了，我決定提供一個獎勵的機會。只要晚餐能準時在晚上六點上桌，每集滿五次，我就帶你去外面吃飯，餐廳任你挑。我會幫你做一張集點卡，這樣我就可以用貼紙紀錄你成功了幾次！」

等等，好像有哪裡不對勁？為什麼我們會突然有股衝動，想讓全家等到半夜才有飯吃，而且最好是吃到一頓……燒焦的晚餐？

嗯，首先，你的另一半究竟有沒有照顧到**你**的感受？他到底有沒有發現，為了做出這一頓家常飯，你需要花多少力氣？他到底知不知道，要早點做出晚餐是多麼困難的一件事？萬一你好不容易連續四天準時上桌，第五天卻搞砸了，要怎麼辦？難道你要因為一次的失誤，就從頭開始？有必要這樣拚了老命嗎？然後他提出的獎勵又是怎麼一回事？拜託，要是集滿點數會送你一輛新車，還比較有誘因吧！或許你為這個家忙進忙出所做的每一件事，他都應該用獎勵回報你吧？例如摺好衣服就送你一雙靴子，刷好馬桶就送你一台新的平板電視之類的。

獎勵是一個危險的舉動。因為給予獎勵的人不會去說明問題的根源，他們更習慣支配別人，而不是想辦法一起討論、合作，而這樣的行事風格可能招來怨懟。獎勵源自一種高傲的姿態，而且還有它不為人知的黑暗面。當你試著用獎勵誘惑對方，你的話語之中其實帶有威脅的含意：要是你不按照我說的做，你就無法嚐到甜頭。

多數人都希望另一半可以和自己一起解決問題。例如說：「哇，真感謝你做出這麼多好吃的菜。可是，問題是，我們吃飯的時間實在太晚了，我覺得我好像睡得不夠。有沒有什麼辦法能讓我們早點吃晚餐呢？有沒有我可以幫忙的地方？我們一起來出點主意吧！」下面這個故事，就是想使用獎勵，卻血淋淋弄巧成拙的例子。

莎拉的故事：口香糖之怨

那天，我有一堆麻煩的瑣事得出門去辦，而且還需要一路帶著我的三個孩子。我答應他們，只要他們在銀行和郵局都乖乖的，最後我們去商店買東西的時候，就給他們一人一根口香糖。孩子們都高興極了。耶！可以吃口香糖！

但是，我最活潑的小女兒蜜亞，卻沒有控制好自己。我們在免下車銀行服務的車道上時，她安安靜靜地坐在後座。當機器把存款吸進去，她還看得津津有味。但當車子開到郵局時，她早就離開安全座椅，在車子裡面爬來爬去，簡直是場災難。於是我宣布：今天蜜亞沒有口香糖可以吃了！哥哥姊姊都很乖，所以最後都有口香糖吃，蜜亞在商店的時候卻整路都在大哭大鬧，簡直是一場惡夢！

究竟哪裡出了錯？當你說「只要你按我說的做，就能嚐到甜頭」，就代表「要是你不按照我說的做，就**不會**嚐到甜頭」。這時你會發現，獎勵只不過是披著羊皮的狼，卸下偽裝之後，它的真面目依然是懲罰。更重要的是，獎勵並沒有真的神通廣大到能讓小女孩願意乖乖坐在汽車座椅上。如果莎拉能先和孩子們聊聊一會兒等待她辦事的過程會有多麼無聊，被安全帶綁這麼久又不能動是多麼困難的一件事，然後讓大家一起想一想，在必須被安全帶囚禁的這段時間裡，有什麼好玩的事情可以做，或許那天的狀況就不會這麼糟糕了。他們或許會想到，玩遊戲、唱歌或者說故事，都會讓無聊的車程不那麼難以忍受。除此之外，他們還會學到應對逆境的重要技巧。雖然直接遞一根口香糖給孩子是省事多了，但長遠來看，討論解決方案對他們未來的人生會更有幫助。當你需要解決手足爭吵、如廁訓練、學校成績或要求孩子吃蔬菜等問題時，也是一樣的道理。沒有任何一種獎勵，能幫助孩子懂得跟弟弟相處、知道什麼時候該去尿尿、學會加法或突然間愛上健康的食物。

如果你覺得這聽起來還是太過理想主義，那麼請看看下面這則最新的行為動機研究。這項研究驚人地發現，當人們在進行挑戰時，如果發現完成後就能擁有大筆金錢獎勵，那麼，他們在其中發揮的創意和投入程度將會急轉直下。獎勵可以激勵人們把某些非常簡單的、機械性的技巧發揮得更好，但一旦人們需要用到認知技巧，獎勵就會對這方面的能力表現產生干擾。這樣的結果雖然出人意料，卻一再在科學研究中獲得證明。研究者發現，最能激起動機的三大要素是：自主權（希望由自己主導的本能）、精通（希望發展出能力的內在本能）以及目的（感覺到自己的行為是有意義、有價值的）[2]。

「所以妳是說，我們不應該對孩子使用任何一種獎勵？永遠不能？你讓我的生活變得更艱難了啊！」安娜抱怨著。

我不是說你不可以獎勵孩子，但是，請用你獎勵自己的方式來獎勵孩子。等我把這堆髒得要命的鍋碗瓢盆都洗好，我要去坐下來看看報紙、好好喝口茶。當眼前的事務令人難耐，心中有所盼望能幫助你更容易度過難關。

同樣地，你也可以告訴孩子：「我們一起來想想，在回家的路上可以吃什麼好吃的零食？這樣的話，雖然我們很捨不得離開朋友家，但是也會期待趕快坐上車子裡。」

差別在於，你不是直接告訴孩子「**如果**你趕快上車，我**就**會給你好吃的零食」，而是像隊友一樣，和他一起謀畫從朋友家離開的計策。

你也可以讓孩子知道，只要做完該做的事，就有好玩的活動在後面等著他們。例如：

「**只要**趕快把牙齒刷完，就可以聽睡前故事了喔！」

「**只要**趕快把積木收好，我們**就**可以去公園玩了！」

當你這麼說，就等於用提供資訊的方式，取代了類似「**如果**你這麼做，我**就**會給你某項好處」那種令人不悅又強勢霸道的說話方式。

「隔離處分」的問題

唐尼舉起手向我發問：「好，所以懲罰跟獎勵都不要使用。那我想問，妳對隔離處分有什麼看法？難道妳要說連這個也不行嗎？」

我真不想老是扮演潑冷水的角色。我深深吸了一口氣，然後無奈地聳聳肩。唐尼失望地做了一個自嘲的手勢。

當人們開口問我對隔離處分有什麼想法時，通常都是想確認自己到底哪裡做錯了。為什麼這個技巧在我們家沒有發揮作用呢？它似乎沒有改善孩子的行為，而且實際上也很難強制實施。要怎麼讓一個孩子願意乖乖坐在隔離處分的椅子上呢？我的答案是，隔離處分在你們家之所以沒有發揮作用，是因為它本來就沒有用[3]。「隔離處分」（time out）最大的弱點，就在於它無法說明問題所在。假設，你的兒子因為妹妹想伸手動他的積木而推了她一把，此時，你抓住他的肩膀，罰他坐上那張隔離處分用的椅子。你覺得當孩子坐在椅子上時，他心中的ＯＳ會是什麼？

我們都希望他會這麼想：哇，坐在這裡讓我發現，我真的應該對親愛的妹妹更溫柔、更包容一點。畢竟，我們擁有相同的基因，是一家人啊。雖然她有時候很惱人，但既然我年紀比她大，就應該對她更有耐心一點。

可惜的是，孩子此時的想法，應該比較像是這樣：這一點也不公平。我討厭她。是她先推我的。她每次都會把東西弄壞。媽咪每次都站她那一邊。也或者，他有可能這樣想：我對妹妹好壞。我是個糟糕的人。

而且，這一切的前提是，你必須真的有辦法讓哥哥坐上那張椅子！

如果我們的目的是想增進兄妹關係，那麼隔離處分是辦不到的。

那麼，你能怎麼做呢？首先，你可以先安撫妹妹，並且強烈地對哥哥表達出你的感受：「我不喜歡看到有人被推！就算你很生氣也是一樣！」

接下來，如果氣氛合適的話，你可以邀請哥哥一起進行彌補：「艾拉在哭耶，我們能不能做些什麼讓她開心一點呢？你可以拿一個玩具給她玩嗎？還是你覺得她會比較想吃小餅乾？」

等孩子們平靜下來，你就可以和哥哥聊聊，當妹妹在旁邊的時候，玩積木是多麼困難的一件事。哥哥需要一些點子，才知道下次該怎麼做才不會傷害到妹妹。或許他可以自己在房間裡玩積木，或許他可以堆一個專門讓妹妹推倒的積木塔。或許他可以跟你講好一個暗號，每當他說出這個字，就表示他需要你趕快過來幫忙。以上任何一種解決方案，都能有助於他把自己視為一個可以和妹妹和平共處的、負責任的哥哥。

這並不表示，你永遠不會需要把孩子從難以承受的情況中隔離開來。如果你真的想用**隔離**這個字，請用比較正面的方式來說，例如你可以說：「我們現在需要暫時隔離開來，以免有人受傷！趕快！湯瑪斯去待在廚房，珍娜去客廳！」或者你甚至可以說：「我現在很沮喪，**我**需要隔離一下。我要進去房間待幾分鐘，冷靜冷靜。」這種隔離的出發點是保護，而不是懲罰。透過這樣的方式，可以讓孩子知道，我們有時會需要經歷一段休息的時間，才能夠去解決問題。

我親眼見過我的鄰居對她三歲大的女兒使用這個技巧。這個小女孩每次和其他小朋友玩在一起時，都會太過亢奮，而且會對年紀較小的孩子作出粗魯的舉動。此時，她的媽媽會溫柔地說：「來，賈姬，過來媽媽這裡坐一下。我們需要隔離一段時間。」女兒坐過來之後，這位母親會放鬆地用手環抱住她，幾分鐘過後，再問問她是否準備好要回去跟小朋友玩。這種隔離處分給人的感受是很不一樣的。這種隔離處分不是說：「因為妳很壞，所以我要懲罰妳。」這位母親傳達出來的訊息是：「我是站在妳這一邊的。我知道和這麼多小朋友一起玩並不容易，我們一起休息一下。」有些人會把這樣的做法叫做陪伴處分（time-in），也就是：和孩子一**起**度過這段隔離的時光，同時修復家長與孩子之間的連結感。

麥可的故事：傷心的妹妹

傑米和卡拉經常鬧彆扭，最後通常都會搞到卡拉大哭。想也知道，畢竟卡拉才兩歲，傑米四歲，她根本贏不過哥哥。以前珍和我經常會提醒傑米，卡拉還小，哥哥要對她更有耐心。但傑米根本不想聽。雖然他什麼話也沒說，但他的表情已經說明了一切：不公平，你們每次都站她那一邊。要是他對妹妹動手動腳，我們也會用隔離的方式處分。雖然狀況一點也沒有改善，但我們確實無計可施。

後來，當我們開始嘗試使用討論解決方案這個技巧，我發現傑米的變化很大。他和妹妹還是會吵架，但當卡拉又哭了起來，我會跟傑米說：「糟了，卡拉現在很難過。我們需要想想辦法，讓她開心一點。」雖然不可置信，但這句話真的改變了傑米。他會很認真地想辦法，例如：「我想她可能需要抱一抱她的泰迪熊」或「我們可以給她幾片沾了肉桂粉的蘋果嗎？」他是真的在想怎麼樣才能讓妹妹開心起來。而且，平常他也變得對妹妹更有耐心了。一開始我還覺得「不能懲罰」是太過極端的想法，但現在我發現，這真的是比懲罰更好的辦法！

重點　不用等到問題出現才去解決問題。可以的話，提前計畫吧！

下面這個故事是一位家長提前做好功課的例子，也就是——在問題出現**之前**，先討論好解決方案。當我們知道自己有可能遇到某些困難，可以預先作好準備，就像童子軍一樣！我們不需要等到災難降臨，才去討論解決辦法。如果你能和孩子一起事先計畫，會比事後討論更好！唐尼就成功地透過事前的腦力激盪與討論，把原本恐怖的災難，轉變為一齣精心排練過的好戲。

吊人胃口的睡前故事

查克五歲大的時候，曾經因為我在講睡前故事時，只讀完一個章節就宣布大家該睡覺了而鬧脾氣。當時的他，還不習慣有些書是有分章節段落的，因此他很難接受不能一次聽我讀完一整本書的感覺。即便如此，他還是希望能和哥哥們一起聽故事。「這本書有兩百頁耶！」我抗議著：「我不可能一個晚上就全部讀完，而且你看，山姆都已經睡著了。」

「可是它這麼吊人胃口！」他大喊著。我怎麼可以就這樣停下來，讓他沒辦法知道故事的結局？

他在盛怒之下，隨手拿起一個空的礦泉水瓶（這下你就知道我家有多「乾淨」了）往我這裡扔過來。水瓶不偏不倚地砸到我頭上，而這個美好的故事時間，最後就以我大聲喊著「我再也不會讀故事給你聽了！」作為結尾。我先生趕緊把哭得歇斯底里的查克抱回他房間，好遠離這個怒火攻心的母親。以當時的狀況來看，局勢已經無法挽回。我真的氣炸了。原來當母親是這麼一回事嗎？要隨時準備好被孩子拿東西扔我的頭？好在那只是個塑膠瓶，不是玻璃！好在我不是只有一個人。

討論解決方案？懲罰？算了吧！我們只要能安然度過每一天就偷笑了。

隔天，在吃晚餐的時候，我說：「我不知道該怎麼辦了。我想繼續讀那本書，但我不希望又有人大聲尖叫，我也不想要被水瓶砸。」

我先生開始訂下規則：「每個人都要答應，等媽媽讀完一個章節就要乖乖去睡覺，不可以吵鬧。」我對於要孩子做出承諾的做法，抱持著相當懷疑的態度。顯然，查克也不願意做出承諾：「萬一故事很吊人胃口怎麼辦？」吊人胃口是他剛從哥哥那裡學會的字，顯然他用得很順口！這時，十歲的阿丹想到一個辦法。「我知道了！我們可以來預測故事的結局，就像在學校裡做的那樣。」

查克完全著了迷：「什麼是預測故事的結局？」

於是，兩個哥哥興高采烈地舉了好幾個例子向他說明。那天晚上，當我讀完約定好的章節，我帶著不安的情緒闔上了書本。今天又要發生什麼事？查克會乖乖的嗎，還是又要大爆炸了？結果，查克只是坐得直挺挺地，對我們說：「好，那現在是預測時間了，我猜他們還是會把萊斯鎖起來，而且鎖得更緊，但最後萊斯還是會成功逃脫，回到自己的家。」說完，他就跑去床上睡覺了。他表現出來的鎮定態度和預測故事的準確度，都讓我著實嚇了一大跳。

我們沒辦法預測孩子會對眼前的問題想出什麼解決辦法。我只能說，**只要解決辦法是由孩子自己想出來的，通常用在他們身上就會有效**。如果你有好幾個孩子，就等於擁有好幾個問題解決專家，而不是需要解決的問題多了好幾倍。

當我們用討論解決方案的方式來取代懲罰，就真的是在做孩子的榜樣，讓孩子知道他們往後在人生的道路上能用什麼樣的態度來面對爭端。不是「我是個不值得聽到睡前故事的壞孩子」，不是「我真是個失敗的母親，竟然對孩子大吼大叫」，而是「我能怎麼樣彌補我的過錯？」「我能怎麼樣讓事情運作的更順利？」「下一次我應該嘗試怎麼做？」

其中，還有一個更深層的訊息是：當我們之間出現矛盾的時候，我們不需要把精力花在互相抵抗。我們可以把兩個人的力量加起來，一起尋找一個大家的需求都能被滿足的解決方式。當孩子可以積極地參與解決自己的問題，這對他未來的人生，將會有莫大的助益。

懲罰並非長久之計。小朋友很快就會長大，你很難對比你更高大、更強壯的孩子進行體罰。而且當孩子越來越能獨立自主，你也會越來越難對他強加懲罰。你要如何限制青少年不准出家門，或者剝奪他看電視的權利，同時你自己不會被這些懲罰所囚禁？

如果你能從小採用這個協力解決的辦法，它將會跟著孩子一起長大。當孩子逐漸成熟，他們解決問題的能力也會更加純熟。當孩子進入外面的世界，你將無法再用一己之力確保他們的安危。屆時，你最強大的工具，就是他們和你的連結感。當你真心願意考慮他們的感受、徵求他們的意見，將使他們的心和思想，也同樣對你的感受與意見敞開。

與其說：

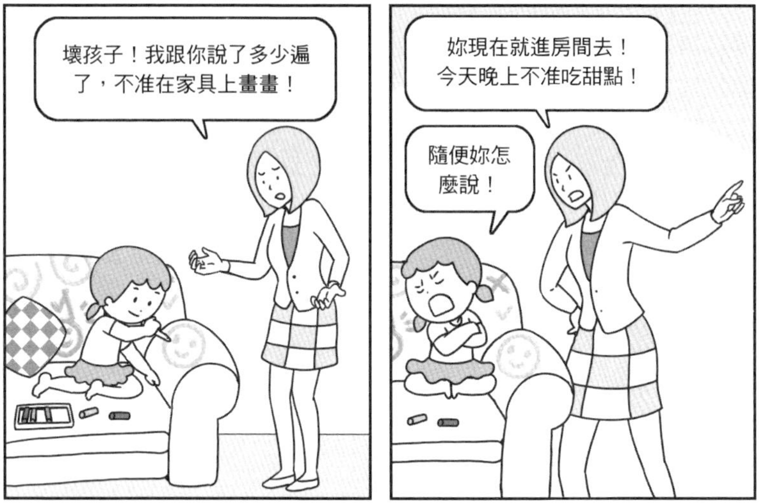

不如：

強烈表達你的感受　　幫助孩子做出彌補

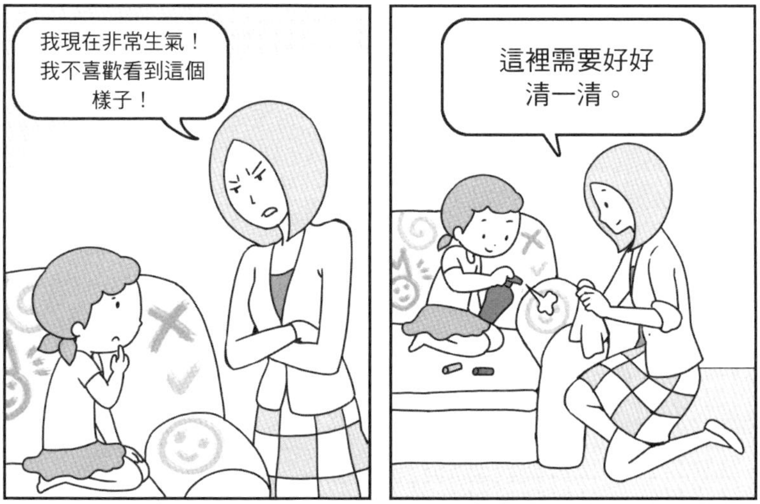

提供選擇

妳可以畫在紙上，或是畫在紙箱上，給妳決定。

採取行動

我現在要把彩色筆先暫時收起來。
我看得出它會讓妳很想在家具上畫畫。

承認孩子的感受

媽咪發現，妳真的很喜歡在好多不同的地方畫畫。

描述當下的問題

問題是，我不喜歡看到家具上面有記號。

請孩子出主意

寫下所有的意見

決定採用哪一個點子

章節重點

幫助解決衝突的工具

1. 表達你的感受……用非常強烈的方式！

「嘿！我不喜歡看到有人被推！」

2. 讓孩子知道如何彌補過錯

「妹妹在溜滑梯上被嚇到了，我們來做點什麼讓她開心一些吧！你想要拿小餅乾給她吃嗎？還是你覺得她會想用你的工具桶玩沙子？」

3. 提供選擇

「我們現在暫時不可以玩溜滑梯了。我看得出你現在沒有心情跟大家排隊輪流玩。你可以去盪鞦韆，或是玩沙子，給你決定。」

4. 在不人身攻擊的前提下採取行動

「我們現在要回家了，改天再來玩，因為我現在非常擔心可能有小朋友會受傷。」

5. 討論解決方案

第一步：承認孩子的感受

「我看得出你不喜歡在停車場被牽著走，你會覺得手指頭被捏得不舒服。」

第二步：描述當下的問題

「問題是，我擔心停車場的車子會撞到小朋友。」
第三步：請孩子出主意
「我們需要想想辦法，這樣下一次我們去公園的時候才可以高高興興的，不會有人生氣或感到害怕。我們可以怎麼做呢？」
第四步：決定採用哪一個點子
「噢，你比較想要抓著我的袖子，帶我去遊戲區。那我們把這一項圈起來。」
第五步：實際試看看
「我們到停車場了。抓好我的袖子，帶我走吧！」

第4章

表達讚美和鼓勵的工具

別以為一招就能走天下

正確的讚美是成長的助力，
而非阻力。

我知道，當你看到這一章的標題，心裡一定這樣想：不會吧？每件事都要搞得這麼複雜嗎？當然，對於那些會尖叫、亂打人或在停車場跑不見的孩子，我們確實需要專家的幫助，可是……連稱讚也是？很抱歉，我必須說，就連稱讚也是複雜的。專家學者透過研究和親身觀察都發現，稱讚並不是次數多就有用，**表達稱讚的方式**才是關鍵。試著想像以下的情境：

首先，第一，你是一個小學老師。整個早上你絞盡腦汁想搞定班上那群無法無天、吵吵鬧鬧、不專心上課的孩子，終於，現在你好不容易獲得了片刻的寧靜。當督導走進教室參觀，孩子們正安靜地在聽故事。督導告訴你：「你是這裡最棒的老師，你對班級的掌控力棒極了。」

聽到他的讚美，你會有什麼反應？你會因為自己的成果而沾沾自喜嗎？還是你會忍不住去注意自己沒做好的地方：你在開玩笑嗎？我連一隻在夏天熱得半死的老巴吉度獵犬都沒辦法掌控。我今天只是運氣好，其實我連自己到底適不適合當老師都不知道。

其二，第二，你從來沒有接受過任何正規的音樂訓練，不過你一直都喜歡邊洗澡邊唱歌。有天，你決定踏出浴室，找一個沒有洗澡水的地方唱唱看，於是你加入了一個合唱團。和大家練習幾次之後，你內心仍在猶豫。對你來說，唱合音還是有點難，而且多數時候你知道自己唱的音並不對。你向合唱團指揮說：「我不知道我是不是應該繼續待在這裡，我好像不是這塊料。」

他回答說：「別擔心，你做得很好！你真的唱得很棒！」

指揮的讚美有讓你覺得更有自信嗎？還是你心裡會想：他是弄錯了，還是在說謊？可能他太專心在聽高音部，所以根本沒有聽到我的聲音。可能他只是想要安慰我。或者他還有汽車貸款要繳，所以不想失去我這份會費。

第三，你花了好幾個禮拜為孩子的學校設計了一份新的讀書計畫書。你把完成的計畫書寄給學校主任，並且殷殷期盼著他的回應。隔天，你收到回信，信裡寫著：「很不錯，謝謝。」

當你收到這樣的讚美，你會得意洋洋地覺得主任打從內心欣賞你非比尋常的巧思嗎？還是你會有點懷疑，他究竟是不是**真的**喜歡這份計畫書？他是否從字裡行間看出你花了多少心思？你不僅引用了最新的研究結果，還解決了經費來源的問題，這些他都看到了嗎？還是他只是想在周末放假之前，解決一些未完成的瑣事——包括**趕快把信回一回**？

第四，你很喜歡打籃球。你覺得打籃球既有趣又可以鍛鍊身體，不過，你打得很一般。有天，你在體育館投球，當你好不容易投進一球，某個陌生人剛好走過，對你說：「讚喔！完美的跳投！」

聽到這樣的讚美，你會有什麼反應？你會想跟他現場比賽試試身手，還是比較想在不斷投籃落空、形象幻滅之前，趕快先落跑回家？

當我們稱讚孩子的時候，我們希望達到什麼效果？大部分的人會說：「我們希望孩子意識到自己的長處」，或是「我們希望鼓勵孩子繼續維持好的表現」，或是「我們希望孩子感到有自信……或者願意更努力」。當我們想要增進孩子的自信，好像只要三不五時熱情地跟孩子說：「你很棒！好聰明！好厲害！幹得好！你是最棒的！」就可以了。

但是，當我們用的是帶有評價意義的字眼時，通常只會得到反效果。或許你已經從前面幾個事例發現，帶有判斷或評價意味的讚美，有可能帶來一些問題。這樣的讚美有可能使我們更把注意力放在自己沒做好的地方，而不是做得好的地方。我其實沒有這麼棒，要是你在十分鐘前進教室，就不會這麼說了。這樣的讚美也可能讓我們懷疑對方的真誠性。他是真的這麼認為，還是只是想討我開心？他真正的目的是什麼？這樣的讚美也可能讓人感到害怕。萬一下次就不是這樣了，怎麼辦？

幾年前，我曾經在一個音樂節觀察到這個現象。當時，有一群雜耍表演者正在慫恿觀眾試玩他們的道具。我發現有個年輕男孩比旁邊的成年人都更厲害，他能同時把玩好幾個拋在空中的沙包。

「嘿，你看那個孩子，」我對我的先生說：「他真的很厲害！」

那個男孩一臉錯愕地抬頭看著我，然後就把沙包放下，轉身離開了。發生了什麼事？為什麼旁人不由自主的由衷稱讚，反而讓他不再繼續玩了？原來，這個男孩本來正全神貫注在學習新事物和進行挑戰，但突然之間，他卻被別人評價了。因此，現在他無法全心專注在眼前的任務上，因為他會開始擔心，自己會不會哪一次失手漏接，這個旁觀者就會認為他沒有那麼厲害。所以還是見好就收吧！天哪，我到底對這個孩子做了什麼！

讚美的第一個原則，就是並非什麼時候都可以提出讚美。

當孩子專心投入於一項活動時，我們並不需要時不時在她身旁徘徊，甚至自顧自地做出評論，因為這樣只會干擾她的注意力。請給她一點空間吧！想想看，要是在你做晚餐時，你的另一半坐在近處，時不時冒出像「你好會切洋蔥喔。你真是選對油了。你的胡蘿蔔切得真整齊。你現在握開罐器的方式真是厲害。」這樣的話，會讓你有什麼感覺？你能忍耐幾分鐘，才終於喊出自己的心聲：「你走開啦！」

那麼，當孩子**真的**想要我們的回應時怎麼辦？當他們跑到我們身邊，把自己的蠟筆畫拿到我們面前，簡直像快貼到鼻子一樣近，然後說：「你看我畫的！你喜歡嗎？」我們要怎麼回應，才能真的鼓舞他，而不是達到反效果呢？

工具一 描述你看到的

一個比較實用的讚美方式，就是忍住想評價的衝動，而只是簡單描述你所看到的（或聽到的，或用你的感官所感受到的）。

與其說：「你畫得真漂亮！」

不如說：「我看到畫裡有好多綠色的線條，哇，看看它們連接到那些紅色圖形的樣子！」

與其說：「你好棒！」

不如說：「我看到你把車子跟書都撿起來了，而且你還把臭襪子也拿起來了！現在地板上什麼東西都沒有了耶。這可不容易呢！」

與其說：「真厲害。」
不如說：「我看到你把每一個開頭是B的圖案都圈起來了。」

與其說：「你按照指示做得真好。」
不如說：「你一聽到『圍圈圈』的口令，就馬上在圈圈裡找到自己的位置了。」

與其說：「不錯喔。」
不如說：「你丟的球已經碰到牆上的第五排磁磚了，幾乎每一次都離籃子越來越接近了！」

或者，如果你當下沒有心情說很多話，你可以簡單說一句「你辦到了！」就好。上面的每一個陳述句，都能讓孩子知道，他所做的某件事被你注意到了，而且你對他的成果感到讚賞。句子裡沒有任何可能使他不敢再放手嘗試的評價或判斷。

莎拉的故事：小金魚的故事

在我教的幼稚園裡，有一個小女孩總是喜歡把她的畫拿給我看。「老師！老師！你看我畫的！」每次我都會說：「哇，真棒，妳畫得好漂亮。」然後她就會把畫丟在地上，轉身跑走。她的畫基本上就是孩子胡亂的塗鴉，真的沒有什麼好說的。

但這一次我說：「我看到畫的上半邊有好多波浪的線條，下面畫滿了藍色，這讓我想到風和海。」她非常專注地看著自己的畫，然後指出一個我沒有發現的小小方形圖案。「妳有看到這個嗎？這是一條小金魚！」

然後，她又回到小桌子上，畫了更多的「小金魚」。似乎因為我仔細看了她的畫，所以她自己也更喜歡這張畫了，而且更想要努力畫好。

重點　用提問或對話取代讚美

「哇！你做的這個是什麼呀，說給我聽好嗎？」

「你是怎麼想到可以這麼做的？」

「你是怎麼做的？」

「讓我看看它是怎麼運作的。」

「看到這個讓我想到外太空，你想到什麼？」

「不知道下一次你會做出什麼？」

麥可的故事：小男孩最好的朋友

我只不過試著開始對話，孩子的反應簡直超乎我想像。那天，傑米把他畫的一張動物畫拿給我看，要是以前，我通常會說：「畫得不錯。」但這次我說：「哇！看看你畫的，這讓我想到你有多麼喜歡狗狗。」

「對啊，這是等我五歲的時候要養的狗。牠的毛會是咖啡色的，然後我會教牠跟我一起在床上睡覺。牠的名字叫做小機靈，牠每天都會跟我一起去上學……。」

他滔滔不絕地說著他和小機靈在一起的每一天，還有他會教牠什麼（鋪好他的床）餵牠吃什麼（把自己的花生果醬三明治分一半給牠吃）。我從來不知道他有這麼詳細的計畫，我現在只希望等到他長到五歲的時候，他已經忘了這一切……。

工具三　描述對其他人的影響

我們都希望自己的小孩可以做個和善的好公民，我們希望儘可能鼓勵他們去幫助身邊的人。但是，我們必須注意，不要一不小心就對他們的特質做出評價。注意，只用描述句！

與其說：「你好乖喔！」

可以說：「你把我們從雜貨店買的東西都拿到廚房來了，真是幫了我大忙！」

與其說：「你是最棒的哥哥！」

可以說：「小嬰兒好喜歡聽到你發出這些好玩的聲音，我看到她笑得好開心。」

與其說：「你真細心！」

可以說：「你幫強尼把外套拉鍊拉起來了，這樣他等下去外面一定會很溫暖。」

與其說：「乖孩子！我就知道只要你願意，你會對貓咪很好的。」

可以說：「我聽到史派奇呼嚕嚕的聲音了，牠喜歡別人這樣輕輕地摸摸牠。」

莎拉的故事：重新考慮稱讚用語

以前我一直覺得帶女兒比較容易，因為我們家老大從小就特別願意配合。但是最近，我三歲大的小女兒就像在找碴一樣，不斷做一些會惹我生氣的、跟我唱反調的事。例如，我們要出門的時候，她會擠到車子後座的後面，硬是不肯坐進安全座椅，害得全家人都遲到。我們要下車的時候，她會突然暴衝到停車場裡面。她會把哥哥姊姊的蠟筆弄斷，或者在我妹妹的嬰兒睡著時大吼大叫，甚至會在遊戲區亂推其他比她更大的小朋友。你能想到的任何可惡行徑，隨便說說看，她都做過。

我真的非常注意，**不要**讓自己幫她貼上「壞小孩」的標籤。事實上，我花了非常多的心思，想辦法讓她知道她是個多麼乖巧的孩子。奇怪的是，我越這麼做，越適得其反。有天，我們吃晚餐的時候，我正跟我先生說著蜜亞今天在圖書館聽故事的時候有多麼乖。但蜜亞卻說：「才不是，我並**不**乖。我把書都推到地上，發出好大的聲音。」那天她好生氣，整個晚上都嘟著嘴。她彷彿希望我們知道，姊姊才是乖小孩，而她是壞的那一個。

在工作坊上過讚美的課程後，我就改變了計策。我告訴先生蜜亞在圖書館是怎麼幫忙我把好重的書本拿下樓，然後親自在櫃檯一本一本辦好借出手續。蜜亞當時樂得嘴巴都咧到耳朵去了。你看得出她有多麼為自己自豪。她挺著胸說：「對，是我做的，而且遇到有嬰兒車要通過的時候，我還幫忙推開門！」原來，我只需要描述她做了什麼，她**自己**就會去稱讚自己了！我必須承認，蜜亞並沒有神奇地從無法無天的小老虎一下子變成乖巧的貓咪，但這個新的稱讚技巧確實改變了她看待自己的態度。

麥可的故事：專業跑腿人

有天，我兩歲大的女兒卡拉突然想吃藍莓。當時我正在回一封工作上的郵件，所以一直沒理會她。後來，我四歲大的兒子傑米，自己搬了一張板凳，從冰箱裡幫她把藍莓拿過來了。我說：「哇，傑米，你剛剛把兩個人都變開心了。卡拉很開心，因為她終於吃到藍莓了；我也很開心，因為我可以繼續工作。」

後來，整個禮拜傑米都一直在跑上跑下，為我和卡拉拿東西。以前他可是很喜歡命令人的（「我要這個，我要那個」），我總是需要想辦法讓他說話更有禮貌一點。而現在，他竟然變成幫別人拿東西的人了！

工具三 描述孩子付出的努力

美國史丹佛大學研究者卡蘿・杜維克（Carol Dweck）曾經用一項正式的研究，探討帶有評價意味的讚美會對孩子產生什麼樣的影響。她特別關心那些在小學時期聰明活潑、表現良好的學生，為什麼會在國中時突然失去自信、不再敢放手嘗試，儘管旁人一再告訴他們，他們是如此聰明、有天分、有才華……如此與眾不同[1]！

於是她設計了這項實驗。她把孩子分成兩組，分別給予一張數學試卷，請他們解答。當孩子完成試卷後，第一組孩子會得到評價性的讚美。「哇！你的分數好高！你一定很聰明、數學很好。」讚美的訊息很明確：你是一個聰明的孩子，你對數學很有天分。

第二組孩子也會得到稱讚，但是不會被貼上標籤或受到評價。第二組的讚美主要是用讚賞的方式描述他們的解題狀況。「哇，你的分數很高。你一定很認真解題吧！」讚美的訊息和前一組有所不同：你撐過來了。你一直認真思考，直到成功解完所有的題目。

接著，研究者詢問兩組孩子，是否願意再做一份難度更高的數學試卷。你猜猜看誰**願意**，誰**不願意**？如果你已猜到是第一組同學不肯繼續作答，請幫自己拍拍手吧！當孩子第一次已經表現得很好，旁人還說她既有天分、又有才華，那麼她為什麼還要冒著可能失敗的風險，去做更難的題目呢？她有可能搞砸呀。搞不好，做完第二次會發現，她並不特別有天分，她和其他人也沒有兩樣。那些特別被強調付諸**努力**的第二組孩子，反而對更難的題目躍躍欲試。

結果，兩組孩子都得到一份新的試卷。但這一次，曾經接受評價性讚美的第一組孩子，做得更差了。他們的信心破滅了。反而，自己的努力受到稱讚的第二組孩子，這一次表現得更好了。可以想見，那些一直聽到別人說自己很聰明、很有天分的孩子，在遇到第一個真實的挑戰時，通常很容易崩潰。當遇到自己拿手的事情時，他們的標籤可以一再獲得確認。他們是最棒的、最聰明的；但當他們發現自己感覺有點吃力（總不可能永遠一帆風順），他們堅定不移的信仰就會開始崩壞。可能我根本沒有那麼聰明。那麼我最好保守一點、安全一點，不要被別人發現我的弱點。

你會發現，讚美的力量是很強大的。要是用錯方式，可能會讓孩子反而不敢繼續從事某些活動或行為，即便我們的出發點是想鼓勵他們繼續做。或許家長們給予小孩的「過度稱讚」，事實上只是一種錯誤的讚美方式。下面是幾個用孩子的努力取代評價的稱讚方式：

與其說：「你真聰明！」
不如說：「你一直試著在努力，直到把拼圖完全拼好。」

與其說：「你好有運動天分！」
不如說：「我看到你一次又一次站上平衡木，現在你已經可以從頭走到尾，不會掉下來。」

與其說：「哇，你自己穿好衣服了，好棒！」
不如說：「你一直試著扣釦子，現在終於把釦子扣進那個小小的洞裡面了。」

莎拉的故事：準備好了沒？

每年春天，我都要讓班上的五歲小孩做一項能力測驗。孩子們必須要填一份長達二十頁的測驗卷，來評估他們是不是準備好可以上大班了。這份測驗包括有圖形辨識、數學解題，還有剪紙、描圖等項目。這麼多年來，儘管我總是努力給小朋友們正向的回饋，例如「好棒！」、「你做得很好。」、「加油，繼續維持喔！」、「盡力去做吧！」但每年總是只有幾個孩子可以真的從頭到尾做完。今年，我把我們學到的稱讚技巧派上用場。於是，我不再去評價他們，而是去描述他們付出的努力。「我看到你好認真喔！」「你一直好專心！」「你好像絞盡腦汁想把題目解出來。」我以為換了計策只是可以稍微改善一點，沒想到，班上沒有任何一個孩子中途放棄。就連到了休息時間，都還有幾個孩子堅持要繼續答題，直到把整份測驗做完。

工具四 描述目前的進展

用描述的方式稱讚還有一個好處，就是當事情進展得並不特別順利的時候，你還是可以指出目前已經完成的部分。當孩子正搞得一團亂，或是沒辦法完成某項任務的時候，家長很容易會想指出她做錯的地方。畢竟，把問題點出來，才能幫助她進步，不是嗎？

問題是，當孩子正在絞盡腦汁、竭力奮鬥的時候，批評的話語很可能會讓他怯步不前。另外，心口不一的稱讚（「別擔心，你做得**很好！**」）更可能令人惱怒（「才不是，我**並沒有**做得很好！」）

在用描述的方式稱讚時，我們可以用支持和真誠的方式，指出孩子目前的**進展**。一般來說，指出一件已經做到的事，會比指出十件沒做好的事效果更強大。

與其指出哪裡出了問題……

「親愛的，你寫的字太潦草了，這樣別人幾乎不可能看得懂。看起來就像有一隻腳上沾了泥巴的雞從你紙上走過去一樣。你至少需要**試著**對齊格線來寫字。」

如果你指出孩子做得好的地方，你的孩子會更願意繼續練習寫字：

「哇，看看你寫的B！簡直就是選美冠軍。它剛剛好對在格線上呢！它沒有穿過底下的線打擾樓下的鄰居，也沒有飛到天上撞到天花板。」

「看看這四個字中間那足夠的空隙。這部分寫的好清楚，讀起來很輕鬆呢！」

當然，有時候我們也需要指出孩子做錯的地方，因為孩子並不一定能自己發現。遇到這種情況時，很重要的是，務必**先**指出孩子做得好的地方。如果你希望孩子能心懷感激地接受你的批評指教，那麼最好能遵循這樣的原則：先找出三件可以稱讚的事，才能指出一件需要改進的事。而且，就算你終於要開口指點，最有效的方式，還是要用正面的話來說。試著告訴孩子「還可以怎麼做」，而不是抓住他做錯的地方不放。

與其對一件沒有完成的事務進行批評……

「你在跟我開玩笑嗎？這樣就算打掃完了？這間房間根本連整齊都稱不上。地上還有一堆你的積木，然後你的書桌上還有一堆垃圾！」

如果你能指出孩子已經做到的事情，你的孩子會更可能願意繼續打掃：

「我看到你已經把要洗的衣服拿到髒衣籃，還把溼答答的毛巾也掛了起來，終於有一條路可以從房間門口走到床上了！現在，只要把積木收到積木盒，再把桌上的衛生紙丟到垃圾桶，這間房間就可以迎接客人了喔！」

與其只注意孩子做錯的部分……

「我看得出你根本沒有練習。你一直彈錯音，拍子也不對。四分音符跟二分音符怎麼會一樣！」

如果你能注意孩子目前做到的成果，就能讓孩子更有自信地設法克服困難：

「你彈的前兩個小節簡直讓我想跳舞。那些斷音讓我感覺活潑又生動，就像有隻小青蛙在蹦蹦跳跳一樣。第二行的拍子就比較難了，我們接下來練一練這個部分。」

唐尼的故事：DIY大災難

外婆來看我們的時候，帶了一個薑餅屋材料包過來。這原本是祖孫一起做點什麼的好機會，可惜材料包裡的糖霜很硬，薑餅又很容易碎。湯瑪斯做得越來越洩氣。外婆試著鼓勵他：「湯瑪斯，你真的做得很好！」

湯瑪斯紅著臉激動地說：「才沒有！旁邊那些藍色的地方全都搞砸了，房子的邊邊都快折斷了！」我可以猜到接下來會發生什麼事。他會氣呼呼地走開，而我媽媽則會因為這個禮物沒有達到效果而感到失望。

我知道該說什麼了！「湯瑪斯，我看到你已經畫好一半的窗戶了，雖然糖霜真的好硬。」

湯瑪斯嘆了一口氣，說：「對啊，我現在要把另一半畫完。」

呼～真是好險啊！對不對？

娜的故事：閱讀初學者

那天，安頓第一次開口說出真正的字，而且還從書上讀了一個句子。我興奮極了，差點就要脫口而出說：「你好棒！好會讀字喔！」不過我忍住了，我說：「你把每個字母的音都發出來了，而且還把它們組合在一起，你讀了一整個句子！」

安頓咧著嘴笑著。「那我們再讀一句！」

你發現了嗎？描述性的語句，比傳統的稱讚方式真誠多了。我們不需要為了膨脹孩子的自我意識，昧著良心告訴孩子他**好厲害**，他做得**好棒**。我們可以用具體的描述句來回饋，這麼做既符合現狀，又能對他產生實際的幫助。

重點 有時，承認孩子的感受比稱讚更有幫助

孩子有時也會對自己努力的成果感覺不滿意。他畫的腳踏車看起來一點也不像腳踏車。這時，我們通常會趕快說出幾句鼓勵的話：「不會呀寶貝，你畫得很好。它看起來很像腳踏車啊！你做得很棒！」

然而，這樣的反應通常換來孩子的憤怒和哭喊：「才不像！我討厭它！」

由於我們也不想讓他對自己的能力失去自信，因此很可能會說：「噢，親愛的，腳踏車太難畫了，我們只是要畫一個B開頭的東西，那要不要畫一顆球就好？你只需要畫一個圓圈就好，而且老師也不會有意見。你完全可以做到！」

是時候該轉換策略，承認孩子的情緒了。當孩子感覺不開心、不滿意，我們並不需要用誇張的讚美之言來表達支持。事實上，這樣說可能還更有幫助：「噢……這台腳踏車**沒有**讓你很滿意，它看起來跟你想像的不一樣。腳踏車並不好畫。要把活生生的東西畫在一張平平的紙上，而且還要看起來很像，一點也不簡單。」

聽完這席話，你的孩子可能就會願意再努力畫畫那恐怖的兩輪車，或者他也可能自己決定改成畫一顆球就好。無論如何，你提供的情緒支持已幫助他安然度過深深感到挫折的那一刻，他可以清楚地自己思考了。還有另一種情況，會讓我們想用讚美的話來讓孩子放心：當孩子和自己的同儕比較，並且發現自己不如別人的時候。

「每個人都會爬猴架，只有我不會！我根本沒辦法撐過兩個槓槓，我是全班做得最糟的。」

「伊森和傑生都已經在讀有章節的書了，只有我讀得最慢。」

遇到這些情況時，我們的直覺反應就是用讚美的話來鼓舞孩子落入谷底的自尊心。

「不會呀，寶貝，你其實爬得很好。」

「你很會讀字！你已經做得很好了，一定還有很多孩子沒辦法做得像你這麼好。」

這類的回應通常沒辦法達到家長想要的效果。孩子通常會更強烈地堅持說自己真的是最差的、讀得最慢的。在孩子心情低落的時候，先承認他們的情緒，會比空泛的安慰有用得多。

「看到其他孩子都順利爬完猴架，可是你還做不到，真的好洩氣喔！」

「聽起來你對讀字感覺很沮喪。明明你已經想要開始讀有章節的書，但是現在卻還只能讀圖畫書，一定覺得很討厭吧。」

如果孩子的情緒狀況允許，你可以試著透過想像的方式，給孩子希望：

「要是你可以吃下三個魔法葡萄乾，然後就能……用手爬遍整個遊戲區的槓槓，還一點也不累，該有多好！……讀完一整本厚厚的書，而且裡面不會有你認不得的字，該有多好！」

不過，對話可不能結束在這裡。當孩子心情低落時，你還需要讓他對自己改觀，才能使他再次打起精神努力嘗試。

重點 讓孩子對自己改觀

這時，你可以跟孩子說一個關於他自己的故事。這個故事只有你能說，因為只有你最了解自己的孩子！「我很確定只要你想爬好猴架，就一定會做到。當你想要做到某件事的時候，你通常都很有決心。我記得你五個月大的時候，明明還不到會爬的年紀，但是因為你很想要去玩狗狗的碗，所以你一直在試、不斷在試。有次我剛好想去上廁所，我心想，讓你自己待幾分鐘應該沒關係。沒想到，等我回來的時候，你竟然已經在吃羅夫的狗糧了。你自己一個人穿過整個廚房，爬到狗狗的碗那裡。之後我就知道，不能再對你這麼放心啦！」

還有一個方式可以讓孩子對自己改觀，就是讓他有展現自己能力的機會。

「瑞西，你可以幫我把這個鑰匙取出來嗎？它又卡在鎖裡面了。」

「亞舍，我現在必須把買回來的東西整理好，但是希瑞爾想要有人讀《消逝之物》這本書給她聽，你可以幫忙嗎？她喜歡聽哥哥念故事。」

在不久的將來，你會發現，你有好多事情都需要別人「幫忙」。例如幫你開瓶蓋、倒果汁、找眼鏡、鎖螺絲、幫小嬰兒繫安全帶、幫寵物餵食、在盤子上把甜點擺好、幫忙拿美勞用具、蒐集紙張、關門、關燈等等。別忘了請你能幹的孩子（或學生）幫你一把。然後，千萬記得用描述性的稱讚來感謝他的幫助。

此時，瑪麗亞舉起手，說：「那麼，告訴孩子『我為你感到驕傲』怎麼樣？這也是讓孩子對自己更有自信的方法之一，不是嗎？」

我對這句話是持保留態度的。當一個家長或老師說出「我為你感到驕傲」，表示她是把孩子成就了某件事情的光環，放在自己身上。如果她單純只是描述出孩子做出的成就，那麼光環是在孩子身上。要是你不知道該怎麼做，請把光環歸還給孩子吧。

與其說：「你現在不用輔助輪也可以騎腳踏車了，我為你感到好驕傲！」

你可以說：「你做到了！你已經知道沒有輔助輪的時候要怎麼抓到平衡感，你一定也覺得很滿足吧！」

重點 千萬忍住，別用比較的方式來稱讚

當家裡不只有一個孩子，家長很可能經常會忍不住用比較的方式來稱讚。我們會因為想要刺激「大孩子」的自我認知，而落入讓小嬰兒成為犧牲品的陷阱。這似乎無傷大雅，畢竟，小寶寶又聽不懂我們在說什麼。「你自己把鞋子穿好了耶！弟弟都沒辦法這麼做，因為他還只是個嬰兒。」「你把東西吃得好乾淨喔，寶寶每次都吃得亂七八糟。」

有時候，我們會出於善意，用和同儕比較的方式來鼓舞孩子。

「你已經可以騎兩輪的腳踏車了！你的朋友裡面還沒有人會。」

「你是班上讀字讀得最好的。沒有幾個五歲小孩可以讀有章節的書！」

那麼，這到底有什麼不對呢？家長和老師都為孩子感到驕傲，孩子也很開心，不是很好嗎？問題

是，我們不應該讓孩子覺得，我們的驕傲是來自其他人的失敗。我們不希望他因為兄弟姊妹突然迅速成長，或是同班同學表現得越來越優秀，就覺得受到威脅。

相反地，你可以用描述**他的行為**、**他的努力**、**他的進展**，以及**他對其他人的影響**，來進行稱讚：

「你自己把鞋子穿好了耶！現在我知道，等小嬰兒長大之後，可以請誰來教他綁鞋帶了！」（這麼一來，他會把自己視為是弟弟的老師，而不是競爭者。）

「謝謝你把碗盤拿到水槽裡。我喜歡有人跟我一起收拾的感覺。」

「你做到了！你現在知道怎麼在沒有輔助輪的情況下抓到平衡感了，這可不容易！」

「你讀完整本書了。你喜歡小青蛙和癩蛤蟆把餅乾藏起來的那一段嗎？很有趣吧！」

在某些求助無門的緊急時刻，你可能會需要使出渾身解數。從下面這個故事可以看到，麥可把這一章教的所有招數都用上了（還包括一些在其他章節說過的技巧）。

麥可的故事：小小孩溜冰記

傑米對於第一次去溜冰場簡直興奮極了。我們還在車上的時候，他就跟我說他知道自己一定能溜得很好。他對自己超級有自信，到時候他會假裝跌倒……結果卻變成真的跌倒。他從一開始就一直搖搖晃晃，幾乎每十秒就跌倒一次，才溜不到半圈，他就說他再也不要溜冰，他要回家了。

我當時真慶幸我已經知道有哪些工具可以派上用場。首先，我承認了他的情緒：「學習一樣新的技巧可能讓人很灰心，尤其地板這麼滑，還要找到平衡感，真的不容易。事實上，這非常難！而且在冰上跌倒的感覺真不好。」

當他說想要休息一下，我並沒有反對。我不想硬逼著他繼續。我提議先吃點東西，等恢復力氣，再回來試試看。我們吃完東西之後，他還是不太想回去溜冰，所以我問他，在我們重新進去之前，他想再等三分鐘還是五分鐘？（提供選擇！）他說三分鐘就可以了。於是，當我們一進溜冰場，我就給了他一句描述性的稱讚。我說我看到他舉起雙手試著找到平衡感，而且比起之前，這一次他又多溜了這麼一段距離。

當他感到沮喪的時候，我告訴他可以用跺腳的方式朝地上的冰出氣，我們把它叫做「生氣溜法」。我們這樣做了三到四次之後，最後他終於能鬆開我的手，自己溜回大門口，而且完全沒有摔倒。

那天，曾經有好多次我都感覺氣氛越來越糟，很可能馬上就要爆發了。但是，我們在工作坊裡學到的這些技巧真的幫了大忙，讓他願意繼續嘗試。最後他也對自己的進步覺得很驕傲。我真是感動得要命！

如果你還是不知道究竟用評價的方式稱讚好，還是用描述的方式稱讚好，那麼就親自體驗看看吧！想想下面這個情境：你的另一半剛下班回家，發現你已經把廚房收拾整齊，孩子也洗好澡、換好睡衣，而且你還做好熱騰騰的一桌菜等著他一起享用。如果用我們平常對孩子說話的方式，你的另一半大概會誇張又熱情地對你說：「哇！你真是個稱職的好伴侶！我的婚姻也太完美了吧。寶貝，你做得真棒！我為你感到驕傲！」

當他這麼說，你會不會覺得他用自以為高人一等的姿態在說話？你會不會因為他說這話好像是你需要得到誰的評價一樣，而感覺有點受到冒犯？你會不會想，要是我今天很累，只是叫披薩給大家吃，我是不是就變成一個不稱職的伴侶？你會不會覺得，以後我最好不要再讓他對我有這麼高的期望！你會不會覺得很奇怪，明明是你一個人做完這麼多的事，為什麼感到驕傲的是你的另一半？

好，換個情景想想看。

在同樣的故事背景下，你的另一半回到家，對你說：「哇！你已經讓孩子們準備好上床睡覺，把我們早上弄得亂七八糟的廚房都收拾好，**然後**還為我們兩個人做好晚餐，全部都是在你下班後做的！親愛的，快坐下來休息，讓我幫你拿杯飲料。」

這時你可能會想。嗯，辛苦是值得的。我的伴侶很感謝我做了這一切。或許下次有時間我可以再做一次。

當我們用描述的方式來稱讚（也就是去看、去聽、去留意），就相當於在孩子面前放上一面鏡子，讓他們看到自己的優點。這是讓孩子自己構建出自我形象的方式。這並不只是一段開心的時光而已，當我們這麼做，等於是在為孩子創造、累積一段沒有任何人能奪走的回憶。

今天他得到的「好孩子」稱號，可能明天又會被「壞孩子」的罵名抵銷。今天她被誇說「妳真聰明」，下次可能又因為一句「妳怎麼這麼蠢！」而完全翻盤。他的「細心」也可能下次又變成「粗心」……等等。

但是，無論如何，別人都奪不走他親手在雪地裡鏟出一條道路的回憶，即便他的手臂酸得要命、腳趾頭也冷到快要凍僵。別人也奪不走當保姆對著大哭的嬰兒無計可施，而他卻用一個搞笑的表情就把小嬰兒逗笑的回憶。還有他幫媽媽找到眼鏡的時候，以及當所有人都不知道怎麼讓手機鬧鐘別再響起，而他找到解決辦法的時候。

這些點點滴滴的回憶，都是日後當他遇到困境與挫折時，能讓他重新找回自信的資產。因為過去他曾經做過讓自己自豪的事，於是現在他心裡知道，自己仍然有這樣的能力，可以讓自己感到驕傲。

與其說……

不如描述你看到的

與其說……

不如描述有何影響

與其說……　　不如描述孩子的努力

與其說……　　不如描述目前的進展

表達讚美和鼓勵的工具

1. **描述你看到的**

「我看到畫裡有好多綠色的線條，哇，看看它們連接到那些紅色圖形的樣子！」

2. **描述對其他人的影響**

「小嬰兒好喜歡聽到你發出這些好玩的聲音，我看到她笑得好開心。」

3. **描述孩子付出的努力**

「你一直試著扣釦子，現在終於把釦子扣進那個小小的洞裡面了。」

4. **描述目前的進展**

「你把每個字母的音都發出來了，而且把它們組合在一起，你讀了一整個句子！」

第5章

適用特殊需求孩子的工具

你說的這些能用在我的孩子身上嗎？

與眾不同的孩子，
最需要父母的理解。

這一章，是專門為那些心裡這樣想的讀者所寫的：「妳說的方法都很好，但是妳沒見過我家小朋友。這些對他來說不可能有用！」

相信有些讀者家裡可能有特別敏感、特別難搞或特別倔強的小孩，也可能有些讀者的孩子被診斷出自閉症傾向，或是感覺處理方面的障礙。這些孩子大多會對我們認為再平凡不過的日常事物，做出極大的反應，例如時鐘的滴答聲、日光燈、襪子的縫線，或是其他人無意間的碰撞。相反地，有些孩子也可能出現反應不足的情況，例如幾乎感受不到痛覺。有些時候，這些孩子會說話太大聲、在擁抱其他孩子的時候用力過猛，或者看似一點也不想和別人互動。他們可能固執地只願意談論某個話題，例如火車時刻表或是地圖；他們也可能在自己固定的行程被打亂時立即陷入崩潰。這樣的孩子多半都很難適應變化，也無法忍受別人催促他們從正在進行的活動轉換到另一個。雖然我們一直盡力使他們的不安降到最低，但我們卻無法把這個世界變成一個讓他覺得完全舒服自在的世界。

如果你家裡沒有像這樣特殊的孩童，或許你會想跳過這一章。不過，如果你有餘暇閱讀，也許你將發現，本章提到的工具可能可以幫助你解決讀完前幾章後，仍然未解的問題。

在我第一個孩子出生時，我曾經透過閱讀書籍，了解我該對孩子的發展抱有什麼樣的期望。這些書籍一再告訴我，每個嬰兒的發展速度都不盡相同。因此，當媽媽教室裡的其他孩子都已經在爬行或學會站立，而我的亞舍卻只能坐著的時候，我並不以為意。在亞舍做一歲兒童例行檢查的時候，他的兒科醫師曾經問我是否對他的發展情況感到憂慮。我還記得當時我對醫生說，只要**你**不擔心，我就不擔心。兩個月之後，醫師建議我該找專家諮詢，接著，我就被告知，我的孩子出現「嚴重的發展遲緩」。那時我已經能察覺孩子和其他人有明顯的不同——媽媽教室裡的其他孩子都已經長成幼兒，當他們在教室裡搖搖晃晃邁著步伐，經常不小心被推倒的亞舍總害怕地畏縮在一旁，因為當時他還只能坐在滑步車上慢速前進。我到現在都還記得，當身邊有個媽媽認為我對孩子似乎保護過度，那時我的心裡有多麼不舒服。言下之意似乎是因為我，所以孩子才會到現在還學不會走路。然而，在我的憤怒背後，是更深的恐懼。我擔心她說的可能是對的。

然而，亞舍並不只有肢體發展和其他人不同。我漸漸發現，他的感覺系統也和常人不太一樣。當他還只是個小嬰兒的時候，就無法忍受別人碰他的腳，而且也不願意別人扶著他站。以學習走路來說，這顯然不是個好徵兆。畢竟，他需要讓腳碰上地板，才有可能學會走路。我在他的物理治療課程中，學到一種刷拭（brushing）的技巧，能幫助他減少被碰觸時的敏感度。照理來說，我應該在他醒著的時候，每隔兩小時就刷刷他的手臂、腿腳和背部，然而這對我來說幾乎是不可能的任務，於是又更加重了我的罪惡感。

當我的第二個孩子瑞西也出現「不一樣」的徵兆，我告訴自己：這沒什麼，我能搞定的。我根本不願意再花一點力氣去溫習那些闡述嬰兒發展歷程的書籍，而是直接請兒童發展專家對他進行評估。我以為曾經有過的一次經驗，能讓我更安然面對自己的情緒起伏，沒想到，這次我卻又陷入另一個陌生的、令人害怕失措的境地。瑞西和亞舍在許多方面的表現都不一樣。亞舍是一個柔弱散漫的孩子，而瑞西則執拗又倔強。當別人觸碰亞舍的腿或腳，他會馬上大哭，但瑞西就連在大腿插上針筒注射，也沒掉下一滴眼淚。如果我們把亞舍帶到一個充滿陌生景象、有各種聲音和一堆陌生人的地方，他會馬上緊張地大哭；而瑞西則不管身在何處，只會把自己關閉起來，呼呼大睡。曾經有一段時間，我都是把兩個孩子的療程時間預約在一塊兒，讓他們接連接受物理治療。

當我的第三個孩子來到這世界，我已經認為把自己的孩子帶去請兒童發展專家檢查，是必備的標準流程。令我驚訝的是，希瑞爾的發展竟然很正常。在她小的時候，還一度因為哥哥們都可以去找「OT」（職能治療師）感到嫉妒，她常想，什麼時候才可以輪到她也去一次。

孩子們年紀還小的時候，我就已經開始帶「怎麼說，孩子會聽」的系列工作坊了。雖然我的大兒子亞舍有感覺處理失調（sensory processingdisorder，SPD）的問題，而二兒子瑞西最後也被診斷為亞斯伯格症（Asperger's Syndrome，現在被歸為自閉症的一種），我在工作坊中傳授的育兒工具，對這兩個孩子的效果並無異於其他神經發展正常的孩子。多年來，我一直和其他同樣有感覺處理失調與自閉症孩童的家長們保持聯繫，我也特別為特殊需求孩童的家長和相關從業人員開設了專門的工作坊。

根據我自身的經驗以及多位家長的分享，我發現，「怎麼說，孩子會聽」工作坊中使用的方法，不管對「發育典型」的孩子，或是以各自獨特的狀況和其他人有所不同的孩子來說，都是適用的。因為，所有的孩子都希望與他人連結，所有的孩子都希望被理解，所有的孩子都希望對自己要做的事和採取的方式擁有發言權。對於家有特殊需求孩童家長來說，我們的挑戰是必須設法達到這些偉大的目標，並且在孩子表現得……嗯……與眾不同的時候，不陷入挫折、不怪罪他們。

想像一下，你一個人在家，一邊手捧熱茶，一邊讀著一本扣人心弦的精彩小說。此時，一個不熟的鄰居連門也沒敲，就闖進你家。她緊緊貼在你身邊，盯著你的眼睛，一邊搖晃你的椅子，一邊極大聲地說：「嗨！你好嗎？你在看什麼書？你想玩撲克牌嗎？你可以幫我做一個三明治嗎？**拜託你**。」

此時，你會有什麼感覺？可能會有點嚇到，是嗎？她是怎麼進來的？或許因為讀到一半被打斷而惱怒？對於她提出的問題感到困惑？被她超高的音量搞得心神不寧？想要離她遠一點？無論如何，反正我猜你當下是不會想去幫她做一份烤起司三明治的。

透過這個想像練習，我才稍微能夠了解，為什麼日常生活對於某些特殊孩童是如此困難重重。當孩子的身體不能以典型的方式傳達感官經驗，例如聲音、光線、動作、觸感或味覺，那麼他們就可能因為上述任何一種（或所有的）刺激，而感到不知所措。有些時候，就連和自己的父母互動，都可能讓他們覺得感官受到侵擾。難怪他們會比一般孩子更難與其他人親近或舒服地相處。最好還是找個地方躲起來，以免又要被這些感覺轟炸！

但這不表示他們無法與其他人建立緊密的連結，只不過我們需要在這部份多下點工夫。

我知道，你很可能對此根本不抱持一點希望，尤其當你的孩子似乎總是活在自己的世界，而且也只想要自己一個人獨處的時候——喔，謝謝妳的建議哦！你很可能經常忍不住想把孩子從自己的世界拉出來，想讓他進入我們的世界。畢竟，他遲早必須習慣，這個世界上的人**通常是**用比悄悄話還大聲的音量講話，也隨時可能碰觸到彼此；這個世界的孩子就是會在遊戲區跑跳嘻鬧；這個世界的超級市場就是會用刺眼的日光燈照亮狹窄的通道。

問題是，我們的世界對他來說似乎是不對的——太大聲或太安靜、太多碰觸或太少碰觸、太多目不暇給的景象……想要一一弄清楚實在太累人。於是，在我們進入到承認孩子的情緒、讓孩子願意配合或一起討論解決方案之前，首先必須做的，是要和孩子建立起連結。

工具二 加入孩子的世界

下一次，當你的孩子又沉浸在自己的世界，對你或其他任何人都不感興趣時，如果你還有一點餘力，請試著和他一起坐在地板上（或待在孩子所在的任何地方），請加入孩子的世界。舉例來說：當安琪拉一個人躺在安靜的房間地板上，觀察手指映照在牆上的影子時，與其跟她說：「來，安琪拉！我讀一個故事給你聽！」請試著躺下來，在牆上加入你的手指影子。

如果彼得喜歡跟你討論火車時刻表，那麼你就跟他討論火車時刻表。

如果伊凡老是拿自己的玩具光劍敲地板，那麼你就拿個木湯匙和他一起敲。

如果你的孩子通常喜歡自己獨處，或許你早已因為孩子斬釘截鐵的拒絕而傷痕累累，因此，你可能很難相信自己能成功使用這個工具。當我提出這項做法時，小組裡的家長都抱持著懷疑的態度，好在，他們仍願意回家嘗試看看。下面就是他們嘗試後回報的例子：

往帳篷裡探頭

艾登喜歡待在自己的帳篷裡玩平板，只要我們允許，他可以在那兒待上一整天。他只要進到帳篷裡，就像是進到自己的小世界一樣。他不會看我一眼，不會跟我說話或回應我的任何問題，當然，他也不會願意跟我玩。上個禮拜，當他又進到帳篷裡，我非常非常安靜地走過去，並且輕輕拍了帳篷幾下。帳篷是布面的，所以我發出的聲音很小，他應該幾乎聽不見。我非常小聲地對他說：「我想看你玩。」然後，我就坐在帳篷外面看了一會兒。

我問他：「你在玩什麼呢？」然後，他竟然回答了——真是出乎意料！原來，他在玩一個消除泡泡的小遊戲。我說：「噢！我可以看看嗎？」他的帳篷很小，只能容納一個人，但是他願意讓我探頭進去看。

我問他，我可不可以也玩玩看？起先他搖頭說不，一會兒之後他改口說可以示範給我看。後來，我們倆就一直輪流在用iPad玩著這個消除泡泡的遊戲。像這樣的事情，是第一次發生在我們身上。我一直以為他不希望任何人靠近他，但現在我覺得，過去是我們太極力去勉強他做我們想做的事，而不是用他喜歡的方式跟他一起玩。

玩具火車

亨利的思維方式非常有邏輯，他對於很蠢的玩笑或需要用到想像力的事物，都不感興趣。大部分時間，他都是一個人靜靜玩著自己的玩具火車，而且不喜歡被別人打擾。昨天，當他又走向放火車的桌子時，我坐到他身邊，拿起一輛小火車。他馬上說：「媽媽！」

我說：「我想變成這輛火車！」

「不可以，妳不可以變成那輛火車！那不是妳的火車。」

我隨手拿起他的玩具吉他，說：「這是火車嗎？」

「那不是火車！」

「好，那你都拿它來做什麼？」

「彈啊！」

「你用你的手來彈，還是用腳？還是用膝蓋，或是鼻子？」

他覺得我簡直在胡說八道。「再說一次！再說一次！」

我開始用我的手、我的腳、我的膝蓋和我的鼻子來彈他的玩具吉他，然後他也試著做做看。結果，他超級喜歡！要是在以前，那段時間他只會自己一個人度過。

洞穴男孩

彼得自從在幼稚園學到和洞穴有關的知識之後，就瘋狂迷上這個主題。一天到晚聽他說和洞穴有關的事，其實是很疲勞的，所以我總是想辦法轉移話題，希望他能對其他事物產生興趣。不過，這個禮拜我試著「加入他的世界」，好吧，準確來說，應該是「加入他的洞穴」。

我們聊到他最近最喜歡的一個新字——洞穴探勘，包括探勘者進入洞穴時會戴上一種特殊的頭燈，以及他們有時必須滑過地面下窄小的通道，才能進入某些洞穴。我提議說，我們可以在客廳裡用沙發抱枕做出一個洞穴。一開始他很失望，原來我們並不能去真正的洞穴參觀。不過沒多久，他就開始對這個計畫雀躍不已。我們拿毯子蓋在抱枕堆上，營造出幽暗的感覺，接著就一起爬進去。我們一起度過了一段非常甜蜜的時光，後來，那天他一直處在非常快樂的情緒裡。

工具二　花點時間想像孩子正經歷著什麼

當孩子不聽話、不配合，我們總會下意識把焦點放在他仍需完成的事情上。他需要趕快穿好襪子、吃早餐、去洗澡、開始做療程。我們不會停下來，花點時間想想他當下是什麼感受。就算我們真的試著做了，可能也很難真的搞清楚那所謂的感受到底是什麼。患有自閉症的孩子對於日常的例行事務和千篇一律的習慣，有可能會執著到令我們完全束手無策。大人不會因為約會臨時改了時間就崩潰，也不會因為我們最喜歡的一雙襪子還沒有洗好，就拒絕穿上任何一雙其他的襪子。

當我的孩子做出令我百思不解的行為時，我會試著想像自己處在一個「會出現他這種情緒」的情境裡。這樣做通常會有點幫助。

舉個例子好了。我的孩子曾經堅持診所等候區的椅子必須按照顏色交錯的方式排好——紅色、黃色、紅色、黃色，否則他就不願意進去接受治療。任我說破了嘴，也沒辦法說服他就這樣離開那些椅子，進去診療室。

到底有什麼大不了的呢？我有沒有可能想像到，或許有某個情境，會讓我因為椅子排列的方式不對，而覺得不舒服？如果我正準備帶一個工作坊，到了教室卻發現，椅子是一排一排放好，而不是像平常一樣圍成一圈，我會不會堅持說這些椅子必須要重新排成「對」的方式呢？一定會！如果教室管理員告訴我，這「沒什麼大不了」，我應該「有彈性一點」，我會因此打消念頭嗎？當然不會！

我並不是說診所等待區的椅子排列方式，和工作坊椅子的排列方式一樣重要。只是，這兩個情境都會同樣讓我們**感覺**不對勁，如果我們不能矯正現狀，會同樣覺得不高興。

在這兩個情境中，我們都會希望聽到別人說：「噢，你不喜歡椅子這樣排。它們的排列方式是不對的。」然後，當然，我們會希望把椅子排成正確的方式！

當我理解到，原來我的孩子會有這樣的感覺，我就知道下次應該提早幾分鐘到診所，這樣我們就有時間可以把椅子排成「正確」的方式。不過，無可避免的是，等待區的椅子有可能會突然少了一張，或是上面可能坐了人，因此我們沒辦法按照自己的意思移動它。雖然我很想跟他講道理（不會吧？你真的要因為多出一張黃色椅子就大哭嗎？親愛的，你不能期待所有事情都百分之百和你想的一樣啊！）但我知道，那只會讓狀況更糟。於是，我又再一次想像自己處在同樣的情境。如果工作坊的椅子是一排一排固定在地上的呢？有什麼能幫助我度過這個不舒服的狀況？

於是，我這麼對亞舍說：「噢，不！你希望這裡還可以再放一張紅色椅子。真是沮喪。」

亞舍重複著我說的話：「沮喪！」

「你希望可以有一張紅色椅子擺在這裡。」

他再次說著：「擺在這裡。」

我說：「哼！」他也跟著說：「哼！」然後他就拉著我的手進去診療室了。

你不需要為了找一張紅色椅子而跑進跑出，也不需要詢問坐在椅子上的保姆或老奶奶可不可以起身讓你挪一下位置。讓孩子在你的同情和支持之下，學習處理沮喪的感受，也是非常珍貴的經驗。當我們透過接受孩子的感覺，向他示範寬容的精神，也就等於在幫助孩子培養從挫折中恢復過來的韌性（resilience），在未來的人生道路上，他將會更有能力面對那些無可避免的磕碰與彎路。

襪子的縫線

傑克的抽屜裡有很多雙襪子，但其中只有三雙是他喜歡的。每次，只要遇到這三雙襪子都沒洗好的時候，要讓他早上準備好去上學就會是大戰一場。以前我通常會說：「不過就是襪子，不要這麼大驚小怪！」或是「其他的襪子也沒有哪裡不好啊！」有時候，我甚至覺得他是因為不想去上學，才故意把事情鬧大。我可不吃這一套！

當妳說到小時候妳孩子的腳有多麼敏感時，我突然想，或許我的孩子**真的**分得出那三雙襪子和其他襪子有哪裡不同。於是，我新買了一套他最喜歡的那種襪子，妳猜結果怎麼樣？我們整個禮拜都沒有再為襪子吵過一次。一直到有一天，他的保姆堅持要他穿上某一雙他不喜歡的襪子，他才又發作。我當時對保姆劈頭大罵：「傑克知道他喜歡的襪子跟不喜歡的襪子穿起來感覺不一樣！妳必須用心聽他說！」然後我才發現，我對她發了這麼大的脾氣，但明明自己幾個月來都一直做著跟她一樣的事。我真的需要向她道歉。但無論如何，我現在知道，我的孩子有自己特別的感受……不過，反正他那雙敏感的腳一定不是遺傳到我啦！

茱莉的故事：踢足球的夏天

我幫亞舍報了一個足球夏令營，沒想到，那幾周剛好是那年夏天最熱的幾個禮拜。根據氣象預報，氣溫會上到將近三十二度。亞舍從來不穿短褲，因為他不能忍受風吹到腳的感覺。他一直都只願意穿布料很厚的工作褲，所以，想當然，最後他還是穿著自己的褲子去參加夏令營。

我早就料到一定會出問題。負責報到的小姐一定會堅持要他換成短褲，當然，要是亞舍沒有一雙這麼敏感的腿的話，她這樣要求也是合情合理。於是，我事先教好亞舍，到時候他要跟她說：「我有下肢過敏症。」

嗯，當他把這句話說出口，那位小姐可嚇得不輕。她一點意見也沒有，就直接讓他簽到了。我很高興自己決定讓亞舍挺身而出。現在他可以自己親口說出他的感受，而不是需要媽媽代為解釋，或是出面保護他。而且，那句話的用字對小朋友來說可是很難的呢！

口香糖惹的禍

我六歲大的兒子伊凡是個非常敏感的孩子。我只能說，這種感覺真是五味雜陳。幾個禮拜前，他在學校吃午餐的時候發生了不愉快的事。有個跟他同桌的孩子拿出一包口香糖分給大家吃，口香糖的味道讓伊凡噁心反胃，最後完全吃不下飯。從此之後，他只要看到有人吃口香糖，就會生氣。就連只是看到別人咀嚼的樣子（**彷彿**在嚼口香糖一樣），也會讓他聯想到口香糖的味道，然後就吃不下飯。

上禮拜狀況又更糟了。他可能沒吃幾口，就因為**想到**口香糖而不繼續吃了。我試著告訴他，不要再想口香糖就沒事了，但這麼說只會惹得他哭。我甚至開始打聽有關兒童心理師的資訊。上次工作坊結束之後，我花了一些時間，試著理解伊凡到底經歷了什麼樣的感受。仔細想想，他的反應其實並不奇怪。大人總是告訴我們，在飯桌上不可以提起某些話題。為什麼？因為即便只是在腦中想像某些噁心的事物，例如嘔吐物或排泄物，都可能讓我們失去胃口。（不知道為什麼，我的小叔就是搞不懂這一點。他在醫院工作，而且他最喜歡在大家吃飯的時候，詳細描述他在職場血淋淋的見聞。）

我開始試著列出有可能幫助伊凡的點子。他有沒有可能想像其他的東西來取代口香糖？他有沒有可能用其他的氣味來取代冬青口香糖的味道？或許，如果他能去聞聞不同香料的味道，就可以找到一種他喜歡的味道。然後，當他又想到口香糖的味道，他就可以把肉桂或牛至葉拿出來聞一聞。

那天吃晚餐的時候，悲劇又發生了。伊凡吃不下飯，一直在哭。我說：「噢，冬青口香糖的味道好噁心，你一想到就吃不下飯了。這是個很難解決的問題。當你出現這些念頭的時候，就很難繼續吃飯了。而且要控制自己的念頭真的好難，就連大人都覺得很難。」他看向我，似乎終於鬆了一口氣，說：「嗯。」他離開桌子一會兒，在我們快吃完的時候，又走回來吃了幾口，然後又離開。後來幾餐，我大致上都用同樣的方式來處理。到週末的時候，他就可以正常吃飯了。光是知道我能了解他的感受，就讓他放鬆了許多。我想的其他點子根本就不需要派上用場。

工具三 幫孩子說出想說的話

要了解孩子們想說什麼並不容易，無論是一般的孩子或有特殊需求的孩子都一樣。這可能是因為孩子的口腦連結還沒有發展成熟。（「ㄙ丿！ㄙ丿！」）或者，他們的舌頭和嘴唇還無法完全協調。（「這裡有大樣！」）也可能，他們還不知道想表達的話要怎麼說。（「我要那個！」「寶貝，你要的是什麼?」「要那個!那個!那個!」)

就算我們**能**搞清楚他們的意思,我們也不見得真的想照他們說的做。因此,我們很有可能假裝沒聽到,或是裝作聽不懂。

在這種時候,我們該怎麼回應孩子呢?讓我們用下面這個想像情境來實驗看看。假設,你現在正在學一種叫做夸本語的語言。夸本語既難發音,文法也很複雜,而你身邊唯一可以依靠的民宿主人又只會說這種語言。你現在好餓。你想盡辦法告訴對方你想吃炒蛋,也就是kwazikrai,然而,對方卻只一直重複著這句話:「F'wijtroyk thwarpel, brigahzee par klafik.」(意思是:「我聽不懂,說清楚一點。」)你覺得好挫折,再一次大聲喊著:「Kwazikrai!」但主人仍然用夸本語說著:「你這樣大聲吼叫,我聽不見。」你還能忍多久,才會放棄、會終於大哭,或是把鞋子丟到對方臉上?

就算民宿主人弄不清楚我究竟想要什麼,只要她能這麼說,我多少也會感覺安慰一點:「妳想要**某個東西**!妳現在就想要!」唉!我想說的至少有一部分被聽懂了。她就快聽懂了,讓我再試試。

孩子就像故事裡的我們一樣,雖然溝通困難,卻仍然希望自己想說的話被聽懂。我們能做的,就是盡自己所能,把他們想說的話用文字表達出來。

如果孩子才剛開始學說話,我們可以把零星聽懂的幾個字挑出來說(「喔!大象!你是說大象!」)。對於已經會說話的孩子,我們可以試著拓展他們的單字量,同時記得承認他們的感受。例如,如果孩子說:「不爸爸出去!」我們可以說:「你不想要爸爸出去!你想爸爸,你希望爸爸可以待在家裡。」

參加工作坊的家長和老師們都驚訝地發現,用話語說出孩子的感受和需要,是一個非常有效的工具，即便我們並不會真的按照他說的去做。當孩子們被理解，他們就會感到更加平靜、更和你連結在一起、更可以忍受挫折。

困在廚房

有天，我的大兒子和朋友在後院玩。弟弟雅各原本和我一起待在廚房，但他突然發現哥哥在外面。他開始用力敲著門，顯然他也想去外面玩。通常我會不敢承認他想出去玩的情緒，因為我知道當下我沒辦法在外面顧著他——我正在做晚餐啊！但這次，我試著把我覺得他想說的話說出來。

「你看到安迪和馬克思在外面玩，你也想要去外面玩吧？我真希望我可以帶你出去，可是我正在做晚上要吃的起司通心粉。你可以幫忙我一起做晚餐，等我們做完我就帶你出去。」意想不到的是，當我說完，他就回到廚房來玩鍋子了！我一直以為，一旦把孩子想要的東西說出口，就必須實現，否則他會鬧脾氣。這次的經驗真是讓我大開眼界。

請你跟我這樣說

到現在我都還是很難聽懂艾利略說的話。我們之間的「對話」經常是，他說出我聽不懂的話，然後我一直反問：「你說什麼？再說一次。」

他會再試一次，但我仍然大部分都聽不懂。「艾利略，慢慢說。說清楚一點，我聽不懂你說的話。」接下來會怎麼樣你大概也猜到了，他會扯著嗓子尖叫。

後來，我開始試著把我聽得懂的幾個字說出來，讓他知道我是**聽得懂**一部分的。例如，如果他說：「什麼什麼球什麼什麼」，我就會說：「你在說跟球有關的事情。」然後他就會再說一次，而我可能又多聽懂了一個字，此時我就會再重複一次：「噢，你是說綠色的球。」

現在，不管他說了什麼，他都會很有耐心地等我重複說一次。

令人失望的晚餐

我的兒子威爾現在四歲，他超級愛尖叫。通常，只要晚餐不合他的意，他就會開始鬧脾氣。昨天他一看到晚餐是雞肉，就指著那盤菜開始大叫。要是以往，我會生氣地叫他安靜。但這次我說：「噢，不！你不開心，你想吃起司義大利麵，可是桌上放的是雞肉。」

「起司麵！」

「你真的好~想要吃起司麵！」我拍著桌子。

他也像我一樣開始拍打桌子。「起司麵！起司麵！」

我開始哼唱：「噢，起司麵！真希望你長在樹上面。我愛你甚過雞蛋麵，沒有你我淚流滿面，真想把你塗在膝蓋上面……」我故意非常誇張地表現出他的情感，完全過火地熱情演出。

然後，他就不鬧了。他不再叫了。我們看著桌上的食物，他決定只要吃加了一點起司的馬鈴薯，還有幾塊胡蘿蔔。當他吃完這些之後，又吃了一點點雞肉。我從頭到尾可是一點意見也沒有！

白紙黑字

有的時候，彼得會因為自己話說不好而生氣。他可能需要花很長的時間，才能說完一句話。事情發生在上禮拜，他放學回來後，一邊哭，一邊上氣不接下氣地喘著說話。我急得想大叫：「到底發生什麼事了？趕快告訴我啊！」當然，這麼做只會讓他更生氣，然後又會說得更慢。

於是我決定把他說的話全部寫下來——主要也是讓急得要命的我可以有點事情做。沒想到，這麼做讓他更快平靜下來了。我真的把他說的話一個字、一個字地寫了下來：「老師……說……最快……掃……完……地……的人……可以……有……獎品……可是……她……突然……叫……我……交……作業……給她……不……公……平！……她……害……我……輸……了！」

後來他再複述這個故事的時候，要我重複念了好幾次給他聽，而且邊聽還邊露出滿足的表情。危機解除！

消失吧！可惡的雨！

我是幼稚園老師。有天，因為外面下著雨，所以我們不能像平常一樣在課間休息的時候去外面玩（如果你不是住在加州的話，大概很難想像下雨對我們來說是多不尋常的一件事！）通常，只要我們沒辦法按照計畫進行，強尼就會開始鬧脾氣。他開始在地上打滾，或是亂敲窗戶。

他說：「我想去外面！」

我說：「我知道，你真的很想在休息時間去外面玩，你不喜歡待在屋子裡。」

「我想去外面！」
「我猜，你一定很想要雨趕快停。」
「去外面！」
這樣下去也不是辦法，所以我說：「那我們去外面看看是不是還在下雨。」
於是我們到外面站在雨中。我握拳舉向天空說：「你！可惡的雨！你害強尼不能出來玩！」
然後我對強尼說：「現在還在下雨，所以我們還是進去玩保齡球吧。」
雖然他還是不開心，但至少比平時冷靜許多。最後，他就進屋子裡和其他人一起玩保齡球了。

工具四 調整你的期待——控制環境，而不是控制孩子

家有特殊孩童的其中一項挑戰，就是很難清楚知道我們究竟能對孩子抱有什麼樣的期待，以及什麼樣的要求是**過分**的要求。雖然大部分的家長都不是兒童發展專家，但我們對小孩的成長多多少少都有點概念，我們知道：三歲的小孩應該要可以好好吃飯、不會把食物丟來丟去；四歲的小孩應該知道要去廁所尿尿，而不是尿在褲子裡；五歲的小孩應該可以和朋友玩得很好；六歲的小孩應該要能夠自己穿好衣服。當孩子沒能做出和年紀相應的行為時，我們很難不感到擔心。他們是不是故意在唱反調？是不是被我們寵壞了，所以什麼事都要別人幫忙？孩子的問題是不是比我們想的還要嚴重？

當孩子對平凡愉快的日常活動感到惱怒或無法承受時，確實令人很沮喪：朋友熱鬧的生日派對最後不得不中斷演出，或是家族晚餐聚會以令人尷尬的大崩潰收場。當我們的社交生活因為孩子的敏感而受到影響時，很難不產生怨懟。就算我們願意盡力避開那些讓孩子難以忍受的情境，我們也不可能百分之百預測出在家裡或外頭可能還會遇到哪些挑戰。畢竟，我們的孩子是如此特別。

那麼，我們到底該怎麼做？說到會幫倒忙的做法，工作坊的小組成員倒是反應很快：

命令：「你現在就得去把衣服穿好，馬上！」

羞辱：「你已經長大了，不應該再尿在褲子裡。」

否認孩子的情緒：「拜託，這明明很好玩啊！我不想再聽到有人抱怨了。」

說教：「親愛的，我們現在不能離開。叔叔阿姨專程從很遠的地方來看你，還要跟我們大家聊天。再過幾小時就可以回家了，你要對其他哥哥姐姐有禮貌一點，他們只是想跟你玩。」

提問：「你為什麼要這樣？我不是跟你說過了，不能把麵包塞進暖氣的出風口啊！」

威脅：「我現在開始數到三喔！一……二……二又二分之一……」

孩子的發展狀況不一定能完全符合我們的期待。或許，我們最好別去參加那些在室內遊樂場舉辦的、又嘈雜又擁擠的生日派對，而是改成單獨安排一次簡短的約會來幫孩子的朋友慶生。雖然新買的娃娃鞋是如此可愛，我們或許還是應該讓敏感的女兒穿上那雙破舊卻舒服的鞋子去奶奶家吃晚餐。當人們開始去調整自己的期待，而不是試圖改變孩子的行為時，他們會發現，原來有許多辦法都可以讓孩子和自己生活得更愉快。

茱莉的故事：變短的上學日

以前瑞西上幼稚園的時候，從來都不會因為要和我分開而哭鬧，但才剛換到大班一個禮拜，他就開始會抓著我不放、眼淚嘩嘩地流，狀況非常慘烈。我試著承認他的情緒：「你不想要我離開！」我試著讓他知道我什麼時候會回到這裡：「下午你們圍圈圈玩完之後，就可以看到我了。」我試著讓他對其他活動產生興趣：「你看！有積木！」也試著讓老師和他多交流：「瓊斯老師，瑞西要變一個魔術給妳看。」但無論我怎麼做，依然是徒勞無功。

有一天，因為下午約了醫生門診，所以我必須提早接瑞西下課。那天早上我告訴他：「今天老師講完故事以後，我就會來接你。」那天要進學校時，他完全沒有哭。但是到了隔天，當他必須在學校待一整天的時候，他就又哭了。

我在想，是不是在學校待一整天對他來說實在太久了？於是我決定實驗看看。我隨便編了一個藉口，告訴他今天必須提早接他下課，到了校門口他果然沒有哭。和老師談過之後，我們都覺得吃完午飯就把瑞西接回家是比較好的做法。後來，他不僅不再在我送他上學時哭鬧，老師還說，他也開始會在班上講話、參與班級活動了。以前他們從來不知道瑞西會說話！

茱莉的故事：慢半拍的回應

我從孩子身上學到的一課，就是對於他回答問題的速度，必須放下我的期待。在我懂得這一點之前，我們之間經常出現這樣的對話：

我：瑞西，你想吃花生果醬三明治，還是火雞肉三明治？（三秒鐘過去了……）瑞西？好吧，如果你不想回答我，那你就吃花生果醬三明治。

瑞西：哇啊啊啊！我要火雞肉！

後來我才知道該怎麼做。

我：瑞西，我想問你一個問題，等你準備好的時候告訴我。

然後，耐心等待十秒鐘。

瑞西：（抬頭看我）什麼問題？

我：你想吃花生果醬三明治，還是火雞肉三明治？

（然後我會再等二十秒。由於我是個急性子，所以我通常需要在心裡慢慢讀秒才能分散注意力，否則我怕我會忍不住大叫：**趕快告訴我！**）

瑞西：（終於開口了！）火雞肉。

我：好，謝謝你告訴我。

茱莉的故事：如廁訓練與彩色印表機

瑞西的如廁訓練好像永遠沒有搞定的那一天。班上的其他孩子全都學會了，就剩他一個。當他似乎能夠掌握尿意時，我就會讓他改穿內褲，結果他又會尿在褲子裡，甚至根本不會發現褲子已經全部浸濕了。我並不想用獎勵的方式進行，但是身邊所有人（包括他的醫生、老師和職能治療師），都建議我應該用獎勵的方式試試看。好吧，他們讓我投降了。那時，瑞西一直想要一台彩色印表機。我們家裡有一台老式的黑白印表機，本來我們就在考慮是不是該換台新的。於是我告訴他，只要他能連續三天不尿溼褲子，我們就買一台新的印表機。

第一天，他做得很好。雖然還是發生一次小小的意外，但我知道他已經非常努力，所以我跟他說可以不算數。不過，最後他還是沒能保持三天。這真是讓人難受。他大概可以撐過一天，甚至將近兩天，但每次到最後，他就會不小心闖下大禍，然後他會哭到傷心欲絕，因為他真的對自己好生氣。後來，我清楚知道，問題不在於他沒有動機，而是他真的沒辦法時時注意身體的訊息，及時感覺到膀胱即將脹滿的那一刻。他的下半身原本就特別不敏感，所以我應該要知道，如廁訓練對他來說本來就會比較困難。

最後，我終於決定別再折磨我們倆了。我告訴他：「你的身體還沒有辦法在膀胱要滿出來的時候及時告訴你。所以我們可以等你長大一點之後，再試試看。不過，我想我們家現在還是需要換一台新的印表機。」他彷彿放下了心裡的一顆大石頭。其實，整件事情最難的地方，是在於我自己必須承認，我的孩子還沒準備好不再穿尿布。

還沒準備好吃晚餐

我們和家族成員一直會定期聚餐，不過對我的兒子卡麥隆來說，這樣的聚會實在太吵雜了，他待不住。那些你一句我一句的對話，對他來說完全難以承受。所以，我們採取的做法是先讓他吃完晚餐，然後在大家吃晚餐的時候，他自己待在遊戲間玩。不過，家族成員還是議論紛紛，他們會說：「為什麼他不能和我們坐在一起吃飯？」「為什麼他不能乖乖配合？」「在我小的時候，爸媽都會要求我要乖乖坐在桌上和家人聊天。」

嗯，你們又沒有自閉症！我們才不會為了滿足一般人對「正常」的定義，就把孩子放在會讓他壓力爆表的情境中。對我們來說，與其讓孩子（和我們）度過悲慘的晚餐時間，還不如就扛下旁人的壓力吧！

重點別期待孩子會經常使用新學到的技能

「他已經**知道**要怎麼坐好……怎麼綁鞋帶……怎麼用便盆……怎麼乖乖待在雜貨店。他現在這樣只是在作怪！」

昨天孩子做了什麼，並不代表今天他還能再做一次。早上他精神好的時候做了什麼，並不代表在下午疲倦的時候也能再做一次。孩子對於新技能的使用不會是始終如一的。更是因為這樣，所以家長和老師才更難做出符合實際狀況的期待。可是，誰說這一切會是容易的？

放一個尿布假

每次只要艾蜜莉尿在褲子裡，我就會發火：「我剛才問妳要不要上廁所的時候，妳為什麼不去？」「如果妳要一直這樣尿得滿身都是，那我就不要帶妳出門了！」每次發生意外，我總把話說得很重。我知道只要她有心，她就會知道應該要去小馬桶上廁所。以前她明明就會啊！

上次在工作坊討論過孩子是否發展完全的問題之後，我才終於發現，她或許並不是**每一次**都有能力控制好自己的膀胱。這可能和她當時累不累，或她是否正專心在進行其他的活動有關。因此，我開始會這麼跟她說：「妳的身體確實有可能讓人捉摸不定，它有可能在妳膀胱要滿出來的時候不告訴妳，然後突然讓妳嚇一跳。」

當我表現出理解的態度，艾蜜莉看起來好感激。於是我決定乾脆把這個壓力源整個拿掉：「妳想不想要休息一下，不用再擔心自己是不是該去上廁所？我們可以一起放一個『尿布假』。」

我只能說，她**愛死**這個主意了。她整個人興奮極了，但我卻有點擔心這樣會不會害她再也不願意穿內褲。星期六早上，我幫她穿上尿布。我必須承認，對我來說也是鬆了口氣，不用再擔心隨時可能在哪裡又找到一灘尿，或者需要一直確認離她上次去小馬桶尿尿已經過了多久。讓我驚訝的是，才過了三小時，她就告訴我她準備好穿內褲了。

雖然如廁訓練大概還要費一番工夫，但至少我們的關係沒有那麼對立了。我還是經常需要告訴自己，她這麼做不是為了刁難我，也不是因為她很懶惰、或不是真心想做。就算是現在，我還是很容易就做出這些武斷的結論。雖然她這個年紀的孩子，大多數在好幾年前就已經學會上廁所，但我必須承認，至少在如廁訓練這方面，我的孩子就是跟其他孩子不一樣。

工具五 用其他方式取代語言

有特殊需求的孩子，通常比較難明白我們說的話是什麼意思。如果能夠透過多種不同的方式來傳達訊息，對他們來說會格外有幫助。家長和老師可以發揮創意，設計圖表、把指令唱出來，或是用鮮艷的顏色畫出一份待辦清單。下面是幾個例子：

著衣清單

魯迪現在六歲。之前，要是我們不幫他穿衣服的話，他自己就沒辦法穿好衣服。並不是他不願意，而是他很容易因為其他事情分心。如果我叫他「去換衣服」，很可能我過了三十分鐘之後進到房間，還是會看到衣服穿到一半的他，在枕頭邊玩玩具車。說真的，就連一粒灰塵都能讓這個孩子分心。於是，我做了一份待辦清單，放在他的餐桌位置上。

他會先跑進房間穿上T恤，再跑回餐桌看看下一樣要穿什麼。幾周之後，我把這份清單貼在他的房間牆壁上，他就可以成功地自己換好衣服，不需要別人幫助或監督了。我當然沒忘記要好好誇他兩句：「你自己全部換好了！上衣、褲子、襪子，還有我看不到的……穿在裡面的小內褲。」他看起來也很滿意自己的成果。

幼稚園老師分享的故事：思親藍調

我是一個幼稚園老師。有天，我們班上有個小女生在等媽媽接她下課，當她發現自己需要一直在這裡等待，就開始變得非常焦躁。所以我用＜克萊蒙汀＞（Clementine）這首歌的旋律，編了一首歌給她聽。

我要媽咪，我要媽咪，我要媽咪，**現在！**
我要媽咪，我要媽咪，我要媽咪，**現在！**
她在哪裡？她在哪裡，她在哪裡？現在！
她在哪裡？她在哪裡，她在哪裡？現在！

這首歌確實讓她平靜下來了，事實上，她似乎很喜歡。每一次當我用力唱著「**現在！**」的時候，她都會笑出來。

口袋裡的小計劃

每次要是傑瑞米到了學校發現老師今天不會來，他就會鬧脾氣。有時，他甚至會因此不願意進學校。所以，老師現在都會提前讓我們知道，哪一天她會請假。我在一張小卡片上，畫了幫忙代課的凱兒老師的樣子。於是，傑瑞米知道，只要口袋裡有這張卡片，就表示今天他的老師是凱兒老師。我不知道他會不會把卡片拿出來，但只要口袋裡有這張卡片，就能讓他放心許多。

請就座

六歲的尼克對於日常事務的做法非常堅持。弟弟查理現在四歲，他們倆會一天到晚為了坐在哪裡吃晚餐而跟我們吵鬧。他們不想和我們一起坐在餐桌上吃飯，永遠都不想！他們只想在自己的小桌子上吃晚餐。周末時我們會同意讓他們在小桌上吃飯，但他們卻希望每天都這麼做。他們總是會問：「為什麼不可以？」我們的回答是，一家人就要坐在一起吃飯。但顯然這個理由並沒有說服他們。

後來，我在牆上掛了一張表。上面畫了一周裡的每一天，並且有「小」和「大」的記號，分別代表小桌子和大桌子。看到這張表後，尼克說：「真的？就按照這樣做？」

「對，它怎麼寫我們就怎麼做。」

我向查理解釋了表格的內容。他說：「那今天呢？」

我說：「嗯，我們來看看。今天是星期二……不行，今天不行。你們今天只能坐大桌。」

他們倆只失望地發出「噢……」的聲音，然後就乖乖坐上大桌子，一句怨言也沒有。

工具六　告訴孩子可以做什麼，而不是不能做什麼

我還記得在我六歲的時候，有一次和媽媽一起等著過馬路。那時我才剛學會讀字，我看到路上的

標誌寫著「請勿通行」。當時我因為自己讀出這些字感到很自豪，但同時我也覺得很困惑。我不能在路上跑，可是標誌又說我不能走，那我要怎麼樣才能過馬路？要是標誌寫的是「請等待」，那麼我就馬上可以理解了。

就算孩子聽得懂我們說的每一個字，他們還是有可能不明白我們的意思，尤其是患有自閉症的孩童，以及其他發展遲緩的孩子。這些孩子通常會用字面上的意義去解讀，於是很可能造成誤會。當妳告訴孩子**不可以**做什麼，事實上可能正使他們感到困惑。妳不能認定他們一定會知道**可以**做什麼。

下一次妳要阻止孩子的時候，請試著直接用重新引導的方式來說話。想想看，當一輛火車要衝向懸崖的時候，要防止災難發生，最好的辦法是直接轉換軌道，而不是試圖完全阻止那股衝力。更好的是，要是妳能直接跟孩子說一項他可以做的活動，孩子的反抗會比妳提出警告或斥責少得多。我們工作坊的小組成員，曾經列出一張大人可以使用的「轉換軌道指南」。

大人想說的是：

「不要追著貓咪跑。」
「不要把小嬰兒吵醒。」
「不要在停車場亂跑。」
「不要亂扔沙子。」
「不要這麼沒禮貌。」

「我在幫你綁鞋帶的時候，不要扭來扭去。」
「不要把髒衣服丟來丟去。」
「不可以在沙發上跳。」

告訴孩子他能做什麼：

「你可以用逗貓棒跟貓咪玩。」
「我們來用悄悄話講話。」
「現在是牽手時間。」
「沙子要用倒的或挖的方式玩。」
「當你要我幫忙的時候，我希望聽到的是：『你可以幫幫忙嗎？』」
「現在是——雕像時間！不可以動喔。」
「你可以丟你的娃娃。」
「你可以從最下面的一格樓梯跳到懶人沙發上。」

工具七 要好玩！

和神經發展典型的孩子相比，自閉症的孩子會需要花更多時間，才能把你說的話從字面意義轉換成運用想像力的遊戲。因此，要找到能吸引他們、讓他們覺得好玩的點，並不容易。下面是家長透過有點傻氣的方式，成功讓自己的孩子更加配合、與家長更有連結的幾個例子：

食物魔術師

對我們來說，上班日的早晨從來就不輕鬆。傑森會在該吃早餐的時候被其他事情分散注意力，就算他明明很餓也是一樣。學校規定的上學時間很早，所以我們只有一點點時間可以吃早餐。平常，我總是需要一直提醒他：「你沒有在吃飯喔，為什麼你現在沒有在吃飯呢？」這個禮拜，我試著讓這一切變得好玩一點。每次只要他吃了一口，我就會說：「天啊！蘋果從你的盤子裡消失了。」當他又分心，我會努力把原本想說的話吞回去，改口說：「食物不再消失了，發生了什麼事？」這麼一來，他就會再把食物放進嘴裡，繼續吃。真是太好了，他動嘴吃了飯，我也不再暴跳如雷。

今天您想穿哪件？

賈斯汀現在六歲，是一個高功能自閉兒。到現在他都還穿著尿布睡覺。每天早上我都需要提醒他去廁所把尿布換成內褲，但他總是會說：「我不想要。」

這禮拜我不再指使他，而是拿出兩條他的小內褲，說：「你想穿湯瑪斯，還是湯瑪斯？」他覺得我說的話好笑極了。於是，從此之後，這就成了我們每天早上的例行公事。他喜歡自己決定好要穿哪一條內褲。選好之後他就會乖乖去廁所了，根本不費吹灰之力。

邊爬邊收拾

我的兒子最討厭收拾東西。我曾經試著跟他說，「現在是整理時間！」、「你要把拿出來的東西放回去。」、「你要拿火車出來之前，要先把積木收回去。」但總是沒有任何效果。

有天，我突然想起，他很喜歡玩一種在做物理治療時學會的遊戲：他會趴在物理治療用的大球上，然後，我拋出一個玩偶，抓住他的腳踝，讓他用手慢慢爬過去把玩偶撿起來。所以，這次我說：「我們一起來當手推車清理房間！」我拿出治療球，抓住他的腳踝，然後引導他爬到積木堆。當他抓起一個積木，我就把他拉回來，他把積木放進收納袋裡，然後我們再出發去拿下一個積木。雖然這樣比我自己動手收拾還費時間，但是這樣我就不會對他生氣了。而且，這樣他還順便運動了呢！

特殊孩童的發展速度或許比一般孩子更晚，他們極易被觸動的敏感度也可能有增無減，但是他們和其他孩子一樣，都希望被了解、希望能自主行動、希望感覺自己有能力勝任。他們需要和身邊的大人產生連結，並且需要大人在他們需要的時候給予支持。我們希望本章介紹的工具，能讓你用稍微輕鬆一點的方式，達到以上目的。

與其說……

不如：加入孩子的世界

與其說……

不如：想像孩子正經歷著什麼

與其說……

不如：幫孩子說出想說的話

與其說……

不如：控制環境，而不是控制孩子

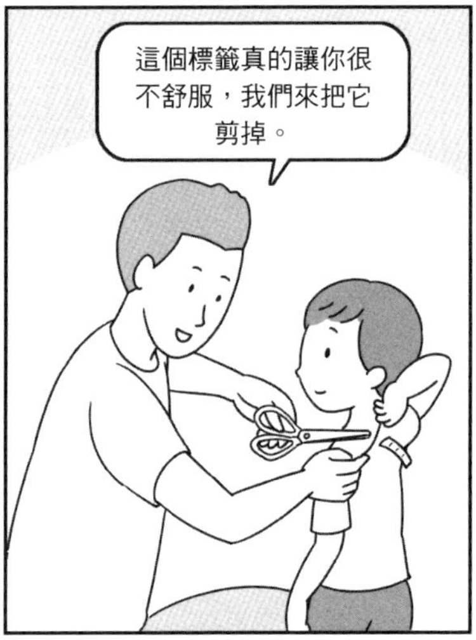

與其說……

不如：
用其他方式取代語言

與其說……

不如：
告訴孩子可以做什麼

適合特殊需求孩子的工具

1. 加入孩子的世界

「我可以跟你一起玩這個消除泡泡的遊戲嗎?你可以教我怎麼玩嗎?」

「我也想跟你一起去救援，可以讓我加入你的救援小隊嗎?」

2. 花點時間想像孩子正經歷著什麼

「原來你覺得襪子的縫線讓你不舒服!」

「你是不是覺得穿內褲又包尿布會很悶呢?」

3. 幫孩子說出想說的話

「可惡的、討厭的雨!你把強尼的課間休息搞砸了!」

4. 調整你的期待—控制環境，而不是控制孩子

「我們來放個尿布假吧!我們需要放鬆一下，暫時不去想要去小馬桶尿尿的事。」

5. 用其他方式取代語言

小紙條、待辦清單、圖畫、唱歌、手勢

6. 告訴孩子可以做什麼，而不是不能做什麼

「想丟東西的話，你可以丟玩偶。」

「想要敲東西的話，你可以敲這個軟軟的沙發。」

7. 要好玩！

「現在我們需要把積木收起來，我需要人體手推車來幫幫忙！」

「我們現在是挖土機！來！一起把玩具挖、挖、挖到箱子裡！」

第五又四分之一章

孩子的基本需求

這些時候，說再多都沒有用

當以上工具都無法奏效時，
讓孩子好好睡一覺吧！

在我們進入第二部之前，我需要用一個短短的章節篇幅，來說明一件顯而易見的事，因為當家長身心俱疲，很容易就會忽略了這想當然爾的道理：孩子的基本需求必須先被滿足，這些幫助溝通的工具才有可能發揮效用。舉例來說，如果你的喉嚨裡卡了一塊胡蘿蔔，你當下最需要的是空氣，再來才是別人的同理心。如果你摔斷了腿，你首先需要石膏固定，接下來才是別人的精神鼓舞。

那麼，在每日生活中，孩子們最需要的兩個基本需求，就是**食物**與**睡眠**。如果孩子已經筋疲力盡，或是飢腸轆轆，那麼前幾章介紹的工具很有可能沒有一個能奏效。記得我們在第一章一開頭說過的原則嗎？**孩子心情不好，就不可能做出正確的舉動**。小朋友並不是每次都能清楚知道，自己是因為疲勞或飢餓，所以心情不好。我們必須把這兩種可能性時時放在心上，當我們感覺孩子的基本需求可能沒被滿足的時候，主動提出補充食物或小睡片刻的提議。

舊金山夜未眠

有天，參加我工作坊的一對夫妻，心急地打了電話給我。我們的工作坊已經進行了一年，他們的孩子蓋文一直都很聽話，但這兩天突然變得不願配合又難以溝通。例如前兩天早上，他都不願意準備上學，不僅抱怨連連、不肯合作，還讓弟弟也不好過。這對夫妻已經試過各種我們在工作坊教過的工具，但沒有一樣奏效。

我請他們再多說點細節。我發現，上周末蓋文和爸爸去野外露營了。他們從周五就在外面過夜，當天晚上，他們因為搭帳篷所以睡得比較晚。週六一早，他們天一亮就起床，開始一整天爬山、釣魚的充實行程。週六晚上，他們也比較晚睡，因為那天忙著在營火邊烤棉花糖夾心餅乾。而星期天晚上，又再一次因為收拾行李而熬夜。星期一，蓋文開始不對勁，變得特別纏人。到了星期二，他就完全變成一個小惡魔了。他的爸媽就是在星期二打了這通電話給我。

我沒有再建議他們使用任何工具，只是要他們讓蓋文早點睡。這對父母沒有想到，孩子這些難搞的舉動其實和睡眠不足有關。後來，當蓋文補足了睡眠之後，這個難搞的「階段」也就消失了。

談到這裡，本章的篇幅還不到標題所說的四分之一個章節那麼多。所以我就再多介紹幾個沒有像食物和睡眠那麼明顯的基本需求吧！其中一個需求是對於**恢復時間**的需求。當我們生氣的時候，我們的身體裡的荷爾蒙會大大增加，我們會心跳加速、血壓升高，讓我們更容易做出撤退或侵略等反應。很多人都知道所謂的戰逃反應（flight-or-fight），可能你在高中生物課學過這個名詞，但之後就沒怎麼想過這件事。當孩子處於緊張的情緒時，我們能做的最好的一件事，就是給他們一段時間，讓他們的身體從憤怒、恐懼或沮喪中，逐漸恢復過來。不要期望一個孩子能馬上「回復正常」。

另外，別忘了，大人也是需要恢復時間的。所以，如果情況允許，請同樣給你自己一段恢復的時間。與其強逼自己在出現強烈情緒時故作冷靜，不如告訴孩子：「我現在還是很生氣！我需要一段時間緩一緩。再等幾分鐘，我就會過來幫你。」

救援起司

有天，我下午有正事要辦，於是我把瑞西留在家，請我們熟識的、長期合作的保姆來照顧他。幾個小時後我回到家，他從走廊那頭過來迎接我，卻停在半路上。「怎麼了？」我問。

他開始大哭。「噢，發生了什麼事？你怎麼哭了？」他說不出話來。我問保姆知不知道可能是什麼事，但她也完全沒有頭緒。

「妳是幾點讓他吃午餐的？」

「我以為妳離開之前已經先讓他吃飽了……。」

當我發現，瑞西今天除了早餐什麼也沒吃，而現在已經幾乎是傍晚，我馬上衝去廚房拿了一根起司條，放進還站在走道中間的他嘴裡。他嚼一嚼，吞下去了。然後我又給了他一些。他終於冷靜下來，並且走到餐桌上吃一頓遲來許久的午餐。這種情況下，說再多都不比一根起司條來得有用。

喬安娜的故事：恐怖的巴士之旅

那天，我一下子分了神，沒有及時把車子開到學校巴士停靠的車道上，所以沒有接到查克放學。我打電話到學校，告訴他們我已經先回家了。三十分鐘之後，巴士繞了回來。黃色的巴士大門一打開，我就看到一個五歲的孩子在裡面哭得唏哩嘩啦。司機先生還告訴我，我的孩子踢了他。

查克踉踉蹌蹌地跑到我懷裡，哭得上氣不接下氣。「我恨他！我恨他！」

現在不是跟他講道理的時候。我緊緊抱著他，說：「剛才好恐怖喔，你被困在巴士裡出不來。」

「他不讓我下車。我跟他**說**妳一定在家裡。他不相信我！」

我重複著他的話：「你知道你自己下車也沒問題，可是他不讓你下車。你**知道**我一定在家裡。」

查克顫抖著說：「他抓著我！他不讓我走！」

「你不喜歡他這樣！」

然後，查克才終於冷靜下來，進屋子裡去吃了點東西。我們的對話就停在這裡，我也暫時先打住。等到過了整整一個小時之後，查克看起來完全冷靜下來了。我才坐到他身邊，跟他說：「我知道你不喜歡司機叔叔今天的舉動。問題是，把小朋友留在車子裡事實上是司機**應該**要做的事，這樣小朋友才不會一個人回到家。他事實上只是在做好自己的工作而已。要是他讓小朋友在沒有大人陪同的情況下下車，事實上他有可能會被開除。」（「事實上」是查克那陣子最喜歡說的一個字，所以我刻意反覆提到這個字。）

查克聽了又開始啜泣。「我知道！」

雖然我很懷疑他到底對校車司機的工作要求能了解到什麼程度，不過當下我並不打算追問。

「我覺得我們都應該跟司機叔叔道歉，因為你踢了他，而我因為遲到所以沒接到你。」

於是，我們一起寫了一封道歉信，在信的最後，我們兩個都寫下自己的名字。查克還裝了一盒我們自己養的雞下的雞蛋，以示歉意。

隔天早上，司機先生寬宏大量地收下了道歉信和雞蛋。查克和我說好，要是我下次又遲到了，查克要知道自己得繼續待在巴士裡，而我會趕快跟著巴士開到下一站把他接走，這樣他就不用在巴士裡等那麼久才能回家。

一個五歲的孩子從起先的肢體攻擊，變成釋出符合社交禮儀的善意。他和他的母親不僅一起想出解決辦法，還為自己的過錯做出彌補。要是沒有先等一段時間，讓孩子的驚恐和憤怒消退，這一切是不可能發生的。

我要介紹的下一個基本需求，是**不能過度承受**的需求。如果孩子接收到過多的要求，或是承受了太多的挫折，就算是再簡單、再合理不過的要求，也可能變成壓倒駱駝的最後一根稻草。我們需要留意孩子是否已接近崩潰的臨界點，如此一來，才不會把看似無害的要求，變成最後一根稻草。下面，我們就來看看，壓倒孩子的稻草可能是什麼樣子。

一點也不美好的夜晚

我的兒子艾里現在四歲。我們最近剛搬到另外一個州居住，也離開了從艾里兩歲開始就一直和我們住在一起的食宿交換生*。搬家之後，我和先生都必須上整天班，因此我們讓艾里進入全日制的幼稚園就讀。

昨天傍晚，我一樣五點到幼稚園把艾里接回家。當我們回到家，艾里說：「媽咪陪我玩。」

「我現在不能陪你玩，時間已經晚了，我需要趕快做晚餐，這樣我們才有東西吃。」

「不要！媽咪不要做晚餐，跟我玩！跟我玩搔癢癢。」

我還是告訴他，我現在必須趕快煮飯。他看起來就快哭了，於是我說，他可以來廚房當我的小助手。他把自己的圍裙拿了過來，我說，要先去把手洗乾淨。他不耐煩地叫了一聲，把圍裙丟在地上。我帶著他到廁所把手洗乾淨，剛好發現他該便便了。他每次只要想便便就會像這樣跳來跳去。當他坐上便盆，我又發現他的指甲參差不齊，於是我把指甲刀拿來，開始幫他修剪。這時，他開始哭著說他想打電動。我告訴他，上學的日子不能打電動。

＊食宿交換生（au pair），寄宿在家庭中的青年。寄宿家庭提供住宿和生活所需，而寄宿的青年則幫忙照顧孩子並做簡單家務。

這時，他突然從便盆上跳起來，開始大叫：「不管！不管！不管！我就是要打電動！你不能阻止我。」他連褲子都沒穿，就這樣空著下半身在家裡跑來跑去。狀況完全失控，後來也沒有改善。我還可以繼續說，不過我想，還是就停在這裡吧！反正，最後他是自己哭到睡著的。這麼簡單的要求，孩子卻這麼不願意配合！我們換個角度，看看艾里身上究竟堆了多少根稻草。

在學校上了一整天的課、度過課後輔導的時間、離開了熟悉的交換生、換到新的學校、住在新的家、遇到新的老師、適應新的課表、心煩意亂的母親、討厭的剪指甲又來了——或許以上任何一件事發生的時候，艾里還能好好應對，但全部一起發生，對他來說真的太多了！

這個故事給我們最大的教訓就是：請留意孩子身上那些看得見或看不見的「稻草」，它們有可能正壓得孩子喘不過氣。當孩子承受的壓力越來越多，請多花點時間和孩子一起進行放鬆的活動、重新建立起連結，而不要再提出要求——對你自己和孩子都是。

我們要談的最後一項基本需求，就是**對孩子的期望必須符合它們的發展階段與經驗累積**。我們並不打算在這本書裡洋洋灑灑地討論兒童的發展階段[1]，不過我們也不能完全略過不提。當事情進行得不如你所想，或許你該問問自己：我對孩子的期望是不是超出了他目前的能力範圍？

下面這兩個故事中的家長，都對孩子抱持了不切實際的期望。

滑雪之旅

我們當時都以為這是個好主意。自從雙胞胎出生，我們就沒有好好放過一次假。現在她們已經三歲了，我們計畫帶她們去一個超棒的滑雪度假村，那裡有專人為小朋友提供全日滑雪課程，當孩子上課的時候，家長就可以去滑雪。簡直是天堂！我們平時住在加州，所以孩子們從來沒有看過雪。而且她們都非常喜歡體育活動。我們覺得她們到時候一定會興奮到不行，完全深信不疑！

然而，當我們抵達渡假村，卻發現孩子們並不願意跟著教練離開。雖然我們硬是放下她們走了，但是二十分鐘後，園方就通知我們必須把孩子帶回，因為她們倆實在哭個不停。最後，我們不但沒滑到雪，還白白浪費了好大一筆課程費用。真是失望透頂。如果重來一次，我們該怎麼做，才能讓這個假期如願進行呢？

要是重來一次，這對天真樂觀的家長究竟該怎麼做呢？嗯……首先，他們至少應該別這麼天真又樂觀。三歲大的孩子通常沒有辦法一次適應這麼多新的體驗。這對家長原本以為，他們三歲大的孩子可以在初次見到的冰天雪地、初次體驗的寒冷天氣中，在一個從來沒有來過的地方，穿著奇奇怪怪的笨重服裝，乖乖跟著陌生的教練離開，然後學習一項從來沒接觸過的困難活動，還連續待上好幾個小時……這樣的場景或許可能出現在奇幻小說裡，但在真實世界中，實在是強人所難。對三歲小孩來說，一個開心又好玩的假期，就是去一個新的公園遊戲區玩大概一小時，再花三十分鐘在泥潭裡打打滾，然後吃些點心就回家，最後躺在自己的床上入睡。在孩子還小的時候，請讓你的計劃越簡單、越樸素越好。這麼一來，就算讓你失望，也只會是無傷大雅的（而且代價不那麼昂貴的）失望。

說好要照顧狗狗

某個星期六早晨，我先生跟我們家新養的狗狗還一起在床上睡著，我七歲大的孩子泰奧已經醒來，在電腦前打電動。我發現家裡沒有牛奶了，於是跟泰奧說，我要去商店買東西，很快就回來。不過，我特別請他注意，只要狗狗一**醒來**，就要**馬上**開門把牠放到院子裡去。我跟他說這很重要，他點了點頭，就繼續回去打電動了。

當我一回到家，就發現我的拖鞋踩在門邊的一攤尿上。屋子裡有股臭味，我馬上就發現，廚房滿地都是狗便便被踩著到處跑的腳印。泰奧在哪？他還坐在電腦前，連發生了什麼事都不知道。我氣炸了。我的聲音大到把狗狗嚇得又去桌子底下尿了一泡尿。我跟他說，當他求我們讓他養狗的時候，他答應過要照顧狗狗的。我們甚至讓他簽下一份保證自己會負責餵狗和遛狗的合約。現在他這麼不負責任，我威脅要把狗狗送回去。這時，泰奧已經哭到不行。難道，要一個七歲的孩子把狗狗項圈的繩子鬆開、放去後院，也是太過分的要求？

並不盡然是過分的要求。但是，孩子有能力帶著狗狗散步，並不表示，他就完全準備好要對另一個生命負起全部的責任。孩子不擅長一心多用，而且很容易完全沉浸在當下，要是他當下在做的事情是打電動，那自然更不用說。你不能抓著他「**答應過**」的事實不放。試著對未來做出可行的計畫，並且讓孩子有足夠的機會去練習，這些都會比在合約上簽字更容易達到你想要的目的。

現在你們有概念了吧？下一次，當你又因為孩子的恐怖行徑感到灰心挫折，趕快花點時間檢查看看，是不是這些問題在「從中作梗」。

第二部 實戰工具

接下來，我們將邀請你一起分享工作坊的家長在生活中和孩子們出現衝突的各種情境，他們都曾經試著把本書介紹的各種工具，運用在現實生活中那些不可理喻的孩子身上。第二部並不需要依序閱讀，你可以隨意選擇感興趣的主題，用你喜歡的順序來閱讀。

1 食物之爭——餐桌上的大戰

喬安娜

當食物成為親子衝突的導火線，就表示我們每天都得和孩子爭吵……而且一天還可能不只一次。工作坊的家長們想都不用想，就可以列出一連串與食物有關的親子爆發點：

一級戰區

- 當我們要孩子多吃點蔬菜，而不是只吃義大利麵和甜點的時候。
- 當我們要孩子有什麼就吃什麼，而不是抱怨連連的時候。（「唉哦～好噁心！」）
- 當我們要孩子嘗試陌生的食物時。（他們到底為什麼這麼疑神疑鬼？難道孩子覺得爸媽會在食物裡下毒嗎？）
- 當我們要孩子吃飯吃到**足夠**的分量時。（他們如果只想靠空氣和洋芋片過活，請問這樣要怎麼長高！）

唐尼率先開始發言：「我們家每天晚上都在上演殺價大會或是賄賂大會的戲碼。我會說：『欸，你要是不多吃三口花椰菜，等下就不能吃冰淇淋喔。』湯瑪斯會說：『一口。』然後我會說：

『好啦，不然兩口？』這實在荒唐至極。」

瑪莉亞也同意地猛點頭。「小班最近只吃白色的食物，他只願意吃義大利麵、麵包還有香草冰淇淋。在我小時候，媽媽給什麼我們就吃什麼。」

我提出疑問：那些我們認為值得懷念的舊時光，是不是真的像我們記得的那麼美好？我還記得，母親曾經和我說過幼時吃飯的恐怖經歷。她依稀還記得，小時候她的母親會不斷把食物塞進她嘴裡，一口接著一口，然後再拍拍她的臉頰，逼她吞下去。我的父親在餐桌上也有一場硬仗要打。他的母親規定孩子必須「負責把自己的食物吃光」。因此，他清楚地記得，早上吃不完的那碗麥片糊，中午會再次出現在餐桌上，再吃不完，晚上還得繼續。他曾經堅持絕食，直到因為過於飢餓而昏了過去。

「噢，真是不幸，」唐尼打斷了我：「但是，不然我們要怎麼辦呢？讓他們為所欲為嗎？早餐就吃糖果，中午吃義大利麵，晚餐吃洋芋片配汽水？我覺得就這件事情來說，確保孩子擁有足夠的營養，比當他們最要好的哥兒們或姐妹來得重要多了。」

「我們從另一個角度來看看，」我提出建議：「我們知道有很多孩子天生就容易對陌生的味道與食物口感疑神疑鬼，例如味道強烈或有苦味的食物，或者甚至不喜歡盤子裡的食物碰在一起。事實上，已經有科學研究能說明孩子對食物的挑剔究竟是怎麼回事。當孩子還是小嬰兒的時候，他們不管三七二十一，什麼東西都能往嘴巴裡放。但到了兩歲左右，他們開始會對陌生的味道感到警覺。這種警覺性是一種保護機制，避免已能自由移動的幼兒吃下有毒的物品。事實上，我們其實是人類中對食物最為挑剔的一支，因為從古到今，只有在幼兒時期對食物最挑剔的人們，才能成功存活，進而長大成人、繁衍後代。所以，對食物的挑剔根本存在於我們的DNA當中！[1]」

「自閉兒的狀況還可能更嚴重，」安娜說：「安頓只願意吃某些口感的食物，或是幾乎沒有味道的食物。雖然他能接受蘋果的味道，但因為他沒辦法忍受它的口感，所以他就不吃蘋果。」

唐尼一臉無奈。「好吧，所以他們天生就很挑剔。可是，我們還是需要讓孩子吃東西啊！」

我的科學講座還沒完。我跟小組成員說起一則針對年紀相當小的孩子所做的研究，研究者為這群孩子提供了各種健康食品，並允許孩子自己決定自己要吃什麼。結果發現，孩子們自己選擇的食物，**確實**是營養均衡的。如果單看其中一餐，或許不是那麼均衡，但如果綜觀檢視一整天或一整個星期的飲食內容，就會發現他們選擇的食物確實是營養均衡的。沒有任何一個孩子出現維生素或蛋白質缺乏的問題，而且他們也都在健康的狀態下適當增加了體重[2]。

唐尼並沒有被說服。「嗯，如果真像妳說的那樣，我們就不需要白操心了。可是為什麼我還是會聽到新聞說孩子們有吃太多垃圾食物、喝太多汽水的問題？」

這是個很好的問題。因為關鍵在於，上述實驗中的孩子只有健康的食物可以選擇。要是這項研究把汽水和洋芋片也放在可選之列，那麼我們渴望甜食和脂肪的慾望，就會完全毀了這項實驗。

「仔細想想，從人類發展的角度來看，隨處可見精製糖製品和高熱量食物取之不盡的狀況，也只是最近的事。孩子根本控制不住。」

「救命啊，連**我**都控制不住！」莎拉說：「要是把巧克力放在我面前，我也會把它吃掉！我控制自己飲食的唯一辦法，就是把某些食物放在看不見的地方，或根本不讓它們出現在家裡。」

我把討論拉回正題。「以下是我們目前知道的：許多孩子天生就對食物是挑剔的。這有可能和基因有關，也可能和人類的發展歷程有關。但只要能提供健康的食物讓他們選擇，他們就會選出營養均衡的組合——重點是垃圾食物必須不在選擇之列。孩子對於甜食和油炸品，就像大人一樣沒有抵抗力。在我看來，我們似乎有兩個重要的目標要達成。第一個是為孩子提供健康的飲食。不過光是這麼做還不夠，我們還需要幫助孩子培養出健康的飲食態度，讓他們能聆聽自己身體的聲音——餓了才進食，飽了就停嘴；對於陌生的食物抱持開放的心胸；享受能為他們帶來營養的健康食物。問題是，我們要怎麼樣才辦得到？

有件事情我倒是很肯定，就是，我們不會因為用冰淇淋誘惑小孩多吃幾口花椰菜，就達到這個終極目的。這只會讓他們覺得，只要把這些『難吃的東西』吞下去，就可以吃到『好吃的東西』。久而久之，孩子就會這樣理解：『我真的很愛吃的東西對我的健康無益，而我真的很討厭吃的東西對我的健康有益。』當你總是被迫吃下某些東西，要喜歡上它們簡直難上加難。」

我請小組成員想像下列情境，假設他們受邀到某人家裡吃飯，主人端上餐盤，裡面放了一坨馬鈴薯泥、一大堆菠菜、四分之一隻雞……。

「噢，我不吃雞，我吃素。」莎拉說。

我繼續角色扮演著，說：「很抱歉，妳吃什麼由我決定，妳的責任就是要把盤子裡的東西清光，否則等下的甜點櫻桃派妳就吃不到了。」

「我再也不會去那個人家裡吃飯了！」莎拉說。

於是，接下來我提出一個最重要的建議：**給孩子一個空的餐盤！**

假設孩子是在別人家作客的成年人。他沒辦法決定別人提供的是什麼樣的晚餐，但至少他能決定要把哪些東西放進自己的餐盤裡。請讓他自己舀出通心粉，自己決定要不要加醬料，自己在上面灑起司粉，自己抓一些爽脆的胡蘿蔔或四季豆作搭配。如果孩子年紀還太小，沒辦法自己舀菜，那麼至少他可以開口請你幫他拿菜，並且告訴你他要多少。這可是讓孩子學習自主的大好機會。

唐尼用懷疑的眼神看著我：「那樣我得多洗好多碗盤啊！」

「噢，我的天，那可不行！」我附和著：「我都是直接端著鍋子上菜。只有有客人來的時候，才會另外盛到盤子裡啦！」

「那如果他只想吃甜點怎麼辦？」唐尼問。

此時，安娜舉手發言。「我不知道大家對我要提的這個意見怎麼想，不過對我來說，去掉甜點是最有效的一個辦法。要是不這麼做的話，安頓會把一門心思都放在甜點上，我根本沒辦法讓他好好吃完健康的一餐。我們家也有餅乾，但是在晚餐過後是不會拿出來的，餅乾在我們家是只有下午能吃的零嘴。而且我很注意用詞，我把甜食都叫做點心，而不是垃圾食物，因為我不想讓他覺得，他覺得好吃的東西是垃圾或廢物。安頓知道他在點心時間可以吃兩片餅乾，如果他吃完還是覺得餓，他就只能選『可以長高的食物』來吃，例如堅果或水果。」

這是另一個重要的議題。把甜點或其他獎勵當作籌碼和孩子討價還價，並不會讓他們更喜歡吃健康食品。曾經有一項研究探討過獎勵對飲食態度的影響[3]，研究者將幼稚園孩子分為兩組，讓他們分別擁有嘗試一種陌生食品的機會——克菲爾（kefir），一種很像優酪乳的飲料。研究者為第一組孩子提供獎勵，只要他們願意嘗試，就能獲得獎勵。大部分的孩子都興致勃勃地同意了。而第二組孩子則少了利誘的環節，研究者只單純詢問孩子願不願意嘗試這個陌生有趣的中東飲料。兩組孩子多半都嘗試了。過了幾個禮拜，研究者又再一次來訪。他們同樣又帶了克菲爾過來。第一組孩子問：「我們如果喝的話，這次你會給我們什麼呢？」研究者的回答是「什麼也沒有」。來自第一組的孩子，沒有一個人願意無償地喝下這杯飲料。而第二組孩子則興致勃勃：「噢！克菲爾！當然好啊，它很好喝！」

麥可抬著眉毛問：「妳難道不覺得我們應該要求孩子至少要**試一試**新的東西嗎？如果連試都不試，怎麼會知道自己喜不喜歡？」

「如果他們是被逼著嘗試的話，我不覺得他們會知道自己喜不喜歡。他們更有可能會趕緊嚥下了事。我比較喜歡這樣說：『山姆，這裡有一樣東西，我覺得如果你肯試一試的話，有可能會喜歡喔！』然後就放著，順其自然。

你甚至可以說：『這是大人吃的，你可能不會喜歡。』有一年的跨年夜，我們全家去別人家裡作客。當時主人上了一道『專為大人準備』的起司鑲蘑菇，我的孩子聽到這話，心裡超級不開心！我趕緊解釋，因為這道菜不是小朋友會喜歡的口味，而且主人並不想要她精心準備的開胃菜只被咬了一口就丟到垃圾桶裡。不過，如果他們想吃的話，可以嚐一口我的看看。我從來就沒見過他們幾個這麼踴躍！」

「如果想要孩子對健康的食物更感興趣，我用的一個辦法是，讓他們幫忙一起準備，」莎拉說：「當他們幫忙撕開沙拉用的生菜葉片、把米和水從量杯倒進鍋子裡、攪一攪鍋子裡的豆子、或是撒上香料，通常他們會對這些食物更有興趣。」

「或者，如果跟孩子一起去買呢？」瑪麗亞補充：「我如果帶著小班去雜貨店，就會請他幫忙挑選我們做水果沙拉要用的桃子和李子。他可是非常樂意把『他選的水果』吞下肚。」

「也就是說，讓孩子參與餐食的準備過程，能讓他們對食物的興趣產生很大的變化。」我說。

「我還想到一件事，這也可能會有所幫助。之前，我故意誇張地跟孩子解釋說，人喜歡的口味是會改變的。我和我先生都跟孩子說過，小時候我們覺得很噁心的某些東西，例如軟糊糊的蘑菇和酪梨，現在都愛得要命。後來，有一天晚上我發現山姆嘴裡正嚼著一塊煮好的櫛瓜，臉上露出很不開心的表情。『山姆！』我說：『我以為你不喜歡吃櫛瓜？我特地切得很大塊，這樣你才能把它們挑掉呀。』山姆說：『我只是要看看我的口味有沒有改變。』

『有變嗎？』我問他。

『還沒有。』」

雖然山姆還是不喜歡吃櫛瓜，但至少他願意試一試。

「那如果他試了某樣東西，然後說覺得很噁心呢？」唐尼問。

「我會說：『嘿！你這樣對正在吃的人很沒禮貌！』」

「更不用說是做出這頓飯的人了！」唐尼由衷地說。

「就是啊！」我表示同意：「但是我發現，如果我們不強逼孩子吃下某些食物，他們就比較不會去污辱我們做出來的食物。尊重是互相的。」

唐尼皺著眉說：「看來妳的意思是說，家長最好能成為一個為孩子量身訂做的快餐廚子。如果我要尊重每個孩子的飲食喜好，那麼等於我一頓飯要做出五個餐啊！這根本不可能！要是以前，不管你在餐桌上放了什麼菜，其他人吃就對了。」

「我的想法和妳一樣啊，唐尼，」我說：「一個晚上做一餐就是我的極限了！為了幫每個人做出不一樣的餐食而把自己逼瘋，這可不是好主意啊！要是我一定會滿腔怨恨。

我的意思是，我們可以把某些食物分開來放，這樣孩子們可以自己決定自己的一餐裡面要包含哪些菜餚。況且，要是孩子真的被鍋子裡的東西嚇壞了，他還可以用其他簡單的食物取代晚餐——例如，一個花生果醬三明治加上一根胡蘿蔔。」

我想了想我家的狀況。我弟弟是典型的挑食小孩。任何東西只要沒有加醬料，他就不肯吃。他盤子裡的食物不能彼此碰到一起，而且任何凝膠狀的食物，例如番茄，都會讓他覺得很噁心。但是，我的母親從來就沒把他的挑食當成什麼了不起的大事。由於他和父親從小都被家長逼著清盤，因此，他們決定絕對不對自己的孩子做出同樣的事。我還記得，很多時候，當我們在吃媽媽準備的晚餐時，我的弟弟會自己在一旁吃起司三明治，配一點胡蘿蔔或彩椒。結果，這個挑食的弟弟長大以後竟成為家族裡的美食家。我們的討論已接近尾聲，我請小組成員回家後對孩子實驗看看。下面就是他們回饋分享的故事。

麥可的故事：一掃而空

我們並不真的覺得讓傑米自己拿菜能達到什麼效果，沒想到，他超級喜歡這個主意！在決定要把什麼菜放進自己餐盤的過程中，他選得興致勃勃、不亦樂乎。他會一直喃喃說著類似這樣的話：「嗯……如果把四季豆插在馬鈴薯裡面，搞不好會更好吃。」「嗯……那我再多拿點雞肉好了，我的胃好像還有一點空間。」

有一次，他把大半盆的馬鈴薯泥都舀到自己的盤子裡，於是我們需要提醒他觀察食物的分量，因為爸爸、媽媽和妹妹也都要吃啊！他以前從來沒有想過這件事。後來，他開始會問**我們**還有沒有想要再吃某某食物。要是以前，我們很可能吃整頓飯都在跟他討價還價——如果你等下想吃冰淇淋，現在就要再吃兩口花椰菜。他會反過來提議說：「不然一口？」最後我們會放棄堅持，因為我們不想見到他無法吃到甜點時大哭的樣子。

還有一個最驚人的改變，就是當他吃完飯以後，他竟然沒有向我們要甜點吃。因為他吃得很飽！最後他還會向大家鄭重宣布：「這是我吃過最**棒**的一餐！」

事實上，那不過是一頓普通的飯菜，我們早就吃過無數次了。

瑪麗亞的故事：憤怒的葡萄

幾天前我為了食物和小班鬧得不開心。我希望他在上學前吃點東西墊墊肚子，我拿了些葡萄給他，但他卻不願意吃。他說葡萄吃起來像是壞掉了，我跟他說並沒有。事實上，我正用手想把葡萄塞進他嘴裡，而他緊緊咬著牙齒，堅決不吃。於是我住手了。我說：「喔，你不喜歡這些葡萄，就算上面只有一點點咖啡色的樣子，你也不喜歡。」

他說：「對！」然後就這樣了。就算他在學校可能會覺得有點餓，那又怎麼樣呢？我自己像發了瘋一樣覺得他一定得吃點東西才可以，但這樣的想法卻讓他也快被逼瘋了。隔天，我只拿出幾樣東西給他，就轉身去洗碗機那裡忙。最後他吃了一根香蕉。比前一天的結局好太多了。

唐尼的故事：不同形狀的義大利麵

每天我們吃晚餐的時候，家裡那對雙胞胎總是找得到事情抱怨。這次，她們又拿義大利麵做文章：「我們不喜歡螺旋麵，你為什麼不是買貝殼形狀的？」我提醒她們說，螺旋麵明明是她們最喜歡的呀。珍娜說：「才不是！我最**不**喜歡的就是螺旋麵！」我告訴她們，只要是義大利麵，吃起來都是一樣的味道，它們只是形狀不一樣而已，而且反正最後進到肚子裡都會被胃磨碎。然後艾拉就哭了。這時我才突然想起：對了！我該這麼說……。於是我說：「天哪，以前妳們喜歡的真的是螺旋麵，但是現在喜歡的真的是貝殼麵。你們覺得螺旋麵好無聊，吃得好膩。吃貝殼麵的時候可以把醬汁裝在裡面，螺旋麵可沒辦法。」

她們倆異口同聲地說：「**對！**」於是我問，下次我要去雜貨店的時候，她們要不要一起去多買點不同形狀的義大利麵回來試一試。她們開心極了。吃完晚餐後，她們在自己做的一份「採買清單」上面，畫出各式各樣的義大利麵。噢，還有，那天她們後來乖乖把螺旋麵吃掉了，因為我說我太累了，沒辦法重新再煮一份，而且我不想浪費食物。那時，這一切都已經不重要了，因為她們滿心只想著出去採買的新計畫。

莎拉的故事：緊急事件

索菲亞有血糖過低的問題，所以一旦她有太長時間沒進食，她的情緒就會向血糖一樣直線下降。問題是，要是我們沒有抓好時機，她很快就會進入一種拒絕吃東西的狀態。雖然她已經七歲，但鬧脾氣時就跟兩歲沒兩樣。

昨天晚上我們在外面用餐。索菲亞已經好幾個小時都沒進食，她開始淚如雨下。她在菜單上找不到任何想吃的東西。在過去，我先生或我會很嚴厲地跟她說：「妳的身體需要吃東西了，妳現在不高興只是因為肚子餓而已。」

接著，她就會開始大哭大叫，說她**沒有**不高興、她**不用**吃東西。我從來就沒想過當她處於這種狀態時，也需要承認她的感受。畢竟，這是攸關健康的問題，而不只是情緒的問題。

但這次，我沒有堅持要她趕緊塞幾塊麵包進嘴巴裡，而是把焦點放在接受她的情緒上。「妳真的覺得好不舒服喔！這種時候妳大概最不想待在這種菜單上只有奇怪食物的餐廳吧？」（我也不想和一個大哭大鬧的孩子待在這裡啊！）

她馬上回答我說：「對啊！我覺得好不舒服！每次我只要很餓就會不舒服！我需要趕快吃點東西，才會舒服一點。」然後她就抓起一個麵包捲，吃了起來。

這真是令我感到意外。通常，她只要一進入這種狀態，就很容易頂嘴、不聽話。這次，她不僅讓我看到她的自知能力，而且她還能夠馬上找到辦法解決。當眼前的解決方式這麼明顯的時候，要忍住不告訴她真的很難，但顯然，忍住不說才是更好的方式。

莎拉的故事：像魚的東西

我們幼稚園每年春天都會做一個與食物有關的教學單元。我們會和孩子們說明什麼是健康的食物，並且在院子裡種下蔬菜。到了六月，孩子們就可以用自己種的蔬菜做沙拉來吃——有生菜、豌豆，膽子夠大的還可以加點櫻桃蘿蔔。所以，當我回到自己家裡，卻沒辦法讓兒子乖乖吃下健康食物，實在是相當諷刺的一件事。我跟他說，要是不把盤子裡的菜吃完，等下就不能吃甜點。然而，他卻蠻不在乎地聳聳肩說：「不吃就不吃。」

於是，這禮拜我開始嘗試提供空盤的主意。那天我煎了魚，而且煎得很漂亮。我把魚放在熱燙的平底鍋，一面只煎一分鐘。每個人都說很好吃，但傑克卻不願意試試看。我先生想慫恿傑克嚐一嚐，但我說：「沒關係，如果你不想吃，就不要吃。」他問：「那我還可以吃甜點嗎？」我說：「沒問題，你可以吃甜點。」

大概吃到一半的時候，我就看到傑克悄悄伸出手舀了一點魚。我從來沒有想過，在我不堅持的情況下，他還會願意嘗試他不想吃的菜。後來，整個禮拜的用餐時間氣氛都非常好。沒有誰又煩躁地坐立不安，也沒有人在桌上爭論什麼。傑克一度問我，他需要吃多少口沙拉才行，我只告訴他：「由你的胃來決定。」

食物之爭

請儘量抑制以下衝動……

- 堅持孩子把碗裡的飯全部吃完、一定要吃蔬菜、或一定要吃到你先決定好的量。
- 把甜點當成吃健康食物的獎勵，當孩子不照做的時候，就用不能吃甜點作為懲罰。
- 為每個人量身訂做自己想吃的食物。
- 為孩子貼上「挑食」的標籤。
- 讓吃飯成為爭端！

你可以這麼做……

1. 承認孩子的感受

「雖然你平常都很喜歡吃雞肉，但是今天你並不想吃。」

2. 提供選擇

- 在孩子面前放一個空盤，讓他自己拿菜。或者，如果他年紀還太小，他可以請你幫他拿想要的菜。
- 把餐食中的某些菜單獨分開來放，讓孩子可以決定要把什麼舀進餐盤裡。

- 如果孩子不想吃「大人」的食物，為他提供幾種簡單的替代方案：例如花生醬三明治、麵包和起司、白煮蛋、生的胡蘿蔔與甜椒等等。

3. 控制環境

別把甜食與含糖飲料放在孩子視線所及的範圍內。儘可能降低產生誘惑的可能性。

4. 讓孩子主導

讓孩子儘可能多多參與餐食的計畫、採買和準備過程，當然，前提是如果你能忍受有些食物掉到地上的話……（你家的狗狗倒是會很開心！）

5. 提供資訊

讓孩子知道自己的「口味會改變」，這麼一來，他們就不會受限於自己目前的味覺狀態。告訴他們：「等你準備好的時候，或許會想試試看這個。」

2 瘋狂的早晨——克服重達千斤的家庭引力

茱莉

安娜首先開口發言：「這些工具用在小安身上確實很有效果，我真希望我可以就這樣輕鬆地享受這些成果。可是，現在換成弟弟路克快把我逼瘋了。你覺得他是不是年紀還太小，所以不懂我在做什麼？他現在剛滿兩歲，根本完全活出了做一個『恐怖的兩歲小孩』的嬰兒夢想啊！」

我往後靠上椅背，說：「來吧，把那些恐怖的細節都告訴我們。」

「好吧，既然你這麼問。」安娜先拿起咖啡喝了一大口，才開始娓娓道來：「路克突然開始想對事情握有主控權。每天早上是一天中最恐怖的時候。當我需要趕快幫他穿衣服的時候，他會倒在地上奮力掙扎。對安頓有效的方法，用在路克身上完全沒有效果。如果我為他提供選擇，他會大喊：『不要穿衣服！』我告訴他，那不在選項之中，然後他就會把衣服遠遠丟到房間另一頭。我試著把主導權交給他，讓他自己穿衣服，但他卻根本連穿都懶得穿。

有時我會試著倒數計時。我會告訴他，『如果你現在不趕快開始穿衣服的話，等我數到三，我就會直接過去幫你穿。一……二……。』好啦，我也知道我們不應該用威脅的方式對待孩子，但反正就連這招也沒有效，他只會跑走然後躲起來。而且還是躲在那種很小很窄、你根本抓不到他的地方，唉。我也試過用獎勵的方式誘導他，例如只要他穿好衣服，早餐就可以吃冰淇淋。但他會堅持不退讓，最後又因為早餐吃不到冰淇淋而**再一次**開始亂鬧脾氣。這還不是全部，昨天我整整花了十分鐘的時間，才終於肉搏成功，把他放進汽車座椅裡面。

問題並不在於事情本身。有些時候他很願意穿衣服，有些時候他也會興奮地坐上車子。問題在於，當我需要他**現在**就做，他就會馬上出現排斥感。我也思考過，有沒有可能出現什麼樣的自然後果讓他學乖，但我唯一想到會自然發生的後果，就是我上班會遲到。我猜我可以讓他不穿衣服就去學校，但我想，就算這樣他也不會覺得有什麼大不了。說真的，現在他大吵大鬧我可以不予理會，但若是這樣，他會叫得更大聲、更強烈。我想，過沒多久我就沒有辦法再強逼他了。」

聽完這席話，大家都大大嘆了一口氣。沒有幾件事情能比早上想辦法催促一個兩歲小孩出門讓人壓力更大了。這幾乎是不可能的任務。大人的世界需要我們用有效率、有意圖的方式，朝著某些目標行動。然而，小小孩的時間卻是迂迴的，沒有特定方向，也不需要任何意圖，只要享受當下就好。

「我猜，在妳早上趕著出門的時候，大概沒有心情去做些異想天開、天馬行空的事情吧？」我說：「可是，如果不想讓兩歲小孩出現想爭主控權的狀況，最有可能辦到的方式，就是把事情變得好玩一點。好消息是，孩子越大，就會越能用講道理的方式溝通。到那時，妳就可以開始用討論解決方案的辦法，讓他們為自己的事情負責。但現在，妳只能先想辦法轉變路克的心情。」

安娜露出不悅的神情。「那**我**的心情呢！」

麥可傾身向前，對她說：「嘿，要是有效的話，妳的心情就會變好了啊，不是嗎？」

安娜把雙臂疊在胸前，說：「好吧，那我就來聽聽看，究竟什麼辦法會有效？」

莎拉首先舉起手。「在我們家，讓衣服說話這個辦法很有效。我會讓襪子和鞋子說：『我好餓！我想嚐嚐這些可愛的小趾頭。』有時候我也會讓他們抗議：『不要！別把那隻臭腳丫放進來。我想要自由！』然後我就會責罵它們：『可惡的小襪子！你的**工作**就是需要包住蜜亞的腳，讓她暖暖的。』小襪子會繼續爭辯說：『我才不管呢，這不過是個蠢工作。』然後我就會嚴厲地斥責它：『你必須**聽話**！不然可憐的小蜜亞上學會遲到。』蜜亞會被逗得咯咯笑，然後就忘記要跟我爭執了。」

瑪麗亞接著說：「小班喜歡我給他一些很蠢的選項，例如『你想要像平常那樣穿上衣，還是反過來穿？還是翻過來穿？你想先把右腳放進褲子裡，還是左腳？不管是哪一腳，請你千萬別兩腳一起跳進褲子裡，那太危險了！』當然，說完他就會想辦法兩腳一起跳進去。有時我會問他，要直接走到車上，還是倒著走過去，還是假裝他穿著溜冰鞋溜過去，或是像小青蛙一樣跳過去。他也很喜歡我把任務變成比賽。例如：『你從這裡到車上坐好、繫好安全帶會花多少時間呢？準備好了嗎，預備……**開始**！』我有一個廚房用的小計時器可以在他跑的時候計時，然後我會說：『小班**贏了**這場比賽！全場觀眾為之瘋狂！』」

麥可則提出自己的建議：「傑米最愛聽機器人的聲音，永遠聽不膩。我會假裝有一個機器人在幫他穿衣服：『請……把……手……放……進……袖子……裡……故障……故障……上衣……卡……在……鼻子……上。』」

唐尼有點不耐煩地說：「我倒是希望我的孩子可以自己多盡點責任，畢竟，他們年紀也夠大了。要是每天早上我都得假扮機器人或是不斷玩遊戲，才能讓三個小孩準備好出門，我會抓狂吧！

我採取的辦法是，跟他們三個一起針對早上準備出門這件事討論解決方案。我跟他們說，我實在不想每天早上都要兇他們，而且我知道他們不想被兇、也不想一直有人在旁邊嘮叨。我們為孩子買了一個之前說過的那種計時器，當時間越來越逼近，計時器上紅色的部分就會越來越少，因此，他們自己可以看到還剩下多少時間。接著，我們把他們每天早上必須完成的事情畫成一張表。我在表的下方周圍用釘書機釘了一片硬紙板，做成像小口袋一樣。每個孩子用一根畫上表情的冰棒棍代表自己，每當他們完成一項任務，就把冰棒棍移到下一格。」

我好奇地問：「妳可以讓我們看看這張表長什麼樣子嗎？」

唐尼拿出一張紙，簡單地畫給我們看：「總共有六個步驟：上衣跟褲子、鞋子跟襪子、吃早餐、刷牙、拿外套跟書包。全都完成之後，最後一步就是：自由時間！他們都很喜歡讓自己的小冰棒棍一步一步移動，等到把全部的事情做完，他們愛怎麼玩、就怎麼玩。要是三個小朋友都很快完成，讓我們有多餘的時間的話，我們就會玩碰沙發的遊戲。」

「什麼？」麥可一臉疑惑。

「天哪，你竟然不知道這個世界上最讚的遊戲！遊戲是這樣的，家長必須防止孩子碰到沙發，只能用身體，不能用手。孩子必須想辦法在家長身邊跑來跑去，只要能碰到沙發就贏了。就像足球一樣，只不過沒有球，而目標是沙發。」

「啊～我聽懂了。聽起來妳家每天早上好像很好玩呢！」

唐尼翻了個白眼：「哪天你真該過來看看！」

我們在短短的一次討論中，提到了許多很好的策略，不過還有一個在早上非常重要，而且非常容易引起爭執的主題還沒被討論到——就是怎麼讓孩子從睡眠王國中甦醒，進入「趕快起床穿衣服」這個不斷被碎碎念的真實世界！

沒有人喜歡從自己安睡的小窩裡面被拉起來，還得馬上接著面對排山倒海的要求、命令和催促。

要破壞一早的好心情很簡單，只要這樣說就可以了：「該起床了！給你五分鐘準備好下樓，我們今天不可以再錯過學校巴士了！」

對孩子來說，這樣的一句話就足以讓他整個早上都不想好好配合。以下是幾個其他家長曾經用過的、比較溫和的喚醒方式。

「我會幫兒子輕輕地按摩背部。他很喜歡我這麼做。以前我會把他搖醒，他恨死了！」

「我會進到被窩裡，跟她磨磨蹭蹭十分鐘左右。以前她一起床就有起床氣，現在她起床後心情很平和。我以前會覺得我沒有時間這麼做，但只要我能花這麼一點時間，接下來整個早上都會輕鬆許多，所以這點時間是值得的！」

「我會說：『你想現在起床，還是要再睡五分鐘？要現在起床就伸一隻手指，要再睡五分鐘就伸兩隻手指。』她永遠都伸兩隻手指。」

「我會說：『現在已經是早上了喔！我的小潛水艇還在睡呀。趕快伸出你的潛望鏡（手指），這樣你才能聽到我說話。我想邀請你十分鐘後過來用早餐，所以可以開始準備浮出水面囉……噢噢，不過也別太快啊，我們可不能把魚嚇跑了。』」

麥可的故事：樂高悲歌

傑米喜歡在早上上學之前先玩一下樂高。問題是，到了該出門的時候，他卻不願意**停**下來。他每次都會說：「讓我再組一塊！我馬上就玩好了。」我總是會為此跟他大吵一架。

過去，我會讓他嘗到後果，也就是如果早上他不聽我的話，那他下午就不能玩樂高。這不但在早上沒有發揮效果，還會讓他到了下午又鬧一次脾氣。

上禮拜我試了討論解決方案的辦法。這是我的討論單。

問題

早上玩樂高很開心，但是很難在玩到一半的時候停下來。組到一半卻沒辦法完成，真的讓人覺得很沮喪！但爸爸如果上班遲到會生氣。

解決辦法

- 設定一個計時器，時間到了就不能再玩了。
- 把樂高帶上車繼續玩。
- 早上只用十個樂高積木來玩。
- 讓樂高小人坐在餐盤旁邊看著你吃飯。
- 早上不要玩樂高，改成做其他隨時停下來也沒關係的活動。

坦白說，我們根本連挑選最佳方案的那一步都沒做完。傑米剛開始還興高采烈地說著自己的想法，但沒多久他就失去興趣，跑去其他地方了。我心想，那我們改天再來選吧，我打算就先從把樂高帶上車那個辦法下手。我已經可以想到，到時候樂高會掉到座椅底下，然後他又要哭鬧。為此，我已經想好要怎麼自我保護（不是懲罰喔！），到時候我要這麼跟他說：「你看，這樣不行的吧！樂高不是一個適合在早上玩的玩具，我們還是等到下午時間充裕的時候再來玩。」

不過，我精心想好的話根本沒派上用場。在我們討論過解決辦法之後，傑米早上就不再玩樂高了。似乎單純只是把這件事說出來，就已經解決了這個問題。至少到現在為止都是如此，對我來說，這就已經夠謝天謝地的啦！

瑪麗亞的故事：地板上有另一個小班

平常小班是**可以**自己穿衣服的，但有些時候，他就是會莫名的抗拒。上個星期一，他只把睡衣脫掉，就光著身子在家裡跑來跑去。我把他的衣服拿好，包括上衣、內褲、褲子和襪子，然後鋪在地上，就像是一個小人一樣。然後我說：「小班，你看！地板上有另一個小小班！」

小班跑過來躺在衣服上，接著他就穿了內褲、穿了褲子、把手穿過上衣，然後把上衣也穿好了。真是超級輕鬆啊！——至少這一次撐過去啦。

瘋狂的早晨

1. 要好玩

（鞋子說）「我不想要那隻腳放進來，不要！！」

（家長說）「你最好趕快塞到路克的腳上，不然你會害他遲到喔！」

2. 提供選項

「你想要像平常一樣走到車上，或是倒著走過去？」

3. 讓孩子主導

「你可以幫忙設定計時器嗎？我需要你提醒我什麼時候該出門。」

4. 討論解決方案

「要記得每天早上要做的事情真的不容易，你覺得我們用一張表把它畫出來怎麼樣？」

5. 承認孩子的感受

「床好溫暖、好舒服，要起床好難喔！要是能再賴幾分鐘就太好了！」

3 手足爭寵——把小嬰兒還回去！

喬安娜

這次聚會時，麥可首先開口發言。他看起來悶悶不樂，不像往常一樣總是歡快地微笑著。

「我們以為兄妹之爭在我們家已經告一段落了。剛生卡拉的時候，傑米曾經因為家裡出現小嬰兒而受到很大的衝擊，但後來他對於當哥哥這件事已經很能夠怡然自得。可是，現在卡拉兩歲了，她開始更想要當焦點，而且會去動傑米的東西，於是傑米開始對家裡有妹妹這件事感到憤恨不已。他會當著她的面狠狠關上門、搶她手上的東西、指使她、經常拒絕她，還會擺出高高在上的姿態跟她講話。

我知道有部分的問題出在，我們花在他身上的注意力變少了。珍現在必須整天上班，所以早上主要由我負責孩子，但我必須在晚餐後繼續處理沒做完的工作。於是，當珍在為傑米讀睡前故事的時候，卡拉會坐在地上玩他的玩具。這已經不是以前那種放鬆悠閒的睡前時間了。」

瑪麗亞同意地點著頭。「唉，至少你前幾年還蠻順利的啊！小班從來就沒有接納過伊莎貝爾，他只要一看到她就會生氣。他一天到晚都為了像尿布很臭或她太常哭鬧的原因，就叫我們把小嬰兒還回去。我試著告訴他，每個人當小嬰兒的時候都會有臭臭的尿布，至於哭喊，小班自己才是哭喊界的第一把交椅吧！但是狀況從來就沒有改善過。最近讓我抓狂的是，小班會在妹妹午睡的時候把她弄醒。他說，他不想要她睡著。他討厭我在妹妹睡著的時候要他小聲說話，也討厭因為妹妹睡著所以我們不能出去玩。即便如此，你還是會覺得他似乎希望擁有獨佔媽媽的那段時間。這實在令人無力，也讓人感到很生氣！我甚至不敢承認他會說出像『你怎麼不把她碎屍萬段？』這樣的話。」

大家同時發出痛苦的吟叫聲。「這些話確實讓人聽了很心痛，」我說。

「是啊，」瑪麗亞說：「我們是一家人，家人是世界上最重要的存在！他們倆應該要相親相愛、互相扶持，我每天都這麼跟他們說。」

「沒錯，那是我們想達到的目標，」我附和著：「現在我們要想的是該怎麼達到這個目標。你們都知道我會怎麼說。我們必須要從接受孩子的情緒開始。這是少數幾個你需要硬著頭皮，接受那些真的很糟糕的情緒的時刻。哥哥的身分是一種負擔。孩子需要從你這裡接收到的第一個訊息，就是你能理解他的感受。要和臭得要命的小嬰兒或是兩歲的討厭鬼共享自己的父母，是一件不容易的事！我們越是想說服孩子這件事沒有那麼糟糕，他們就越會想盡辦法讓我們知道這件事就是那麼糟糕。」

「那我到底該怎麼做？」瑪麗亞問：「難道我要跟他談談殺害小嬰兒的事嗎？這我可受不了。」

並不是一定要用孩子殘酷的用詞，才能讓他知道你理解他的感受。你可以用別的敘述方式來表達他強烈的情緒。

「天哪，一天到晚有個妹妹在身邊，真不是件輕鬆的事。這真的很可能讓人感覺很沮喪！」

「我猜，有時候你真希望我們家只有你一個小孩吧？」

「只要小嬰兒一睡覺就必須保持安靜，這真的很討厭。等到她長大，不再需要睡這麼多覺的時候，你一定會很開心！」

「兩歲小孩很有可能會粗手粗腳亂弄你的東西，因為她們還不知道要怎麼樣才能輕輕地碰。這確實可能讓你很生氣。」

要是當下氣氛不錯，他有可能會喜歡聽你甜蜜地回想，在他還是個小嬰兒的時候，有多少蠻橫霸道的事跡。

「**你**兩歲的時候，最喜歡跑去櫥櫃把每一個鍋子都拿出來，然後用湯匙在上面敲敲打打……」

「有一次我不讓你爬到車頂上，搞得你又哭又叫，因為你小時候最喜歡爬東西……」

「我還記得有一次你把一整盒早餐穀片倒在地上，然後在上面嘎吱嘎吱地踩來踩去，就好像它們是落葉一樣……」

孩子需要接收到的第二個訊息是，他並沒有被取代。或許，他也可能想要像小嬰兒一樣。我們總是跟家裡的大孩子說，現在他們已經是哥哥、姊姊了。但他們需要知道，即便如此，他們依然是你的小寶貝；他們並沒有因此就被推到一邊。你可以說說類似這樣的話：

「來來，來我腿上當我的小寶貝。哇，看看你，你是全世界最強壯的嬰兒，你是會跑、會跳還會爬樹的超級嬰兒。」

第三個訊息是，用過去你曾注意到的某些片刻，幫助孩子把自己視為是一個和善且願意伸出援手的哥哥。極力稱讚他與弟弟妹妹的那些良好互動。

「是啊，有時候妹妹真的很討厭，但有時候也沒這麼糟哇。我記得你們倆有一次繞著餐桌跑來跑去，你把卡拉逗得好開心，她不只笑到停不下來，還不小心尿在地板上。」

「伊莎貝爾有你這個哥哥真是太幸運了。在她傷心的時候，你真的知道怎麼樣能把她逗笑。她最喜歡你把肥皂泡泡吹出來，讓她一個個戳破……刻意搭一個積木塔讓她推倒……念圖畫書給她聽……在桌子底下跟她玩躲貓貓……在路面凸起來的時候推她的嬰兒車一把……幫她把襪子穿上……」

你還可以給他一個不一樣的身分，幫助他用全新的角度看待手足關係。他可以成為一個幫手，而不是競爭者。

「傑米，我現在必須把買回來的東西整理一下，你可以幫忙念圖畫書給卡拉聽嗎？這樣她才不會一直跑到冰箱這裡來。」

「小班，伊莎貝爾該起床了，你可以幫我叫她起床嗎？她最喜歡你輕輕拍她肚子叫她起床了。」

「卡拉現在很想破壞點什麼東西，有沒有人可以幫我堆一個可以讓她推倒的積木塔？」

「家裡有一些餅乾可以當點心吃。小班，你能不能幫我選出兩片給伊莎貝爾吃？」

就算是在哥哥欺負妹妹的當下，你也可以不要用這種批評的方式……

「小班！你又在欺負妹妹了。你不可以這樣子！」

而改成用正面的方式來回應……

「哦喔，伊莎貝爾快崩潰了。小班，你最知道妹妹不開心的時候要怎麼安慰她了，你覺得我們現在該怎麼做？」

萬一你的大孩子還是覺得自己被這個突然闖進家裡的小傢伙取代了，怎麼辦呢？當你想說話哄哄小嬰兒的時候，如果哥哥正好在一旁，你就可以好好利用這個大好機會，一邊對嬰兒細數哥哥今天做的所有好事，一邊順便「哄哄」哥哥。小嬰兒不會介意你說了什麼，而你的大孩子則會非常喜歡聽到你說起和他有關的事，於是就不會因為嬰兒得到你的注意力而感到憤憤不平。例如，你可以用最生動的語氣對小嬰兒說……

「我的小哺哺！妳知道小班哥哥今天做了什麼嗎？他自己一個人幫我們全家做了花生果醬三明

治。是呀，我的小可愛，他真的做到了。他自己爬上流理台，從櫥櫃裡拿出盤子，自己用刀子把吐司抹上花生醬，然後還在上面放了好多好多葡萄果醬。真的好好吃喔！等妳長大他再教**你**怎麼做，他一定會的！」

在你進行這個精心設計的複雜表演的同時，你可能會忍不住想拿兩個孩子來比較，安慰一下不再被當成嬰兒對待的大孩子。確實，讓家裡的大孩子確認自己的優越感，似乎是個好主意。（你已經長大了。你會爬樓梯，小嬰兒不會。你現在會自己坐進車子，還會跟我一起做餅乾，這些小嬰兒都不會！）不過，**像這樣的話是很危險的！**小嬰兒可不會永遠都是幫不上忙的嬰兒。我們不希望當嬰兒日漸長大，家裡的大孩子便開始感覺受到威脅。他的自尊不應該建立在嬰兒拙笨的空虛基礎上。

相反地，你可以告訴他，小嬰兒有這樣一個會扣安全帶的哥哥是多麼幸運的一件事，很快，他就可以教妹妹怎麼自己扣安全帶、爬樓梯或烤餅乾。我們希望大孩子既能為自己的能力感到驕傲，**也**是一個富有愛心、願意助人的哥哥。

最後，很遺憾地，我必須說，小朋友才不在乎我們必須上班、要賺錢繳帳單、有好多email要回。他們希望占有我們全部的時間和注意力。如果你能儘量撥出一點時間，例如半小時也好，去單獨陪陪覺得自己受到冷落的孩子，那麼狀況很有可能會完全不同。你可以問問他，想在這段「父子時間」（借用我弟弟的說法）做些什麼事。跟孩子一起規劃，也是其中的樂趣之一。

「你覺得我們約會的時候要做什麼呢？你想一起做菜嗎？還是玩黏土？你想要我讀《萬物運轉的秘密》給你聽嗎？還是我們去床上玩摔角大戰？」

請一定要說好一個具體的時間，讓孩子可以期待盼望。對三歲小孩來說，六點這個字沒有太大的意義，比較好的說法是「吃完晚餐之後」，或是「等小嬰兒早上睡著之後」。

當孩子的怒火大到難以自持，你必須出手以免弟弟妹妹受到實際的攻擊，此時，很重要的是請採取行動，但不要一再說出負面的話。例如，當你抓住挑釁的兄姊，請儘量忍住不要說：「你又來了，你太用力了！你看，小嬰兒哭了吧！你真的很過分。」相反地，你可以把他抓走，但不需要說出傷人的話：「我看得出來你很生氣！但是我不能讓任何人受傷。我現在必須把你們分開！」

我還必須提醒你們最後一個家長容易犯的錯誤。我自己在處理孩子的手足關係時，犯下最大的一個錯誤，就是我總是站在小的那一邊。「吼，阿丹，你就給他嘛，弟弟才兩歲耶！你要多讓他。你不要這麼用力，弟弟會痛啦。你乖一點好不好？」像這樣的話，毋庸置疑地只會讓兄弟之間的怨恨和矛盾越演越烈。阿丹會生氣地辯駁：「可是是我先拿到的……我根本沒碰到他……不公平……你每次都幫弟弟！」而弟弟山姆則更變本加厲。他會在我幫他說話時先躲在我身後，然後在一股正義凜然的憤怒推波助瀾之下，突然衝出來往哥哥身上踢一腳。

首先，在說話時得先忍住這種「必須保護弟弟或妹妹」的論調。請不要一律把年紀更大或更強壯的孩子當成壞人。如果你能站在兩個人的角度，分別把問題陳述出來，那麼兩個孩子的心情都會有很大的不同。

「阿丹想要用積木蓋東西，但是不想要還沒有用到的積木被拿來拿去，可是山姆也想要碰積木。這個問題真難，我們可以怎麼辦？」

請注意，在那當下我也儘量忍耐，不要輕視讓孩子們起爭執的問題點。我多麼想說：「我的天，不就是幾塊積木而已嗎！你們就不能一起玩嗎？」但是，尊重孩子的問題點，才更有助於解決問題。

對四歲孩子來說，他的積木作品就跟你的工作對你來說一樣重要！

無論你是多麼技巧高超又持之以恆地根據上述建議來行動，你還是不能期待手足之爭永遠不會在你家上演。孩子之間還是會有爭執！但是至少你可以讓孩子的情緒轉換過來，讓孩子在氣消了、事件過去之後，更快找回對兄弟姊妹的友愛之情。

瑪麗亞的故事：背後低語的孩子

我一定要告訴你，這禮拜我真的把接受負面情緒的概念做得淋漓盡致。我照著你上次在工作坊說的話，跟小班聊起家裡有個妹妹是件多麼討厭的事。他高興極了。他甚至說出一大堆的點子，建議我可以怎麼做。我沒有責罵他，而是建議他寫下來。我說幾個他的點子給你們聽，例如：「用尖叫聲把她嚇跑！把她拉長，然後甩掉。用低吼聲把她趕跑！用轉得超快的直升機把她甩掉。」

小班對自己列的這張表感到很滿意。後來，當伊莎貝爾該起床的時候，他堅持必須由他來做，因為他知道怎麼輕輕地叫醒她。小班很喜歡這麼做，而且每次當小班輕拍伊莎貝爾的肚子，她醒來時總是會微笑。我經常把這件事掛在嘴邊。現在，他說只有自己可以負責把小嬰兒叫醒，因為，嗯……他的說法是，只有他是這方面的專家。

要聽他說那些充滿負面情緒的話，有時還是讓我覺得很疲憊。我只能忍受到某個程度。所以我會告訴他，我的耳朵現在累了，他可以改用畫圖的方式，讓我知道他有多生氣。他做過一次。那次他在紙上畫了許多亂七八糟的線條。我把那張圖貼在冰箱上，告訴他：「謝謝你用圖畫讓我看到這些生氣的感覺。」

喬安娜的故事：值得信賴的孩子

有一次，在阿丹三歲半，山姆一歲半的時候，我扭傷了腰。那時我只能平躺在沙發上，心裡不斷祈禱拜託別出什麼事。雖然我處在無能為力的狀況，但那個禮拜卻是我們家親子史上最顛峰的黃金周。每當我聽到隔壁房間傳來哭聲，我會忍住不問那顯而易見的問題：「阿丹，你對弟弟做了什麼！」

相反地，我改用最不帶有任何情緒的語調，喊著：「我聽到有誰哭了，你們需要幫忙嗎？」

「不用，沒關係，我在處理了！」

然後哭聲就停住了，呼！

那一整天，當他們出現爭執，我都用這種中立的態度讓阿丹全權處理，而不是實際去干預他們的爭吵（在當時的身體狀況下我沒辦法這麼做）。結果，那是有史以來最順利的一天。每一個爭吵都被和平地解決了，我本來還擔心我該不會需要打電話請消防隊來協助處理，結果真是白緊張了。

有句話說「需要乃發明之母」，我想說，無能為力才是偉大教養之母！

安娜的故事：驚天動地的大消息

當我懷上路克的時候，我真的很煩惱該怎麼告訴安頓。曾經有一次我們說到要不要幫他生個弟弟或妹妹，他極度排斥地說：「不要有小嬰兒！」

後來，我們終於告訴他，但是有兩件事幫了很大的忙。第一件事情是，我們告訴他，我們希望他是第一個知道這件事的人。當他發現自己是如此重要，他覺得驕傲極了！他甚至叫我們暫時不要告訴其他人。我看得出，他想要多享受一會兒這種自己跟別人不一樣的感覺。

另一件事情是，我們特別請他出出主意，告訴我們可以怎麼應對家裡這個重大的變化。他想了一個很好的點子：買一張上下舖！這樣他可以睡在上層，而小嬰兒可以睡下層。以前他曾經希望家裡可以買上下舖，但我們總是說那是家裡有兩個小孩的時候才會用到的。我們謝謝他提供了這個「超級有幫助的點子」。

當時我還沒有這樣想過，但現在我發現，其實我們在路克出生之前，就已經讓安頓覺得他可以主導，並且能和我們一起討論解決方案。

喬安娜的故事：自私的兒子

阿丹五歲半的時候，我們買了一台閃亮亮的全新腳踏車給他。那是我們全家人特地一起出門去腳踏車店買回來的，那天，阿丹是全家人的焦點。我們打的如意算盤是，這樣阿丹的舊腳踏車就可以給三歲的山姆騎了。當我們帶著阿丹的新戰利品回家，山姆很自然想去騎阿丹的舊腳踏車。阿丹卻大喊：「那不是你的腳踏車，那是**我的**！」

我當時簡直氣炸了。我到底養了一個多麼自私的小混蛋？我開始向他解釋，他不能自己擁有兩台腳踏車，而弟弟卻一台也沒有。山姆甚至根本沒有新的腳踏車可以騎，只能用阿丹騎過的二手腳踏車。然而，阿丹卻只是用手掩住耳朵，說：「不管妳說什麼，我都不要聽！」

當時，我腦袋裡突然浮現媽媽在書裡寫過的一句話：「耳朵只能聽到情緒認可的話。」於是我的怒意全消了，我把阿丹抱在腿上，說：「我的孩子好悲傷，那台腳踏車對你有特別的意義吧。」

阿丹開始啜泣：「那是三歲的時候爺爺跟奶奶買給我的。它就像我的烏龜T恤一樣，雖然我已經長大，它對我來說太小了，可是它還是我的！你還記得爺爺奶奶在生日卡片上面綁了一根繩子，然後我沿著繩子走過去，才在房間找到這台腳踏車嗎？而且我根本沒有用輔助輪，就學會怎麼騎它了。」

此時，山姆也開始哭了。他剛剛被吼，又看到哥哥流眼淚，自己馬上也承受不住了。「我的兩個孩子都好悲傷，」我說。

阿丹從我的腿上跳下來，隨便編了一首歌開始唱：「我是會魔法的小子～」他在山姆前面笨笨地跳著奇怪的舞，想逗他笑。

我還是想跟阿丹說他也必須把腳踏車讓給山姆騎，但這兩個孩子現在都很開心，我實在不想哪壺不開提哪壺，破壞這美好的時刻。不過，山姆替我說出來了。他說：「反正你還是可以騎這台腳踏車啊，阿丹。」

我問阿丹想不想打電話跟爺爺奶奶說新腳踏車的事，他很喜歡這個提議。我在電話這一頭聽他說：「嗯，我已經太大，不能騎我的老虎車了，現在必須把它讓給山姆騎。要把它讓給別人對我來說並不容易，你知道的。但是我的新腳踏車有二十吋的大輪子……」

講完電話後，阿丹問我：「等以後查克也騎完（那時查克才六個月大），可不可以把老虎車留給我？等我以後有小孩，我想給他們騎。」

一個半小時之前，我還因為兒子那自私、貪婪的舉動而厭惡不已，然而，在他的情緒被承認、被接納之後，他的心胸竟能變得如此寬闊。他原本只是因為失去爺爺奶奶的愛心禮物覺得感傷，現在他已經在想要怎麼把這個禮物傳承下去，不只是給自己的弟弟們，還要給自己的小孩。

章節重點

手足爭寵

1. **接受孩子的情緒**

「家裡有個嬰兒妹妹確實可能讓人很沮喪！」

2. **用想像來補償：** 讓大孩子假裝自己還是嬰兒

「來來，坐在我腿上當我的超級寶貝。」

3. 描述你看到的：留心注意孩子間的良性互動，並且稱讚它。

4. 讓孩子主導：讓孩子有機會用不同的角度看待自己

「你能不能選一本書讀給小嬰兒聽？她最喜歡聽你讀故事了。」

5. 重新與孩子建立連結

- **規劃一個特別的一對一約會**

「小嬰兒睡覺的時候，你想不想跟我一起做餅乾？還是我們一起窩在床上看書？」

- **跟大孩子一起回憶他的童年**

「我還記得你小的時候……」

6. 在不人身攻擊的前提下採取行動：注意不要幫孩子扣上欺負人的標籤。

「我現在需要把你們倆分開。我不希望看到任何人受傷！」

7. 討論解決方案：千萬注意不要偏袒任何一方，也不要想大事化小、小事化無！

「傑米只想自己玩積木，但是卡拉也想玩。這是個很難的問題，我們需要想想辦法。」

4 超市破壞王——和孩子一起上街購物

茱莉

瑪麗亞為今天的討論起了頭：「我發現，我的生活中有很大部分的時間，都在告訴小班他不能擁有他想要的東西。例如每次我們去雜貨店買東西的時候，每次我們去幫其他小孩選生日禮物的時候。我以前很喜歡上街買東西，現在我只希望根本不要去就好了。」

「對小孩來說這並不容易，」我說：「我們經常會帶他們去各種**物品**琳瑯滿目、一字排開的商店，而且他們還會看到我們實際付錢去買了其中的某些東西。他們對於要工作才能賺錢、才能繳帳單可是一點概念也沒有。他們想做我們做的事——把架上的東西拿下來，然後帶回家！」

「我知道你的意思，」唐尼無奈的說：「可是，難道這表示我們應該讓孩子用他們四歲的腦袋，去做我們做的事情嗎？要是這樣，我們家應該會破產，然後全部的人無家可歸；我們會因為珍娜買了太多糖果，所以在牙醫那裡欠下大筆債務，最後大家都靠芭比玩具車過活算了。」

「我們還是可以給孩子一**些**選項吧。」麥可說。

「是沒錯，但你真的覺得，這樣就會讓他們不再懇求我們買垃圾食物回家嗎？」瑪麗亞反駁著：「一旦他們覺得自己有決定權，每經過一條走道都會是一場折磨。」

「我們可以幫選擇加上一些限制呀，」我說：「我們可以請孩子幫忙從眾多義大利麵裡面選出兩種，他們可以把精力全部用在選出兩種最想要的義大利麵形狀。還有生鮮食品呢！他們可以負責選出三個長得最漂亮的蘋果。不過，如果能加上一些開放式的選擇會更好。以前我總會讓我的孩子在整個蔬果區裡面隨便選一樣自己想要的東西。這對他們來說，可是一項需要完全聚精會神的挑戰。我還記得有次亞舍選了一種橘色的甜椒，那比青椒貴多了，但是我覺得很值得。」

「我會給孩子一點少少的零用錢，」莎拉說：「他們一下要這個、一下要那個，應付起來實在太疲勞。一方面，要是我全部一口答應，購物的過程就會輕鬆很多；但另一方面，我又不想讓他們覺得自己想要什麼都一定能得到。所以，透過零用錢的方式，可以讓**他們**自己去苦惱要把極其珍貴的這點錢花在哪裡。這可好多了！」

「你也可以為孩子指派任務，」唐尼說：「我們家都是用這個辦法。我會請孩子幫我列出採買清單，然後他們會各自負責去找出其中的幾樣東西。」

瑪麗亞咕噥抱怨著：「我並不是每次都有時間把採買變成什麼好玩的活動，有時候我必須趕快把食材買一買就趕快走人。」

「嗯……對……」如果是這樣的考量，我還真想不到有什麼了不起的解決辦法：「我們面對現實吧！帶著小孩購物，本身就不可能多麼有效率。小孩本來就不會讓我們生活的**任何**一部分更有效率。但是妳可以至少有些時候讓他們一起參與，這樣，他們在大多時候都會更願意配合。」

「好吧，但是在玩具店的時候怎麼辦呢？」安娜問：「我可不想每次只要幫孩子的朋友買個生日禮物，就得幫我的孩子也買一個。」

「嗯……這是身為一個孩子最困難的挑戰之一，」我說：「他必須跟著你在玩具店裡繞來繞去，眼裡看到五花八門的各種新奇玩具，然後為另一個小孩挑選一個，可是自己想要時卻要被罵。妳想想看，如果妳想發明一種折磨小孩的辦法，這大概會是最佳選擇。」

我再一次向家長們提起願望清單的概念。當孩子極度渴望某樣東西，你可以把它寫下來。與其對他說：「你不要這麼任性，上禮拜我們才**剛**買一套樂高給你。你真是從來不知足！」不如說：「哇，這個看起來好酷，而且你真的很喜歡太空船。」把筆拿出來，然後寫在他的願望清單上：「星際大戰綜合樂高組。」記得把清單貼在冰箱上，這樣他就可以時時去查看或增減。有些項目很快就會被劃掉，有些項目則能歷久不衰。等到孩子快過生日時，你就有個很有用的清單可以參考啦！如果願望清單上有些東西實在大到超過生日禮物的規模（例如我妹妹一直都想要一匹馬），你還是可以和孩子聊聊這些東西，或是他們未來的計畫，例如，這計畫可能就包括擁有一間養了好多馬的大穀倉。

或者，如果能提前跟孩子說明清楚，也會有所幫助。例如：「我們今天是只要去幫艾琳娜買生日禮物，我們沒有要幫自己買東西回家喔！如果你看到什麼想要放進願望清單的東西，記得告訴我。」

唐尼的故事：買，還是不買？

我們家小朋友超級喜歡去可以動手操作的科學博物館，但是我一想到出口就害怕，因為離開時必須經過紀念品店。這真是個高效又殘酷的設計！孩子逛完一圈情緒正高漲，眼前擺著以他們的身高恰好能清楚看到的昂貴玩具，而身邊的家長剛好筋疲力盡。我的孩子總是一再求我買下某些定價高得不合理的小玩意兒給他們。我通常不會妥協，但場面有可能會搞得很難看。每次我們從那裡離開時，我對自己和孩子都感覺不是很好。

我並不覺得讓孩子把願望寫下來會有多大的幫助，但我想，不試白不試嘛！所以，上次我們去博物館又要經過紀念品店時，我告訴他們：「我們今天不會從這裡買任何東西回家，但是如果你們看到喜歡的東西可以告訴我，我會把它寫在你們的願望清單上面。」我把紙筆拿出來，孩子們則在店裡四處流連，望著每一樣東西讚嘆著，然後告訴我他們想要把什麼放進願望清單裡。這是我第一次從那裡全身而退，竟然沒有一個人哭鬧或難過。

安娜的故事：可愛的清單

每次只要安頓想要什麼東西，他就**馬上**要得到。這是自閉兒的典型狀況。這一次，他想要的是雞塊和冰淇淋。家裡當下沒有他想要的東西，而且我也不打算在感恩節前一天去商場人擠人。他開始大發脾氣，於是我決定把他想要的東西寫下來。安頓說，**他**要自己寫。我很驚訝，因為以前他從來沒有自告奮勇要寫東西，這對他來說並不容易。他開始列出自己的清單，還時不時詢問我哪些字要怎麼寫：冰淇淋、雞塊、薯條、香腸，還有印度咖哩餃！他花了整整半小時才把這些字寫出來，但是他堅持要這麼做。這真的很感人，我到現在還把這張紙貼在冰箱上。

以前要是我們出去採買，安頓會自己衝去冷凍食物區，拿出冰棒，然後就打開來吃……我會追在他後面跑，醜態盡出地喊著：「不可以，不可以，不可以！」

這一次，我把安頓的清單拿給他，要他負責把清單上的東西放進購物車裡。結果，哇賽，他真的辦到了。在我忙著挑出一個沒有撞傷的酪梨，並接著去拿了一罐咖哩醬時，安頓卻在東奔西走，設法找出**他**清單上的所有東西。真令我驚訝，簡直不可置信！我望了購物車一眼，發現裡面多了幾包冷凍薯條，也多了幾桶冰淇淋，不過他很快就同意讓我把那些多出來的放回去。現在，這已經成為我們新的購物流程了。

莎拉的故事：好長一段路

周末我們去了我爸媽家一趟，回程必須開五個小時的車子才能到家。我們快到家的時候，我突然想到家裡冰箱空空如也，所以決定停在超市買點東西。孩子們一進到店裡就控制不住了，一直在跑來跑去，大聲喊叫。我設法想讓他們安靜點，但沒有人理會我。

最後我突然想到，他們可能就是需要動一動！我不知道為什麼自己花了這麼長時間才意會過來，可能一路上的顛簸把我的腦袋也震暈了吧。我把他們帶到超市外頭，叫他們沿著走道來回跑三次，然後單腳跳、雙腳跳、遠遠地跳，然後倒著走一走，再沿著柱子Z字形繞著走。後來，一直到他們有點累癱了，我才重新進到超市裡去。

和孩子一起上街購物

1. 讓孩子主導

請孩子幫忙列出採買清單，並幫忙找出清單上的東西，放進購物車裡。

給孩子零用錢：「你可以順便把你的硬幣帶著，這樣如果等下你在店裡看到想要的東西，就可以自己買。」

2. 提供選項

「我們要買螺旋麵還是彎彎的通心粉呢？給你決定！」

3. 用願望清單來承認孩子的感受

湯瑪斯的願望清單：特大星際大戰樂高積木組

4. 提供資訊

「我們今天是只要去幫艾琳娜買生日禮物，我們沒有要幫自己買東西回家喔！如果你看到什麼想要放進願望清單的東西，記得告訴我。」

5 謊言——兒童對真相的創意詮釋

喬安娜

「我們可以談談說謊的行為嗎？」唐尼問：「上禮拜我抓到珍娜滿臉都是巧克力，當我問她是不是偷吃了蛋糕，她卻一口否認。她知道那個蛋糕是不能碰的，那是我特地為晚上要來家裡的客人買的蛋糕。我跟她說她最好說實話，否則會惹上更大的麻煩，但她卻依然不改口，而且哭得淚眼汪汪。後來我罰她吃完晚餐後自己上去房間待著，而且不能吃甜點。我知道你不贊成懲罰，但誠實是我的最後底線。我認為我的孩子最好儘早了解到這一點。」

唐尼的提問讓我思考，為什麼每當孩子說謊，就會觸發我們的情緒按鈕？明明小朋友可能做錯各式各樣的事。他們會亂踢、亂咬，會在圖書館裡大聲嚷嚷，會用蠟筆在牆上作畫，還會使盡渾身解數不去睡覺，就好像去床上躺著會要他們的命一樣。發生以上情況時，我們都能理解，因為孩子就是這樣。我們不會因此擔心他們以後會長成一個亂用暴力、大聲喧嘩、晚上睡不著覺的人，還加上一點喜歡破壞公物的怪癖。然而，當孩子對我們說謊，我們通常會很擔心。我們覺得這是一種違背道德的行為，就好像是我們沒有教好孩子，沒有讓他擁有健全的人格。

當孩子說了謊，或許意識到這一點，能對你產生幫助：這是一個普遍且正常的行為。事實上，近年有研究發現，在孩子的認知發展過程中，學習說謊是一個非常重要的里程碑[1]。

孩子說謊的原因有很多。有時候是因為他們覺得丟臉：「在遊樂場裡便便的人不是我！」有時候，他們說謊是為了達到自己想要的目的：「我剛才沒有玩到！」但通常，他們說謊是為了讓自己不用面對家長生氣的樣子：「我**沒有**在客廳裡丟球然後把燈砸壞。」很多時候，孩子的謊話，其實是他們的願望。

雖然，像這樣「玩轉真相」對孩子來說是正常的表現，但我們依然希望他們能了解真話和謊言的差別，並且知道為什麼在多數時候他們都應該要吐露實情。對大人來說，最困難的地方莫過於忍住那股想要責罵小孩，或是把他們說成騙子的衝動。

我看著唐尼：「妳用這個角度想想看。如果妳看到兒子手上拿著棒球棍，身旁的窗戶剛剛被砸壞，妳根本不需要問他：『窗戶是你打破的嗎？我明明說過你不可以在家裡玩棒球棍，你是不是還這麼做？』如果妳這麼問，只會得到他一連串的否認：『我沒有。』『你明明就有！你現在是在說謊嗎！』『不是！』『你再不說實話我就要給你更多的懲罰！』『可是我沒有說謊！是狗狗把窗戶弄破的！』『夠了，你說謊的技術也太差了吧，狗狗才沒辦法把窗戶打破！』」

那麼，到底要怎麼做**才是**有幫助的？

與其指控他、質問他，不如**把顯而易見的現狀照實說出來**。用偷吃點心的例子來講，妳可以直接說：「我看得出妳剛剛吃了蛋糕。」如果她堅持反駁，也別說她說謊。相反地，妳可以試著**接受藏在反駁背後的情緒**。「巧克力蛋糕擺在妳面前，要忍住不吃真的不容易。我猜妳一定也**希望**自己剛才沒有偷吃！」

接著，**讓她知道你的感受**：「蛋糕被吃掉讓我很不開心！那本來是我準備晚上叔叔阿姨來家裡吃飯的時候，要給他們吃的！」

對未來做規劃：「下一次要是妳又覺得好想吃，要記得告訴我。我相信我們一定可以找到什麼方法，讓妳願意再等一等。」同時，你可能也會有自己的計劃要做：下次要是我又買了巧克力蛋糕回家，我要把它放在孩子看不到的地方，等到吃甜點時才拿出來。請為孩子創造一個更容易說實話的環境——**調整你的期待，從控制環境著手**。

如果狀況允許的話，你可以**幫助她彌補過錯**：「現在我們需要找其他的甜點給叔叔阿姨吃，妳可以幫忙去拿一些餅乾，然後把它們漂漂亮亮地排在盤子上嗎？」

「聽起來還是有哪裡不對勁，」唐尼說：「我知道妳的意思是要引導孩子說出真話，而不是幫他們貼上說謊的標籤。但是，在妳說的情境裡面，孩子確實撒了謊，但卻不需要承受任何後果。那我們要怎麼確保她下次不會再犯？她要怎麼知道，說謊是不對的行為？」

「唐尼，」我說：「妳總結得非常好，我覺得妳剛才說的已經完美涵蓋了一切。我們確實是要『引導孩子說出真話，而不是幫他們貼上說謊的標籤。』說謊是孩子發展過程中很自然的一個階段，此時如果施加懲罰，只會適得其反。這就像是去懲罰一個在尿布裡便便的嬰兒一樣。這是一個自然發生的行為，我們要做的是幫助他們進展到下一階段。」

「讓我跟妳說說，我兒子學會說出『令人為難的真相』的過程。」

阿丹兩歲時：神秘的陌生人

阿丹和他的朋友伊安在玩，伊安的母親和我在一旁聊天，我們都沒怎麼把注意力放在孩子身上。

突然間，伊安坐倒在地上，哭著說：「阿丹推我！」

我急忙把阿丹拉到一旁，問他剛才發生了什麼事。他沉著臉說：「剛才有一個壞人把伊安推倒了。」顯然，他希望和這可惡的行為暫時劃清界線。

阿丹三歲時：口袋惹的禍

阿丹原本在後院玩得好好的，突然跑進來，我看到他褲子的口袋被扯下來了，布料晃啊晃的。我指著口袋問他：「發生什麼事了？」阿丹想了一下，然後小心地說：「嗯……這樣說好了，有一個小男生把它扯壞了。」

我忍不住笑出聲。距離把自己推上第一線，他又前進了一步，但是他還沒有完全準備好。這是他的下一個階段。

阿丹四歲時：老鼠教我的事

有一天，我正在讀《老鼠和摩托車》的故事給孩子們聽。我們剛好讀到勞夫（老鼠的名字）把男孩的摩托車「借走」卻撞壞的那一章。他一開始試著在男孩面前掩飾真相，但最後不得不坦誠。男孩雖然生氣，但還是原諒了垂頭喪氣的老鼠。

阿丹非常憂鬱的看著我說：「我好像勞夫。」

「為什麼你像勞夫？」我問：「因為你們都喜歡摩托車嗎？」

「不是，因為我們都把東西弄壞，可是都不敢講。」

「哦？」

「我想把沙發床的床單拉出來，結果它就被撕壞了。」

他看起來好沮喪，我試著用安慰的語氣說話：「噢，不會啦，聽起來沒有那麼糟糕。」

「**很**糟糕！是那個特別的床單！」他嗚咽著。

他說的「特別的床單」是孩子們為了爺爺奶奶來訪，特別挑選的沙發床單。那套床單非常便宜，顏色鮮艷到幾乎可以說是恐怖的地步，床單是黑色的底，上面有粉紅、綠色和黃色的幾何圖案。孩子們都滿意極了。

「嗯，我們拿出來看看，」我說：「說不定可以修好。」

阿丹帶我到他的衣櫃，從最下面的抽屜拿出皺得一蹋糊塗的床單。床單因為鈎到沙發的金屬框而被撕裂了一角。我問阿丹想不想把它縫起來。阿丹聽到，簡直放下心裡的一塊大石頭，他高興地喊著：「想！」

我先示範穿針線給他看，接著他就把裂痕縫補好，看起來「就像新的一樣。」

真感謝老鼠勞夫幫我兒子好好上了一課！

後來，阿丹一直延續著這種坦然認錯，並且自信滿滿地相信自己能彌補所有過錯的態度。秘密與謊言再也不會成為他需要背負的壓力，他更喜歡全盤托出之後的輕鬆感受。我到現在還留著一張他長大後寫下的一張紙條。

阿丹十二歲時：折斷的翅膀

那時，我們家的冰箱上有幾個奇特的磁鐵——那是我們某一次從露天市集買到的，是各種鳥和昆蟲的圖樣，上面有可以揮動的翅膀。有一天，我一進廚房就看到冰箱上貼著一個壞掉的鳥翅膀和一張紙條，紙條上寫著：

阿丹的悔過書

我伸手想從冰箱上面的櫃子拿出維他命C的時候，不小心把這個小傢伙的翅膀弄壞了，真的很抱歉。我知道它很特別，它壞掉了我覺得很難過。我希望之後我還能找到更多像它這樣可愛的「冰箱小伙伴」，讓我帶回家介紹給我的家人認識。

懊悔的阿丹

學會說出令人難受的真相，是一件非常不容易的事。要是我們能儘可能不去指責和歸咎責任，就等於在幫助孩子面對這樣的挑戰，讓孩子知道我們了解他們的感受，並且告訴他們可以怎麼樣做出彌補。只要還有挽救的機會，人們就會更容易鼓起勇氣！

唐尼的故事：床上的糖果

珍娜總是不加思索就直接說謊。而且她說謊的技巧一點也不高明，反而相當拙劣。每當她想要推卸某些責任時，就會說謊。上禮拜我在她床上發現了幾張糖果紙。她明知道不能在房間裡吃東西，因為家裡現在正為了螞蟻的問題很頭大。遺憾地是，我一開口就問錯了問題：「妳在床上吃了糖果嗎？」

「我沒有！」她大聲否認著，就像往常一樣。

我當時真想說她撒謊，但好在我及時想起不能這麼做，於是我閉上嘴，花了一分鐘深呼吸。接著我說：「嗯，我看到妳床上有幾張糖果紙，我可不覺得是哪裡來的小兔子把它們帶上床的喔！我知道是有一個喜歡吃糖的小女孩在床上吃了幾塊巧克力。我不喜歡這樣，因為我不想要螞蟻爬到床上。我的規矩是：『要吃東西就在廚房吃』。」

她馬上頂嘴說：「可是**我**的規矩是，在廚房以外的地方**也**可以吃東西！我的床上又沒有螞蟻！」

聽了接下來的故事，你們應該會很以我為傲。我那時心裡真想賞她兩巴掌，然後罰她一個月不准吃糖果，但是我還是接受了她的感受。我說：「我知道妳很喜歡窩在床上舒舒服服地和玩偶一起看書，順便吃點零食。問題是，糖果會把螞蟻帶過來。我們已經在廚房看到它們被吸引過來的樣子，而我絕對不想螞蟻也跑到妳的床裡面。雖然妳不會馬上看到螞蟻爬上床，但是它們終究會發現床上有小小的糖果碎屑，有些屑屑是小到連我們都看不到的。」

她還是不為所動，我們家女兒的脾氣很倔強。「我不在乎床上有沒有螞蟻。」

「可是我在乎啊！」我說：「而且我不允許房間裡出現糖果。不然，還是我們在廚房幫妳做一個舒服的小窩？」

珍娜對這個提議很有興趣：「那我可以把懶人沙發搬過去嗎？」

「嗯……」我說：「要是有東西掉在上面的話，懶人沙發清理起來還蠻容易的。」

「那我可以把它放在桌子底下嗎？這樣會很舒適。」

我點頭答應了她（唉呀，有何不可呢？）她馬上把懶人沙發拉到餐桌底下，又從房間裡拿出幾個玩偶，接著就窩到餐桌下面去了。我拿了幾個鹹餅乾棒給她，就當作是慶祝她有了新的小天地。這是第一次在她說謊後，我們沒有以懲罰和怨懟作為結尾。我覺得下一次她大概就不那麼會想要說謊了。

茱莉的故事：說謊的代價

我們家的網路無預警地被停用了。當我們打電話去服務商詢問時，對方說是因為亞舍在聊天室裡說了髒話，所以違反了網路服務規範。但當我們詢問亞舍時，他卻說沒這回事。他看起來如此真誠，以至於我們認為一定是有人駭了他的密碼，盜用了他的帳號。後來我們費了九牛二虎之力，才把家裡的網路重新恢復回來。

大概五個月後，亞舍向我們坦誠，那時是他撒了謊——事實上，他**確實**在聊天室裡說了髒話。他一邊說，一邊涕淚縱橫。原來，這個祕密在他心裡藏了許久，壓力已經大到他難以承受。本來，我先生打算罰他一個禮拜不能用電腦，但我說服他打消了這個念頭。我們改成和亞舍聊一聊，當某部分的你知道自己在做的事情是不對的時候，心裡會有什麼樣的感覺。我說：「當你覺得自己做了一件很不好的事情的時候，要把真相說出來是會讓人感覺很害怕的。但你卻把事實說出來了，即便這真的很不容易。」

我其實不確定這是不是最好的處理方法，我當時也擔心我們是不是讓他太容易就逃過了這一劫。

後來，是下面這件事讓我確信自己做得沒錯。事情發生在萬聖節的幾天之後，那時距離亞舍的自白已經過了很長一段時間。那天，希瑞爾偷偷溜進亞舍的房間，偷了亞舍的萬聖節糖果，然後把這些糖果藏在自己的書櫃下面。當亞舍發現自己的糖果不見了，他問希瑞爾知不知道發生了什麼事。希瑞爾一派天真地裝傻，但當亞舍走進她房間，馬上就看到書櫃底下藏著他的糖果。你們知道那時亞舍怎麼說嗎？他說：「希瑞爾，或許妳也**希望**自己沒有偷拿我的糖果。某部分的妳知道自己應該說出實話。如果你不去聆聽那個聲音，最後妳會真的、真的很懊悔，所以妳現在說謊是不值得的。」

然後他給了希瑞爾一個大抱抱，並且拿回了自己的糖果。看到他這麼溫柔地對待自己的妹妹，我幾乎要掉下眼淚。

章節重點

謊言

1. **描述你看到的：**與其詢問或指責，直接把顯而易見的事實說出來就好。

「我看到你臉上沾著巧克力。」

2. 描述你的感受

「蛋糕被吃掉讓我很不開心！那本來是我準備晚上叔叔阿姨來家裡吃飯的時候，要給他們吃的！」

3. 承認孩子的感受

「要抗拒蛋糕的誘惑並不容易，我猜你也希望自己當時沒有偷吃蛋糕。」

4. 對未來做規劃

「下一次要是你又覺得好想吃，要記得告訴我。我相信我們一定可以找到什麼方法，讓你願意再等一等。」

5. 調整你的期待：控制環境，而不是控制孩子

心想：下次要是我又買了巧克力蛋糕回家，我要把它放在孩子看不到的地方，等到吃甜點時才拿出來，這樣他們才不會又忍不住想吃。

6. 幫助孩子彌補過錯

「現在我們需要找其他的甜點給叔叔阿姨吃，你可以幫忙去拿一些餅乾，然後把它們漂漂亮亮地排在盤子上嗎？」

6 家長也有情緒

茱莉

「那我的感受呢？」莎拉的聲音有著不同以往的尖銳：「什麼時候才會輪到我們？最近我的同情心越來越微弱了。」

「什麼？莎拉？妳？」唐尼問：「妳已經是最有耐心、最有同情心的了吧！班上那些幼稚園小朋友多希望能跟著妳回家，至少我知道我們家的珍娜和艾拉就是這麼想的。她們總是跟我說：『莎拉都不會兇我們。』」

「唉，可能面對別人家的小孩比較容易吧？我不知道，或許我的耐心都在工作的時候用完了。上禮拜我不同意索菲亞在平日去同學家過夜，她就開始抱怨說：『妳最壞了，妳從來不讓我做任何一點好玩的事。妳總是這麼嚴厲。』**妳從來不**、**妳總是**……我真討厭聽到這樣的話。

我也知道我該怎麼說，我應該說：『噢，天哪，索菲亞，我知道妳很失望。妳這麼期待可以去同學家過夜，現在這樣讓妳感覺好像永遠沒辦法做好玩的事了。』

但我就是做不到。後來我跟她長篇大論，說她是個多麼幸福的孩子，而且還列出一**長串**我曾經為她做的好玩的事情。她氣呼呼地跑走，那天晚上我們大家心情都很差。我知道說教是沒有用的，但我就是忍不住。要是我必須憋著，那可能得用力咬到舌頭都出血才行。有部分的我覺得，一直以來我承認她的感受，似乎讓她變得更自我中心、更被寵壞。要是我，才不敢跟我爸媽那樣講話。

「那麼，要是說說妳的感受呢？」安娜說：「妳不要說教，而是跟她說說妳的感覺怎麼樣？我猜她會接受的。畢竟她已經七歲了，又不是三歲小孩。要是你當時說：『索菲亞！當聽到妳說妳從不……妳總是……，這樣的話讓我很生氣！這一點也沒有讓我更想站在妳那一邊！』」

「這樣應該會比說教好吧，」莎拉承認：「要是我，大概也會這樣建議我的學生家長。可是當妳被自己的小孩觸怒的時候，當下真的很難好好思考。」

安娜受到鼓舞，繼續說著：「或許妳可以說：『如果妳真的覺得很失望，妳可以告訴我啊！妳可以說「媽咪，這樣我很失望，我**真的**、**真的**很想去同學家過夜！」』」

「沒錯，如果她那樣跟我說的話，我會更願意想一想其他變通的辦法，」莎拉說：「例如她可以去同學家玩，然後到了晚上我再接她回家，這樣她既可以在家裡過夜，也不會玩到隔天沒有力氣上學。她朋友學校放春假的時間不一樣，所以朋友的媽媽才不會介意這些小孩是不是整個晚上嘻嘻笑笑熬夜不睡，然後隔天起來像個行屍走肉一樣。」

「安娜，我很喜歡妳這個分成兩階段的方法，」我說：「首先，妳讓孩子知道妳是什麼感受，然後妳明確告訴她，用什麼樣的說法表現自己的情緒，才不會惹怒妳。這確實有點弔詭，因為你**還是**必須在某種程度上咬住自己的舌頭，讓自己別說太多。孩子沒辦法接受**太多**的責難，無論妳說得多麼輕巧溫柔都一樣。孩子年紀越是小，能承受的就越少。

不過，他們確實需要知道自己說了什麼話惹得家長不開心。這是非常珍貴的資訊！如果我們用同情的微笑默默吞下這些傷害，那麼我們反而是在幫倒忙。」

「所以，妳的意思是說，在我們咬緊牙關試著閉嘴，以及適度分享我們的感受之間，存在一種複雜的公式？」唐尼抱怨著：「然後我們在整個被惹毛的情況下，還必須要縝密地計算好才行？」

「對，基本上是，」我承認：「只不過，妳還是可以把那些不吐不快的話說出來，等到妳氣消了以後，再重新回來試試看就行。我最後常常變成這樣。當我感覺被冒犯的時候，我通常沒辦法馬上想到什麼精心設計過或完美無缺的回應方式。但就算我當下氣得怒吼，我腦中還是有一個小小的聲音在說：『我晚點再來重新處理這件事。』只要你說的話不是真的特別傷人，孩子通常很快就不會放在心上。

而且別忘了，在妳自己情緒激動的時候，也需要一點時間才能冷靜。妳的情緒不可能像開關一樣，碰一下就轉換模式。此時，妳能為自己做的一件事，就是**給自己一段冷靜的時間**。跟孩子說：『我現在太生氣了，沒辦法講話！我們晚一點再談。』或者，妳也可以直接吼出來：『呃啊啊啊啊！』然後視情況給自己一點靜下來的時間。如果家裡還有其他大人在，妳可以出去散個步。或者妳可以去妳的房間、廁所，或任何一個可以讓妳靜靜待著的地方。然後做些可以讓妳情緒好轉的事情。妳可以出去跑幾圈、做幾下伏地挺身，或是放點音樂，和最懂妳的狗狗窩在一起。之後，當妳感覺好多了，也會更有心情使用我們學到的工具。」

即便妳和孩子一開始實在鬧得很僵，妳之後還是可以回來，成功地為事件畫上完美的句點。例如，假設一開始的情況是這麼糟：妳責罵孩子，說她被寵壞、有公主病。她回罵妳，說：「妳真的很過分！我恨妳！」然後你們倆氣呼呼地轉身離開。

妳仍然可以像這樣，在事後畫上一個完美的句點：那天晚上，當妳氣消了，妳可以進去孩子的房間，告訴她：「嘿，索菲亞，我真的很氣妳說我從來就不讓妳做好玩的事，妳也真的很氣我不讓妳去同學家過夜。我現在不生氣了，我已經準備好可以跟妳談談其他的應變方式。等妳也準備好，就來廚房找我，我們可以一起想想有沒有什麼解決辦法是妳和我都滿意的。」接著，妳們就可以一起坐下來，討論解決方案。

那麼，孩子會從這個事件中學到什麼呢？她會知道，大人生氣並不是世界末日，只是一時的情況。問題雖然在彼此激動的當下無法獲得解決，但當雙方冷靜下來，心情平靜之後，就可以討論出解決的辦法。

瑪麗亞的故事：吃了一口貝果

那天，我和小班在超市。我一邊選東西，他一邊坐在購物車裡面吃貝果。當我們走到早餐穀片那一排，他想下來看看有什麼可以選。於是他把吃剩的最後一口貝果塞進我手裡，就跑向前去執行自己的任務。我順手把貝果送進嘴裡，這真是天大的錯誤。小班一回來，發現貝果不見了，就開始打我的腿，並且撕心裂肺地大叫：「妳吃了我的貝果！」店裡面其他人都用嚇壞了的眼神看著我。真是糟透了。我沖著他喊回去：「我不想被你吼，也不想被你打！你要說：『媽，我不想要妳吃掉我的貝果。下次妳要吃之前，請妳先**問**過我！』」

他重複了我說的那句話，雖然非常大聲、非常憤怒，但至少聽起來有禮貌多了，而且他也沒有再打我。於是，我用同樣大聲的音量對他說：「謝謝你告訴我！下一次，我**不會**不經過你同意就把你的貝果吃掉，就算你把它放在我手裡也一樣。我剛才以為你不要吃了，現在我知道了，原來你還想要吃。」

然後我們看著對方，大眼瞪小眼。接下來怎麼辦？我問他想不想再去選一個貝果來吃，於是我們又走回麵包區，他選了一個洋蔥口味的貝果。我警告他說：「如果你不想要貝果被我吃掉，就不要塞到我手裡，你直接放在車子裡就可以了。」

「妳可以吃啦。」他掰了一小塊給我。嘿，雖然那只是小小的一口貝果，感覺卻像是人類前進了一大步。

莎拉的故事：就讓他們吃蛋糕吧！

傑克過生日那天，有十個五歲大的孩子在我們家後院玩扎染T恤。我們把染好的T恤掛起來晾乾之後，就準備要吃蛋糕和冰淇淋。當我在分蛋糕時，其中一個小孩握著拳頭頻頻敲桌，喊著：「我要牛奶！我要牛奶！」而其他的孩子也馬上就加入他的行列。我當時氣得簡直想把牛奶直接倒到他們頭上。我為什麼要為了取悅這些可惡的臭小孩，把自己搞得累得半死？好在，有些小孩的家長也在現場，所以我忍住沒有失控。我大聲地說：「我在幫你們分蛋糕的時候，可不想要被吼！如果你想喝牛奶，你可以說：『等妳切完蛋糕以後，我可以要一點牛奶嗎？』」

現場有九個小孩馬上就停下來了。他們很有禮貌地重複了我剛才說的話。我說：「沒問題！謝謝你這麼有禮貌地詢問我。」他們回我：「不客氣。」簡直太神奇。而第十個小孩，也就是一開始帶頭敲桌的那個孩子，他仍然繼續敲著、喊著。於是我就沒讓他喝牛奶。我想，他大概沒有是那麼想喝才會這樣吧！總之，有九成的成功率，對我來說已經很了不起了！

我想其中很重要的是，我的言行是一致的。如果我一邊說出我的感受，卻一邊還在為他們切蛋糕，那麼他們大概也不會太認真聽我說的話了。

唐尼的故事：了不起的麵粉

那天，我被雙胞胎說服一起來做餅乾。唉，狀況真是慘烈。妳知道麵粉有多容易就能灑得到處都是嗎？還有，當它一碰到水，不管是在流理台上、在地上、在爐子旁邊，馬上就會變成黏糊糊的一團……唉，總之，這兩個小女生那天真是不討人喜歡。每做一個步驟，例如放材料、攪拌、把麵糊挖出來，她們就一直把對方推走，說：「我先！」「不行，**我**先！」最後我忍不住兇她們說：「嘿！我答應跟妳們一起做餅乾，但是我並不想聽到有人一直說她要先，我也不想看到妳們動手推來推去。我想聽到的是：『謝謝，媽咪』還有『我們輪流』。」

結果，她們真的照著我的話一個字一個字說了出來，並且馬上就互相輪流，再也不吵鬧了。我真不敢相信有這麼簡單！以前我不知道花了多少時間在叮嚀她們要有禮貌，沒想到我只需要把我的期望一五一十說出來就可以了。

麥可的故事：浪費了一天

傑米和我決定要父子倆約會一天。我們先吃了他最喜歡的早餐（煎鬆餅），接著我帶他出門去買做工藝需要的材料，還有他想種在花園的種子，然後我們還去了一個有兒童遊戲區的速食餐廳吃飯。我真是有夠犧牲，因為我最討厭去那種地方了！不過這還不算什麼，因為後來我還帶他去看了場電影。我們走進電影院的時候還是白天，但當電影散場，我們走出來的時候天就已經黑了。這時傑米開始鬧脾氣，每次他生氣就會像這樣大哭。他一直說著：「你浪費了一整天！」

當時我氣炸了，但我仍然記得要把工具派上用場。我說：「嘿，我今天帶你去買東西、去餐廳吃飯，然後還來看電影，聽到你說我浪費了一整天，真的讓我很生氣！我想聽到的是：『謝謝，爸比！』」

你想知道這招有多管用嗎？一點用也沒有。他一路哭回家，我一路氣回家。

回家後我把嚶嚶啜泣的他交給太太，讓她哄他睡覺，然後我才有點時間平復情緒。後來我進到他房間，坐在床邊對他說：「傑米，我今天跟你在一起真的很開心，我想你剛才是不想要這麼美好的一天這麼快就結束。」

他說：「對……」然後就往我懷裡鑽進來了。

我們在電影院門口的時候，他實在太生氣，以至於沒辦法把我的感受聽進去，但是我當時也很生氣呀！我很高興妳說，等到我們有心情去同理他的感受時，可以事後再回來用更好的方式回應。我們確實把原本的一場悲劇變成喜劇收尾了。

家長也有情緒！

1. 表達你的感受……用非常強烈的方式！

與其說：「你這樣很沒禮貌！」

不如說：「我不喜歡你說我很嚴厲，這樣讓我覺得很生氣。」

2. 告訴孩子可以做什麼，而不是不能做什麼

你可以說：「媽咪，我好失望！我好想去！」

3. 別忘了最基本的原則：給你自己和孩子回復情緒的時間

「等吃完晚飯我再跟你談，我現在太生氣了。」

7 愛告狀——打小報告、當告密者

喬安娜

「我們家的雙胞胎好像開始了，」唐尼首先爆發：「她們現在好像進入某個階段——至少我真心祈禱這只是一個階段而已——兩個人之間不管吵什麼，都要跑來找我。

『媽咪～～～珍娜還沒有吃午餐就偷吃餅乾，妳要怎麼懲罰她？』

『艾拉沒有脫鞋子就進來家裡，她違反了規定！』

『珍娜剛才用手碰了瓦斯爐的開關，妳說過不可以的。』

『艾拉剛才戳我，妳說過不可以戳人的！』

我試著對違反規矩的人加以懲罰，但那只會讓她們倆更加警敏地指出對方的種種不是。好像她們倆在比賽，看誰能在對方身上找到更多過失。我試著告訴她們不要一直告狀，我沒有興趣聽，但這好像也沒有發揮什麼作用。她們只會越講越激動，然後說我不公平。要是我不插手，讓她們自己解決，她們最後真的會動手傷害對方。」

「我也曾經遇過這種兩難的情況，」莎拉說：「一方面，我不想要我的孩子互相告狀，我希望他們覺得彼此是站在同一陣線的。但另一方面，我又覺得如果我訂了規矩又不嚴格執行，會顯得我很虛偽。而且，萬一有誰在做什麼危險的事情，我當然不希望搞到其他孩子不來告訴我。

這樣的事情在我教的幼稚園也同樣會上演。有幾個小女生自告奮勇要當老師的小幫手，但是每次只要到了自由時間，她們就會跑來跟我說誰在遊戲區推了誰，或者誰吃了半截綠色的粉筆。有些時候她們提供的資訊很有用，但大部分時候，我只覺得很煩。」

「妳們何不訂好規矩，說大家只能在有人可能受傷的時候，才可以來告狀？」麥可提出建議。

「我不確定我會不會喜歡這樣的規定，」瑪麗亞說：「在我還小的時候，我們不會跟爸媽說任何事。所以我希望我的孩子可以在我這裡建立起信任感，知道他們可以把任何心中困擾的事情都告訴我，即便只是很小的事。而且，我們真的能相信小孩對危不危險有足夠的判斷能力嗎？萬一他們覺得我不喜歡聽到別人告狀，那麼當他們遇到重要的事情時，也有可能選擇不告訴我。」

「嗯，至少我確定，我不需要知道她們的每一件小事，」唐尼說：「既然是姊妹，尤其是雙胞胎姊妹，就應該要對彼此忠誠啊，我一直這樣跟她們說。」

「我在想，告狀背後的動機是什麼？」我對大家提問。

「權力！」麥可馬上拋出答案：「表示你有辦法讓你的兄弟姊妹惹禍上身。至少我知道，我小時候就是因為這樣所以喜歡告我哥哥的狀。他比我更高大、更聰明，而且他總是會仗著這些優勢來欺負我。只有告狀才能讓我和他平起平坐，去告狀就等於擁有讓他受懲罰的權力。」

「我想我學校的那些孩子可能只是想要討好老師，」莎拉大膽說出自己的想法：「我的意思是，我們一直在強調規矩有多麼重要，但當孩子想幫助我們更徹底執行時，我們又覺得困擾。這不是有點令人困惑嗎？」

我必須承認，我對瑪麗亞的說法比較能感同身受。我的孩子小時候參加了一個一、二年級混合教學的計畫，當時，老師跟學生說，在自由活動的時候，除非有人流血，不然不可以去打擾老師。那時，同學間一直存在著大孩子欺負小孩子的情況。阿丹曾經跟我訴過苦，但他卻從來沒有去尋求老師的協助，因為他很在意老師的用字。「又沒有人流血，」他一本正經地向我解釋：「所以我不能去告訴老師。」

我並不認為，讓孩子覺得不應該把自己的困擾說出來是個好主意。有些時候，就連告狀也是需要勇氣的。我們難道不希望有人可以把深海中正漏著油的偏僻角落告發出來，好阻止墨西哥灣漏油事件發生，讓那十多個人不需要賠上性命，也不會有將近五百萬桶原油泄入海洋之中？或者，如果換一個更貼近生活的例子（除非你就住在墨西哥灣附近，這樣的話，剛才的例子就已經夠貼近你的生活了），要是某個成年人對你的孩子做了不適當的舉動，並且警告她不可以說出去呢？我們難道希望孩子在這種情況下，還要擔心我們可能不想聽她們說？

「但我不希望她們每件小事都來告訴我啊！」唐尼抗議著：「難道這是保護海洋唯一的辦法嗎？我不確定我能不能承受的住耶。」

「我明白妳的痛苦，」我笑著說：「下面是我能給你的建議。事實上，麥可剛剛說到一個重點。孩子告狀的主要動機之一，就是一種能夠讓其他孩子惹上麻煩的快感。如果是我，會建議先不要進行懲罰，看看事態會怎麼發展。如果我們不懲罰任何人，而是用接受孩子的感受、描述當下的問題，並且在必要的時候提供支持，那麼會變成怎麼樣呢？我們將能在孩子需要我們協助的時候，幫助孩子解決彼此之間的紛爭，或者在她們看起來可以自行解決的時候，鼓勵孩子自己想辦法處理。」

唐尼一臉懷疑地看著我。

「舉例來說，」我說：「當孩子說：『她剛才戳我！』的時候，與其把焦點放在加害者身上，不如多關注受害者。我們可以說：『噢，你不喜歡她戳妳！讓我看看哪裡被弄到了。要不要我親親或揉揉這個地方？』」

「我不覺得我們家兩姊妹會吃這一套，」唐尼說：「她們只想知道妳會怎麼對待戳人的那一方。」

「這樣的話，我會說：『嘿！艾拉！妳剛才那樣把珍娜的手臂弄痛了。她不喜歡被戳，就算很小力也不行！』然後我會靜靜等待，看接下來會發生什麼事。或許艾拉會說對不起，然後兩個孩子就回去繼續玩，而不是互相戳來戳去。或許她們還是會朝對方動手。我不知道事情會如何演變，但是我確定自己不想要因為懲罰某一方或忽略某一方，而讓她們之間的敵意加深。

「如果一個孩子告狀說另一個孩子違反了規定，妳可以再一次說明妳訂下的規則，並且表現出相信她們之後會遵守的態度。或者，妳也可以幫助違反規定的孩子，為自己的過錯做出彌補。」

「噢，我知道為什麼妳會擔心珍娜亂碰瓦斯爐的開關，要是不小心把火點著了，我們家有可能會燒起來，或是漏出危險的瓦斯。妳們倆想不想一起來做個警示牌？上面可以寫『危險』或是『請不要碰』。或者妳們可以畫上一個火焰的圖案。妳們覺得哪個方案最好？」

「我的天，沾了泥巴的鞋子竟然踩到地毯上。我們去外面把鞋子拍一拍，把泥巴弄下來吧。然後那邊有掃帚可以把家裡的泥土清一清……噢，妳已經找到啦！」

如果我們忽視告狀的孩子，那麼她會覺得很困惑，也會覺得很洩氣。為什麼家裡的規矩突然不算數了呢？但是，如果我們能接受她的情緒，並且把當下的問題描述出來，她就會感覺平靜一些。我們不用懲罰犯錯者的方式，而是把透過告密來操弄事態的權力快感直接消除掉。

唐尼的故事：踩壞的手指頭

我實在不想承認，但我不得不說，妳真的是對的。上次我完全按照妳說的做。珍娜過來，跟我說艾拉踩了她的手指頭。我完全沒說艾拉什麼，只是拿起珍娜的手，說：「噢，可憐的小手指，被踩壞了！」然後我親吻了每一根手指。她們倆突然愣了幾秒鐘，像是想著：那然後呢？我一句話也沒說，然後她們就回去繼續玩了。要是以前，我如果跟告狀的孩子說：「我不想聽，」或是去責罵做壞事的那一方，她們總是還會相互生氣好長一段時間。

莎拉的故事：鞦韆大戰

那天，我們班上的一個「小幫手」跑過來，告訴我傑瑞每次都霸佔盪鞦韆，不讓別人玩。要是以前，我可能會跟她說不用管其他人的事，因為她自己本來在玩跳房子，而且也沒有其他人來抱怨盪鞦韆的事。怎麼說呢，傑瑞先前在課堂上已經吃了夠多苦頭，而且這個小女孩心知肚明！但這次，我只問她是不是覺得需要有人來幫忙維持小朋友輪流玩的秩序。她回答：「是，」於是我就過去稍微跟孩子們討論了一下解決方案。我只是過去說：「看起來有很多人想玩盪鞦韆，我們該怎麼辦呢？」

傑瑞就說：「我再盪十下就好！」

傑瑞瘋狂地盪著鞦韆，而其他孩子則看著他數數。「一……二……三……」等數到十的時候，他就從前所未有的高度跳了下來。後來，我聽到他們在每個孩子玩盪鞦韆的時候，都這樣數數。他們對自己維持的秩序感到很滿意。他們不僅發明了一個新的遊戲，而且還創造了一個維持輪流秩序的方法。而這一切都只是因為有一個雞婆的小女生，自告奮勇來請我協助。

喬安娜的故事：關進監獄裡

有天下午我不小心打破了我對懲罰訂定的規矩。不過過程很好玩，而且我也成功地把敵對的氣氛變得很歡樂。那天，六歲的阿丹一直去煩四歲的山姆。一開始兩個人好像在玩，但山姆很快就不想玩了，而阿丹卻不願意停下來。他們發明了一個把對方床上的毯子拉下來的遊戲，一開始兩個人玩的樂此不疲。後來，山姆逐漸發現，他再怎麼樣也贏不過比他更高更大的哥哥，因此他開始大聲抱怨。即便如此，阿丹還是繼續狡猾地把他床上的東西拿下來，山姆於是崩潰大哭，然後跑到廚房來跟我說哥哥的不是。

「阿丹！」我大喊：「山姆並不想玩這個遊戲！」

「可是他明明有笑啊！」

「是，可是那是**剛才**，現在他已經沒有在笑了。你該住手了。」

山姆惡狠狠地瞪著哥哥，然後大喊：「妳應該要懲罰他！」

我當時整個嚇傻了。我那天真可愛的孩子，在這樣一個從不懲罰的家庭裡，是怎麼滋長出這種欲報仇而後快的渴望?他到底從哪裡學來的?但我當時決定放手一搏，我說：「那我們應該把他關到監獄裡嗎？」

山姆開心地說：「要！」

阿丹看起來也覺得這很有趣。「你，去關監獄！」我大喊。

我用手指向桌子底下的空間。阿丹開開心心地鑽進去了。我在他前面放了一個裝牛奶用的網格籃，當作是監獄的柵欄。接著我問山姆：「他應該被判一年還是十年？」

不用說你們也猜得到吧？「**十年！**」

等了十分鐘後，我說：「十年已經過去了，我們是不是該把可憐的阿丹放出來了？」

山姆同意阿丹已經在這個假裝的懲罰中，為自己的罪行付出了代價。而阿丹只是覺得參與這個情境劇真好玩。只能說，那好玩的情境劇真是救了我一命啊！

重章
點節

愛告狀

1. **承認孩子的感受**

「珍娜不喜歡被戳！她會痛！」

2. **幫助孩子彌補過錯**（但不要責罵喔！）

「我們去拿掃把來把這裡清一清。」

3. **討論解決方案**

「我們以後要怎樣才會記得不可以碰瓦斯爐的開關呢？有誰可以提供點子？」

8 收拾——當要求整潔卻越用越糟

茉莉

安娜一臉疲憊地走進來：「請問大家都是怎麼讓孩子自己把弄亂的地方收拾好？我開始越來越火大了。昨天晚上我洋洋灑灑地花了半小時跟安頓說他必須在睡覺之前把積木收好，結果最後還是得由我動手幫他收。可是才收好不到十分鐘，他就又把整袋積木倒到地上。我當時真的恨不得能伸手勒死他！」

「我完全可以想像，」麥可說：「要是妳來我們家，進了大門之後，就等於是在滿地的玩具中跋涉。我猜我腳底下應該還插著幾把永遠拔不出來的樂高士兵的矛。通常我只會把地上的東西推到一邊，但如果我真的想要家裡看起來正常一點，最輕鬆的方式還是把孩子放到電視前，我自己再動手來收拾。」

「可是不應該是這樣的啊！」唐尼抗議著：「我是說，是啦，當我不想要孩子來煩我的時候，我也會像你一樣把他們丟到電視前面。可是我並不覺得這是什麼光彩的事。要是連我們都不期望他們動手，那孩子要怎麼知道自己不應該這麼懶惰？」

小小孩對事物的優先順序和父母是不一樣的。承認吧！小孩對於家裡的混亂根本就不像我們那麼在意。還在上幼稚園的孩子，不會因為看到拖得亮晶晶的地板和鋪得整整齊齊的床，就喜出望外地讚嘆出聲。他們只會從滿是狗毛的地板上撿起掉在一旁的餅乾，然後跳上自己凌亂的床，蜷進被單裡和枕頭打仗。

對此，首先你必須做的，是要**調整自己的期待**。我們不能期望孩子天生就想要收拾家裡。不管你接不接受，反正家長就是必須把這項任務變得誘人一點，才有可能達到效果。你的努力成果不會太快顯現，必須要等到孩子長大一點，等他們能理解擁有生活秩序的樂趣時，才會看到回報。

「既然如此，我們何必還要費心去做？」麥可問：「我們就認命等他們長大不行嗎？」

「到底要等多久？」安娜痛苦地呻吟著。

我必須說，有時這可能是一場沒有勝算的仗。如果你想叫一個頑強的幼兒離開玩伴跟你回家，然後還堅持他在上車之前必須先把剛才玩的東西收拾好，那麼這從一開始就注定會是一場敗仗啊！這等於是你在要求他先做一件不喜歡的事（收拾），然後才可以再做一件他更不喜歡的事（離開）。結果很有可能他本來就已經玩得累了，於是更可能亂發脾氣，根本不願意配合你的要求。放過你自己吧！別這麼堅持是非對錯，跟自己過不去。就動手把玩具收一收，跟大家說再見，然後把小朋友塞進車子裡，把他的猴子玩偶遞給他，作為補償。

當然，也有某些時候，是我們不需要等孩子長大，就可以馬上開始訓練他們的。例如，讓孩子幫忙一起收拾，就是一個幫助他們既學習到新技能，又能為家庭做出貢獻的好機會。就算是不在乎生活秩序的小小孩，也可以從幫忙的過程中，感受到使命感，以及能幫上忙的驕傲。家長的挑戰在於，要讓這一切充滿好玩和溫馨的感受——或至少不要讓孩子感覺受到怪罪、被斥責和沮喪。如果大家的心情都很正常，氣氛也不錯，那麼你可以用的方法就很多了。

你可以為孩子**提供選擇**，並且試著讓任務感覺不那麼困難。例如：「你想要先把書都撿起來，還是把髒衣服丟進洗衣籃裡？」「你想要先把紅色的樂高收起來，還是先收藍色的？」「要收車子還是蠟筆，還是彩色筆？」

你還可以把任務**變得好玩**，例如讓積木收納袋對孩子說話：「我好餓喔，我想吃積木。嗯！長方形的積木脆脆的好好吃！我還想要！唉喔，三角形的好噁心，它們會卡住我的喉嚨。噢！綠色的味道特別好！」

你還可以把任務**變成遊戲**：「你覺得我們在兩分鐘之內可以把多少積木放進袋子裡？強尼，你來幫忙設定計時器。準備好了嗎？預備……開始！」

你也可以提出挑戰：「我猜在我把洗碗機的碗盤都拿出來之前，你是沒辦法把所有蠟筆都收進盒子裡的。」（當然要讓他們贏，這還用說嗎！）

你也可以讓他們練習數數：「每個人在離開這個房間之前，都必須找出五個垃圾放進垃圾桶裡。」

你可以**寫張小紙條**，例如：掛好外套才能玩。就算是還不認識字的小朋友，也會喜歡收到紙條。你可以在紙條上畫出相應的圖示，或是唸給他們聽。

用讚賞的語氣描述你看到的：「哇！看看你們收了多少東西！你們真是一對好搭檔！本來地上堆滿了髒衣服跟火車軌道，現在乾乾淨淨的，走過去好舒服喔！」

很重要的是，要**指出已完成的進度**，而不要抓著未完成的任務做批評。我曾經有好幾次都因為說了像這樣的話，而把孩子努力收拾的興致搞砸：「我看離你整理好還差得遠呢！這個地方看起來還是像被轟炸過一樣。」如果你改用這樣的方式說話，結局一定會好得多：「我看到你已經把所有髒衣服都放進洗衣籃了。現在只需要再把地上的書跟積木撿起來，這裡就會煥然一新。」

當孩子在家裡留下了你不想要的「驚喜」，請儘可能壓下你心中想要威脅和指控的衝動：「是誰把這裡搞成這樣？要是他不過來收乾淨，今天晚上就不准看電視！」相反地，**請堅持只描述你所看到的，並且為孩子提供資訊**。「我看到地板上到處都是餅乾屑，這樣會有螞蟻跑過來。這個房間需要好好掃一掃，來，掃把在這邊！」

孩子把房間打掃乾淨之後，你可以說：「現在這裡的地板很乾淨。螞蟻們想吃東西的話，只能自己去後院找囉！」

如果你真的忍不住想跟孩子講道理，請限制自己**用一個字表達**。當你只說「餅乾屑！」這個字時，孩子的接受程度會比像這樣一長串的說教高得多：「我剛剛才花了一個小時把廚房整理乾淨，現在你們不到兩分鐘就把這裡又搞得亂七八糟。你們到底什麼時候才能學會把自己弄髒的地方清乾淨？」

容我再說一次，請務必記得，收拾家裡對孩子的重要性，就像組一個樂高卡車對你來說的重要性一樣。**孩子真的不在乎家裡有沒有收拾乾淨**（除非你**真的**覺得用樂高積木組出一個卡車是一件很重要的事，如果是的話，只能說你是很特別的例子）。這一切的重點在於，其中的親子互動（以及親子關係）必須要是愉快的。等孩子慢慢長大之後，他們會了解為什麼自己應該負責把弄髒弄亂的地方清乾淨，但是對於幼稚園小朋友來說，想用是非對錯的方式讓他們理解這件事，真的一點幫助也沒有。當孩子處於這個發展階段，家長只需注意，讓他們對於出一份力和共同合作產生正面的感受就可以了。

同時請記得，你將會遇到許多必須**當機立斷**的狀況。當孩子精力充沛的時候，你可以好好運用這個優勢，例如說：「只要把這些積木收好，我們就去公園玩。」但要是你的小寶貝正處於疲勞或飢餓的狀態，就別打穩輸的仗了。這次你就自己處理吧！反正以後還有很多機會可以讓孩子參與。千萬別擔心，反正家裡亂七八糟的樣子絕對不會是最後一次出現！

唐尼的故事：不見蹤影的書包

每天湯瑪斯放學回到家的時候，一進門，就會馬上把書包和外套扔在地上。我每天都得跟他耳提面命。我說的話大概都是這樣的內容：「湯瑪斯，你需要把衣服跟書包掛起來，這是家裡為什麼要裝掛鉤的原因。如果你把它們丟在地上，就會被踩過去的人弄髒。而且地上還有狗毛，你明明不喜歡東西沾到狗毛。來，趕快，把它們掛上去。」

「我現在好累，我等一下再弄。」

「不行，**現在**就去。」

「現在沒辦法，我好餓！」

這一次，我寫了一張紙條，然後用一條線掛在門口，這樣他一進門就一定會看到。紙條上寫著：把書包跟外套掛起來，然後來廚房吃為你特製的點心。湯瑪斯看到後馬上就把書包和外套掛好了。我準備了一小球花生醬，在上面插了幾根胡蘿蔔條，讓它長得像豪豬一樣。他非常喜歡，還拿了兩個葡萄乾當成是豪豬的眼睛。

結果隔天早上卻出了件大事。學校巴士就快到了，但湯瑪斯怎麼樣都找不到自己的書包。我問他：「你看過房間的地板了嗎？會不會在客廳的沙發上？還是在廚房的餐桌椅上？」但是就是找不到。後來，我突然靈光一閃：書包掛在掛鉤上！最後好險我們成功趕上校車，事實上，我們還大概提早了三十秒抵達。

莎拉的故事：打翻就打翻了啦！

有一天，我們家三個小孩決定要一起睡在遊戲間。他們先從其他地方拿了一堆蓋毯和枕頭放進去，然後一起到廚房喝熱巧克力。不過，索菲亞偷偷把她的熱巧克力帶到遊戲間裡面去。想當然，她們一回到遊戲間就開始追趕跑跳，杯子很快被打翻，熱巧克力在**白色**的蓋毯上流得到處都是，甚至還漏進地上巧拼板的縫隙裡面。簡直就是一塌糊塗。當時我真想把他們的過夜計畫取消，外加罰他們不准看電視。

但我最後還是忍住了，我只描述了現狀，並且帶著他們彌補過錯。我說：「我看到熱可可流得到處都是，必須清乾淨才行。」我示範了怎麼搓洗蓋毯，也把巧拼板拆起來，這樣才能清到地板。

後來，他們基本上自己就把房間清理好了。我幾乎什麼事都不用做，真是神奇。他們沒有一個人抱怨，即便等清理完之後，就已經沒有時間看電視了，也是一樣。我很確定，短期之內應該沒有人會想再把飲料帶進遊戲間了。

麥可的故事：手足爭寵

我們家小孩很喜歡把打掃變成一種遊戲。傑米現在四歲，他已經習慣了在我們打掃時要幫忙做些小事，但對卡拉來說，這是一個新奇的活動，而這個活動，主要和她最近最愛做的事情有關——丟東西。她整個禮拜都在整理家裡，例如把她的髒衣服丟進洗衣籃，或是把蠟筆丟進收納盒裡。不過並不是隔了多長的距離啦！她大概就是站在離五公分左右的地方，然後把東西扔進去。有一天，我稱讚她是一個超厲害的「打掃高手」，然後傑米就在旁邊哇的一聲哭了出來。他已經習慣了自己是我的小幫手，而卡拉應該是最會惹麻煩的那一個。我必須小心一點，從現在開始得把他們視為一個團隊一起稱讚，而不能只稱讚其中一個人。

安娜的故事：用大富翁做籌碼

這禮拜我在收拾時用了點新花樣。我告訴安頓我想僱用他幫我做點事。我手上拿了一疊大富翁的紙鈔，然後我告訴他，只要他把黃色的積木收好，我就會付十塊錢給他。他對這個主意很感興趣。他馬上就把黃色的積木收到收納桶裡，而我也用紙鈔付了該付的錢。接著我說：「你想不想再用藍色的積木賺十塊錢呀？」

他說：「嗯……要二十塊！」

「呃……這麼貴喔，好吧！」

他把藍色的積木也收好了。接著他說：「如果妳給我一百塊，我就把紅色的積木也收起來！」我假裝激動地說：「什麼？真是獅子大開口！我可付不起啊！唉，但我好像別無選擇。你可真會談判。」

當他把紅色的積木也收好，我一邊大嘆一口氣，一邊交出一張百元鈔票。安頓從頭到尾都咯咯笑著，而我呢，我從頭到尾……都坐在沙發上！

喬安娜的故事：預見未來

我們家三個兒子小時候經常把家裡搞得天翻地覆，而且這些災難主要都發生在廚房。長成青少年以後，他們三個都很喜歡煮東西，不僅煮給自己，也喜歡煮給別人吃。他們既是有熱情、有巧思的大廚，也會在料理過後擦洗流理台、整理廚餘，並且把鍋碗瓢盆都洗乾淨！至於整理房間的話……嗯，就只有女朋友要來的時候才會整理啦！

重點章節

收拾

1. 要好玩

（鞋子說）「小美女，可不可以把我放進鞋櫃裡？我想跟我的朋友在一起。」

「我們要花幾分鐘的時間才能把所有的樂高放進收納桶裡呢？你來幫忙設計時器吧！準備好了嗎？預備……開始！」

2. 提供選擇

「你想負責收書本，還是收車子？」

3. 寫張小紙條

「請把我掛上掛鉤。外套敬上。」

4. 說出你看到的

「我看到有橘子皮在地上。」

5. 提供資訊

「水果皮應該要放進廚餘桶裡面。」

6. 用一個字表達

「外套！」「水果皮！」「鞋子！」

7. 描述進展

「你把那堆髒衣服都放進洗衣籃了！現在只需要再收車子跟書就可以了喔！」

8. 用讚賞的語氣描述你看到的

「哇！看看你收了多少東西！本來地上堆滿了髒衣服跟火車軌道，現在乾乾淨淨的，走過去好舒服喔！」

9 醫生的命令——吃藥、打針、抽血和其他嚇死人的事

喬安娜

「自從湯瑪斯做了五歲小孩的定期檢查之後，我就一直擔心著輪到雙胞胎的那一天到來，」唐尼無奈地說：「那真是恐怖極了。孩子總共要打兩針。湯瑪斯打完第一針之後，就不停大叫並且把護士推開。護士一直大聲命令我：『把他抓好！』我只好用手臂把他整個人抱住，直到護士打完第二針。湯瑪斯超級生氣，後來有好幾個小時他都不跟我說話。我感覺自己好像背叛了他，可是我又能怎麼辦呢？」

瑪麗亞看起來也很煩惱：「我真的不知道在這樣的情況下，我們還能說出什麼有幫助的話。打針就是很痛，不管怎麼樣，孩子就是逃不過這一劫啊！」

瑪麗亞說的沒錯。我們沒辦法為孩子免去打針的痛苦，更不用說是生活中可能出現的各種不愉快經歷。該面對的，孩子就是得面對。但是，這並不表示我們那些可靠的工具就不能派上用場。事實上，在這種情況下，我們反而需要用上好幾個工具。畢竟，我們要處理的可是和針頭有關的事啊！

當我需要帶自己的三個孩子去打針時，我一定會從**承認孩子的情緒**下手。「光是想像有一根針要插進手臂，就可能感覺很恐怖。」

接著，我會**用想像來補償**：「我真希望他們可以把藥做成好吃的棒棒糖。這樣你可以每天吃一個，只要連續吃一個禮拜，就不會生病了。」

我還會有技巧地為孩子**提供資訊**：「打針是要把小小的戰士送到你的血液裡面，這些戰士叫做抗體。它們會負責跟很小很小的細菌打仗，這樣你就不會生病了。」我還順便加上之前從護士那裡聽來的消息，安慰他們說：「好消息是，這個針很快就打好了，只要拍手拍兩下就好了。就像這樣（拍！拍！）。」

接著，就可以**提供選擇**了：「你想要我幫你拍，還是弟弟幫你拍？我知道你寧可自己拍，但是護士阿姨應該不會同意。她很難幫正在拍手的小朋友打針。」

阿丹很喜歡拍手的主意，不過我還沒說完。我已經沒有其他工具可以用了，就剩下最後一個：**討論解決方案**。「如果打針完可以吃點什麼，會讓你們感覺比較好過嗎？」於是，我們決定先到轉角的商店尋找打完針後要吃的慰勞點心。阿丹選了一包M&M花生巧克力。他決定要先拿出一個握在手心，這樣只要一打完針，他就可以立刻把巧克力放進嘴裡。

等到這個時候，我們都開始變得對打針這件事有點期待了。它似乎變成了一個挑戰。到了診所，我們才發現原來阿丹必須要打**兩針**，不是我原本以為的一針而已。護士小姐讓他選擇是要一次打一針，還是同時在兩支手臂一起打完。阿丹決定長痛不如短痛。於是，兩位護士小姐分別準備好針管，而阿丹則把花生巧克力牢牢握在手心。**打下去了！**針打好了，阿丹迅速把巧克力送進嘴巴，然後咧嘴笑開了。好像沒有想像中恐怖嘛！

唐尼哀聲嘆氣地說：「我無法想像換成我們家女兒會是什麼情況。珍娜或許還可以，艾拉一定不行，她沒有那麼好講話。」

不過，我們永遠都有最後一招可以使用，就是**在不人身攻擊的前提下採取行動**。如果你必須得把她壓制住，至少可以用理解和同情的態度來進行：「我現在必須把你抱在我大腿上讓醫生打針。我知道你不喜歡，我也希望可以有其他不那麼痛的方法，可以保護你、讓你不生病。」

「那麼，如果是吃藥呢？」安娜問：「打針一年也頂多一次，但我們隨時都可能遇到必須讓他們喝下感冒糖漿的時候，就是那種加了抗生素、味道很噁心的粉紅色糖漿。遇到這種情況的時候，那糖漿還可能被吐到你臉上！我就剛被吐過。醫生說安頓感染了鏈球菌，他必須服用抗生素過二十四小時之後，才能回到學校上課。我試著為他提供選擇，讓他自己決定要怎麼吃這個藥，但他只是跑回房間，把門甩上。我追進房間，讓他坐下，然後硬把灌藥的針筒塞進他嘴裡，然後他竟然就把糖漿吐到我臉上。連提供選擇都不奏效，我還能用什麼方法呢？他當時想必沒有心情用好玩的方式來喝啊！」

「這是個很好的例子，剛好可以說明為什麼提供選擇會不奏效，」我說：「當孩子對某件事情產生強烈的情緒時，他很可能會不想做選擇。因為，他的感受必須先被承認。我們可以對這個必須吞下噁心糖漿的可憐孩子說什麼呢？」

小組成員們紛紛回答：

「噢，你一定覺得這個藥超級噁心。」

「這一定是你最不喜歡的一種味道吧！」

「他們怎麼不把糖漿做成披薩的口味呢？」

「醫生應該自己先喝喝看，才能叫小朋友喝吧！要是他們喝了，一定也會想吐出來！」

「呃，是這樣沒錯，」安娜接著說：「但是你們應該知道我最終還是得讓他喝下去吧？這些話是能安撫他，但是我看不出來那對我面臨的狀況會有什麼幫助啊！」

「妳說的沒錯，這只是第一步，」我說：「但是這一步，是至關重要的一步。這麼做可以有助於把他的情緒調整到願意跟妳配合的狀態。接下來妳就可以說：『噢，現在這個狀況真的很棘手。我們要怎麼用最不噁心的方式，來把這個噁心的藥吞進去呢？我們需要想想辦法！』」

安娜看起來半信半疑。「我會照妳說的試試看，」她說：「但要是沒有用的話，我就要打電話給妳，請妳來我們家讓他把藥吞下去。」

「噢，看來這禮拜我得好好過濾我的來電囉！不過我很期待聽到妳告訴我最後妳是怎麼成功做到的。」

莎拉興奮地舉起手發言：「我有一個建議。傑克也沒辦法接受那種液體糖漿。之前他感染萊姆病（Lyme disease）的時候，他可以理解自己為什麼需要喝這個藥，但有時候他才吞下去沒幾秒，就會開始嘔吐。最後我只好問醫生，能不能把糖漿換成藥片。醫生說他們通常不會開藥片給這麼小的孩子吃，不過他們願意試試看。我把藥片放在一匙巧克力冰淇淋上，等他吃了之後，再追加幾匙冰淇淋給他，這樣他就能把藥片吞下去了。」

「別忘了，我們還可以把它變得好玩，」麥可說：「我朋友的孩子有一次得了腸胃細菌感染，必須每天喝一種電解質溶液，持續一周。一開始孩子還不排斥，但過了幾天後，他開始覺得煩了、膩了，就不願意喝了。結果那對父母假裝自己是體育教練，一直對他說：『加油，伙伴！為了整個團隊，就喝下它吧！』但這招並不管用。

我很想幫他們的忙啊！我想把在這裡學到的高超技巧派上用場。我拿起一瓶藥，然後說：『哇！這裡有一瓶新的藥是要給湯米吃的，而且裡面裝的是有魔法的藥耶！湯米，你能不能吃一點點，讓我看看這個藥的魔法是怎麼一回事？』

他只啜了一點點，我假裝自己看到那一滴藥水流進他的身體裡：『哇！！你看！我可以看到藥水從你的喉嚨流下去耶！再喝一口給我看看！』

這一次他喝得比剛才多，我指著他的身體說：『哇！我看到這一口藥水從喉嚨流到胸口，然後進到胃裡面去了。再喝一次！』湯米覺得很好玩，於是喝了一大口。

『這次藥水流到你的膝蓋了！我在想，你有沒有可能喝到讓藥水可以流到你的腳趾頭？』

結果，他的父母感動到希望花錢請我每天晚上來讓孩子喝藥水。」

安娜的故事：超級瑪利歐神藥

我試著用討論解決方案的辦法，但效果並不如想像的好。我按照你說的，跟安頓聊了他有多麼不喜歡吃藥。我要他說給我聽，看看那藥到底噁心到像什麼一樣，我甚至還把他說的都寫了下來：嘔吐物、腐爛的起司、臭襪子。接著我說我不知道該怎麼辦，因為他必須得吃藥，否則他會病得更嚴重。我需要他幫我想想辦法。我提議可以跟著冰淇淋一起吃，不過他最喜歡的是他自己想的一個點子。他希望我在他用Wii玩超級瑪利歐賽車的時候，一邊把藥倒進他的喉嚨裡。我們真的這麼做了，而且效果超級棒。他只需要把頭往後仰一下，就可以一邊繼續玩了。雖然這樣讓他晚了一小時到學校，但我覺得完全值得。

問題是，到了隔天早上，他又不願意吃藥了。我整個人超級火大，我花了這麼多力氣耶！我完全爆炸了。我當時對著他大吼：「我們明明已經說好的，你不可以反悔！」他歇斯底里地哭著。最後他終於把藥吞下去，而我們依然又遲到了。討論解決方案的效果就只有這樣。

後來，當我有時間好好思考這整件事，我終於想通為什麼沒有成功。安頓真的很喜歡和我一起坐下來，讓我把他的感覺寫在紙上，然後一起想出解決的辦法。他一定是以為我們每天早上都會走一遍這個流程！後來他放學回家後，我跟他好好談了一下，並且告訴他，我們需要想一個可以維持一整周都有效的辦法，因為我不能每天都遲到。他同意了！（呼～）於是，接下來一整周就都能順順利利地搞定了。

喬安娜的故事：醫療虐待

阿丹還是嬰兒的時候，每次去診所都很輕鬆愉快。但大概到了兩歲的時候，他開始非常討厭被陌生人碰，只要是他不覺得熟悉的人都算。住我們隔壁的一個可愛太太想抱他時，他會整個人僵在那兒。當他的叔叔想跟他握手時，他會把手抽走。所以，當醫生要碰他的肚子、聽他的心跳、檢查他的耳朵時，想也知道他的反應會非常歇斯底里。不用說是針頭，光是聽診器就足以讓他氣到跳腳。那醫生就好像從來沒有看過這麼不可理喻的小孩一樣，當阿丹大哭大鬧、扭著想掙脫時，醫生只一直命令我：「把他抓好，把他的手抓住！」情況真的很慘烈。

後來我們就再也沒有去找過**那個**醫生了。我四處打聽，終於找到一個對小朋友比較友善的兒科醫師。我們掛了這位畢醫師的門診，結果，簡直是老天幫忙！畢醫師讓我的孩子從頭笑到尾。只要他需要碰到阿丹，他就會發出各種好笑的聲音。他用來檢查耳朵的照明器上面黏了一個小小的玩具魚，當他在做檢查時，那條小魚會用好笑的口吻，喋喋不休地說著他在阿丹的頭裡看到什麼。阿丹一直呵呵笑著，感覺好像我是帶他去看表演，而不是去看醫生。我真崇拜這個醫生，他雖然一路讀完醫學院，卻沒有忘卻心中的幽默感。「好玩」把一切問題都搞定了！

茱莉的故事：疫苗酷刑

某個星期五，我們在亞舍的兒科醫師診所，準備做五歲的例行檢查。那天，亞舍需要打兩個疫苗，他雖然很害怕，但是當護士過來打第一針時，他依然有好好配合。只是，打完這一針之後，他就完全失控了。他一直大哭大叫，不願意讓護士幫他打第二針。他當時非常激動，護士只好先暫時離開房間。

我說：「打針好痛喔！」

他大聲喊著：「對！」

「你不喜歡打針！」

「對！」

「你不想要再打下一針了！」

他說：「不要再打針了！我不要讓她幫我打針！」他氣到不行，眼淚一直掉。

我抱了他一會兒，然後我說：「我真希望你再也不用打針，這真的很不好受。問題是，護士還需要再幫你打一針，我們該怎麼辦呢？」

亞舍說：「今天不要再打針了，我們明天再來。」

「明天診所沒有開耶，我們需要等到禮拜一才能再過來。」

「好，那就禮拜一。」

我擔心他可能整個周末都會在恐慌中度過，到了禮拜一也可能又反悔不來。我該同意這個計畫嗎？雖然他答應我，到了禮拜一一定會過來打針，但是他只是個五歲小孩呀！我沒辦法完全用口頭承諾來約束他。

護士並不認為這是個好主意，她建議我們最好現在就一次打完，就算需要把孩子壓住也無所謂。但亞舍堅持，只要等到禮拜一，他就會願意挨這一針。最後，我掛了星期一的號，然後帶著他回家。

整個周末，我們都沒有再說起打針的事。到了星期一，我告訴他，今天是要去兒科診所的日子。他知道我們是要去打針，但卻沒有表現出抗拒的樣子。護士小姐進到診間，問他準備好要打針了嗎？他回答：「是。」他把手臂伸出來，順利地打完針，整個過程沒有一點哭鬧。護士和我都訝異極了。

我承認，當我在星期五決定要按他的想法做時，我內心是緊張的。然而，當我看到他在星期一竟然配合得這麼好時……希望你不介意我這麼說，但我想這次聽他的話真是對極了！

茱莉的故事：輕輕彈一下

經歷過亞舍五歲的打針事件後，我覺得我好像已經知道該怎麼處理孩子打針的狀況了。生活就是學習啊！

有一次，老二瑞西遇到需要抽血的情況。那是他第一次抽血，雖然後來這變成一件他經常需要做的事。以前他打疫苗的時候，從來沒有不順利過，因此我以為抽血也不會有什麼問題。結果剛好相反！他整個人嚇壞了。

我把所有以前試過並且有效的方法都用上了，包括一開始先承認他的感受：「你不想要抽血，你還沒準備好……這感覺好恐怖……你怕抽血會痛。」

我也提供了資訊：「他們只會抽走一點點血，你身體裡還會留下很多血。」

我也提議一起想解決方案：「醫生需要抽一點點血去檢查，我們該怎麼辦呢？你覺得抽哪一隻手會好一點？」但他一點想法也沒有。他也不想改成下次再來，他就是希望自己可以不要抽血。

幫我們抽血的護士已經非常有耐心了，但當她花了整整一個小時又哄又求，而瑞西卻只是不停流眼淚時，最後她也不得不放棄了。她把另一位護士請進來，這是一位高大的男性，有著粗壯的手臂。他一進來就開門見山的說：「瑞西，抽血不會很痛，感覺就像是我用指頭彈一下你的手臂而已。」然後他在瑞西還沒反應過來之前，就用手指彈了一下他的手臂。

瑞西露出驚訝的表情，也不再試著掙脫了。護士先生一邊用酒精棉片消毒，一邊告訴瑞西說：「你就只會感覺到這樣而已，就是彈一下的感覺。」接著他迅速地把針頭插進瑞西的手臂。瑞西驚訝地看著，整個人說不出話，過沒多久就抽完了。他看起來鬆了一大口氣！

那麼，我從這次的經驗學到什麼呢？我學到，每個孩子都是不一樣的。雖然有些工具對某個孩子很有用，但用在別的孩子身上，卻不一定有效果。有時讓孩子主導、掌控自己的行動能產生幫助，但有時，可能最好由旁人採取行動，也就是讓孩子**離開**主導的位置，別讓這樣的責任為他帶來更多壓力。為人父母是一種藝術，而不是有理可循的科學。我還是不應該這麼洋洋得意、自以為是。

重章
點節

醫生的命令

1. 承認孩子的感受

與其說：「拜託，沒那麼恐怖啦！讓阿姨趕快打一打就好了。」

不如說：「想到有人要把針放進你手臂，確實是很恐怖的一件事。」

與其說：「不要哭，你已經長大了，是大男生了。」

不如說：「好痛喔！你不喜歡這個感覺！」

2. 現實中辦不到的，用想像來補償

「我真希望他們可以把藥做成好吃的棒棒糖。這樣你可以每天吃一個，只要連續吃一個禮拜，就不會生病了。」

3. 提供選擇

「你想要左手打針，還是右手打針？」

4. 提供資訊

「這個針很快就打好了，只要拍手拍兩下就好了。就像這樣（拍！拍！）。」

「打針是要把小小的戰士送到你的血液裡面，這些戰士叫做抗體。它們會負責跟很小很小的細菌打仗，這樣你就不會生病了。」

5. 討論解決方案

家長：「有什麼可以讓你們感覺比較好過？如果打針完可以吃點什麼，會讓你們比較期待嗎？」

孩子：「我們可以去買M&M花生巧克力嗎？這樣只要一打完針，我就可以馬上把巧克力放進嘴裡。」

家長：「好，就這麼辦！」

6. 要好玩

「我看到這口藥水從喉嚨流到你的胃裡面了。現在它沿著你的腳，要流到腳趾頭了耶！」

7. 在不人身攻擊的前提下採取行動

「我現在要把你抱在我大腿上讓醫生打針。我知道你不喜歡。」

10 害羞的孩子——別人太熱情反而讓我害怕

茱莉

「上個周末誰有可能過得比我更糟？」麥可問大家：「禮拜天我們整天都跟我的表親在一起，而傑米卻從頭黏著我黏到尾。我連房門都出不了，更別說是出去外面了。我一直以為等他長大就不會這麼害羞了，但珍說他的天性就是如此。每次我阿姨跟他說話時，他都躲在我身後。她一直問是哪裡出了問題。我很想知道該怎麼做能讓他更有自信，至少在跟我家人相處的時候。」

「我姊姊小時候也很害羞，」安娜說：「我爸媽總是試著慫恿她跟其他人講話，但從來就沒有成功過。小孩不想說話時，強迫她也沒有用。」

「我小時候也非常害羞，」瑪麗亞說：「我母親總是在外人面前護著我，她會跟別人說我很害羞，不好意思說話。一方面，這對我來說真是個解脫——別人通常就會讓我自己靜靜待著。但另一方面，其實我大部分的時間都很孤單。其實我並不想要自己這麼害羞。直到現在，我還是很難和不認識的人交談，就連在這裡跟你們說話，也讓我有點緊張。」

麥可看起來急壞了：「所以說，要是幫孩子貼上『害羞』的標籤，他就只能順著這樣的預設立場一直害羞下去，但是逼迫孩子開口跟其他人打招呼也沒有用。那我們還有第三條路可以走嗎？」

「有沒有人曾經成功用某種方式和害羞的孩子相處過？」我問：「例如某種既尊重了他們的感受，又同時讓他們自由展現出自己，不被這些感覺所限制的方法？」

莎拉舉起手。「我的姪子非常害羞。他們家住得很遠，我每年只會看到他一兩次，因此每次我們都需要再重新熟悉一次。去年我突發奇想，在手上套了一隻襪子，裝成是布偶對他講話。他很喜歡。因此，後來他又來我們家的時候，我就又套上那隻襪子。不過，這次我事先做了些準備。我不是什麼厲害的藝術家，我就只用麥克筆在上面畫了眼睛和鼻子。他一定還記得這隻襪子布偶，因此這次我們很快就變熟了。」

「如果事先幫孩子做好心理準備呢？」瑪麗亞問：「你們覺得這樣會有幫助嗎？例如在車上的時候就先承認他的感受，說：『要走進一個不熟悉的房子，裡面還有一大群親戚，真是件不容易的事。很可能會覺得很恐怖。我記得我像你這麼大的時候，最怕見到我的索尼亞阿姨，她每次都會用塗著口紅的嘴唇亂親我。』」

「我喜歡這個想法！」我說：「承認感受之後，你們可以一起為初見面的尷尬時刻想好對策。以我的孩子來說，直接和其他人打招呼在他們那個年紀是很困難的。如果他們身上有任務要做，通常會表現得更好一點。例如他們可以幫忙把薯片和沾醬拿進屋子，然後在流理台上找個地方放好。或者，他們可以負責把外套掛好。你可以讓孩子自己選擇想負責什麼工作。」

麥可看起來並不滿意：「我們不可能預想到每件事情啊！萬一某個特別熱情的阿姨問你：『傑米怎麼了？他怎麼不跟大家一起玩？』我們不能違背孩子的感受，叫他趕快跟大家去玩；但我們又不能就這樣幫他扣上害羞的帽子。」

「我知道你們會很想說自己的孩子是因為害羞才這樣，這是很多家長當下最直接的反應，」我說：「因為我們都會想保護孩子。但是，孩子也需要知道，我們相信他們總有一天會鼓起勇氣，跨出加入社交生活的那一步。我有一句神奇的咒語可以告訴你們。你們準備好認真聽了嗎？」

大家熱烈地點著頭。

「等傑米**準備好**，他就會加入你們了。」

大家看起來一副期待落空的樣子。「這句話有哪一點特別啊？」

雖然這句話聽起來平凡無奇，但「準備好」這三個字其實妙用無窮。它讓孩子知道，你尊重他的感受，也了解他還需要一點時間。它也讓孩子知道，主控權在自己身上，沒有人會逼迫他。然而，最重要的是你沒有說出哪些話：你沒有硬是分配一個角色給他，讓他無法做出改變。爸爸說我很害羞，我一定要做出害羞的樣子。我最好躲在爸爸後面，這樣最安全。

相反地，其實你是在對他提出邀請。你在他感覺不舒服的時候，保護了他。但這扇門並沒有完全關上。只要等他準備好，他不用大張旗鼓也可以自然融入大家的活動。通常，只要壓力一被解除，孩子很快就會「準備好」了。

要是親戚一直熱情的催促他，你可以從中介入。例如，當熱情叔叔一直想把傑米拉過去玩火車，你可以說：「別擔心，傑米等下就會過去，他很喜歡玩火車。」接著，你可以為傑米提供選擇：「你想先跟我們在這裡吃點心，還是想到遊戲間的沙發上看其他小朋友玩火車？」

簡單來說，當身邊出現不那麼熟悉的人的時候，小朋友會害羞是非常正常的事。我們或許需要調整自己的期待。與其逼迫孩子才剛見面就得和不熟悉的人互動，我們可以改成用交辦任務，或是允許他們慢慢觀察的方式來協助，等孩子準備好再加入大家。而當你成為其他孩子眼中的陌生人時，你可以用好玩的方式接近孩子，例如用玩偶或是布偶跟他們說話。

莎拉的故事：躲在南瓜裡

耶絲妮雅是十月中才進到我們班的一個學生，她比其他孩子晚了一個半月才加入，因為她們家才剛從波多黎各搬到這裡。她非常、非常害羞，她從不跟我說話，也不跟其他同學說話。我甚至不確定她的英文能力夠不夠好，是不是足以了解我們每天在做什麼。

我儘可能不讓她感覺被逼迫，我從來不對她直接提問，並且總是安排任務給她，例如請她把蠟筆拿出來，或是幫忙撒飼料餵魚。我交待的任務她都做得很好，但她依然不發一語，總是低著頭看地板。萬聖節的時候，我幫每個孩子帶了一顆小南瓜。我發給每個人一個湯匙，讓他們用來把內容物挖空，再把南瓜子挑出來。我們打算烤一些來吃，剩下的就播到土裡。

有些孩子不想用手碰裡面那些黏糊糊的瓜瓤，但耶絲妮雅二話不說就把手伸進去了。她一直挖、一直挖，當她在挖的時候，話匣子突然就打開了。她說到她的兄弟姊妹，還有以前在波多黎各養的貓咪。她還說到從那裡搭飛機過來的過程，以及現在的新家。她說到爸爸、媽媽，還有她曾看過的一個提到鬼的電視節目。她滔滔不絕的話語，就像水壩閘門故障一樣，一股腦地流洩出來。同時，她用手指挖著南瓜又濕又滑的瓤絲，臉上盡是滿足的神情。

從那之後，耶絲妮雅就完全融入我們班了。你還是需要彎下腰才能聽到她在說什麼，因為她的聲音很輕柔，但是她會回答提問、會提出自己的觀察，並且擁有篤定的主見。我覺得南瓜裡一定有什麼東西把她釋放出來了。如果我以後再遇到類似的學生，我一定會記得讓他玩黏土和手指畫，以免當下不是盛產南瓜的季節。

我很高興之前我耐心等待了，沒有忍不住逼她說話。她需要時間，也需要用很多不需要說話的方式來參與大家的活動。

安娜的故事：手指動一動

不管我怎麼跟安頓解釋，他就是沒辦法在別人向他打招呼的時候，抬頭看著對方給予回應。但是我真的覺得，每次他對別人視而不見的樣子好沒禮貌，我很不喜歡。而且不只這樣。我還希望他能想想別人當下是什麼感受。

後來我們終於想到一個辦法。我提議他只需要抬頭一秒鐘，然後輕輕揮揮手就好，不用說話。後來，他只稍微動了動手指。光是這樣，就讓他看起來很害羞、很可愛，而不是繃著臉很冷漠的樣子。

喬安娜的故事：孩子長大了

阿丹三歲的時候，我一直因為他的害羞感到訝異。以前他是多麼膽大妄為的孩子啊！他可以穿著溜冰鞋滑上任何一個木頭堆，或是在山坡上騎著腳踏車飛速滑下來。他的字典裡可沒有**害怕**這個字啊！（真是如此。有一次我母親看到阿丹爬在樹上，她緊張地問：「你爬這麼高，不害怕嗎？」他卻反問：「害怕是什麼意思？」）

但是只要一遇到人，阿丹就會變得非常有警戒心、極度的小心翼翼。例如我們的鄰居唐娜幾乎從小看著他長大，她非常隨和，是三個孩子的媽，她對孩子很有經驗，很知道怎麼和他們相處。我們經常會把孩子帶到對方的家裡玩，已經度過無數次快樂的時光，但阿丹依然不願意在我不在的情況下，自己待在唐娜家。

有一天，阿丹一直求我帶他去隔壁跟鄰居的女兒們玩，但是我有好多家事得做。我跟他解釋我的情況，最後我們決定我跟他去隔壁很快地玩一下下。如果他覺得可以自己待著，那麼我就把他留在鄰居家，讓他玩久一點；要是不行，那麼到時他就跟著我回家。我心想，如果我讓他自己做主，他可能會更有勇氣一些。

結果，果然有效！他雖然還沒有準備好自己去隔壁玩，但是當他跟小朋友玩起來之後，他就決定他**要**自己留在那兒。隔天，阿丹就問我可不可以自己騎車去唐娜家玩了。（我們兩家的車道是相通的，所以雖然他自己出門是有點冒險，但這是個蠻安全的冒險。）我回答：「當然可以！」

阿丹對於自己最近大膽的行為感到很興奮，但他也對過去產生了懷念之情。有天他心事重重、若有所思地看著我說：「嘿，媽咪，你還記得以前我不敢自己去隔壁玩的時候嗎？」

喬安娜的故事：太害羞，所以沒辦法上學

五歲的阿丹正準備進入人生的新階段——大班！我們已經通過面試，也參加了新生說明會，並且收到了分配班級的信件。下個禮拜就要上學了，但阿丹卻突然宣布，除非全家人陪他一起，否則他不要自己一個人坐校車。他說的全家包括媽媽、爸爸、小山姆以及還是嬰兒的查克，當然，家裡的貓咪

和狗狗也都要去！他才不要獨自一個人坐車去那不知道是哪裡的地方！

我真擔心。我的孩子會不會是整個鎮上唯一沒辦法去新學校報到的五歲小孩？我該怎麼辦？

我只能先從承認他的感受開始：「要離開家人自己去一個全新的地方，是很嚇人。」

阿丹同意我的說法。他說他不要跟新的老師在一起，因為他「跟她不熟」。我知道老師在開學前一周都會在學校準備，因此我提議我們一起去教室看看，並且可以跟這位紀老師「變熟一點」。我打電話到學校，紀老師欣然地歡迎我們到訪。那個禮拜，我和阿丹去了教室三次，我們在教室跟紀老師聊天，每一次去都玩了一種不同的玩具。

開學前一晚，我們忙著進行一個小計劃。我們把家裡每一個人從照片裡剪下來（當然還有貓咪和狗狗），然後把這些照片放在一個小夾鏈袋裡面，這是我們特別為了這個計畫新買的小袋子，袋子的形狀是一隻可愛的獅子。阿丹**會**帶著我們全家人一起出發，當他需要的時候，只要打開袋子就可以看到全家人的臉龐。

隔天早上，我的寶貝勇敢地踏上了黃色的校車，而我也終於鬆了一口氣！

害羞的孩子

1. 承認孩子的感受

「要走進一個有好多親戚在裡面的陌生房子，確實不容易。好多人都想跟你打招呼，這有可能讓你覺得很恐怖。」

2. 調整你的期待：與其逼迫孩子參與社交，不如交辦一項任務。

「你可以幫忙把薯片拿進去，然後放在一個大碗裡，讓大家可以拿來吃。」

3. 提供選擇

「你想要去沙發上看其他小朋友搭火車軌道嗎？還是你想要先跟大人一起吃點東西？」

4. 要好玩

（用襪子裝成布偶說話）「哈囉！你想吃玉米片嗎？」

5. 讓孩子主導

「等傑米準備好，他就會加入你們。」

11 睡覺——求之不得的終極目標

喬安娜

「喬安娜，妳每次都說下次會講到睡覺的主題，但是每一次妳都拖著不說！」唐尼執著地說：「食物、氧氣、住所……睡覺！睡覺也是孩子的基本需求之一啊，妳說過的，記得嗎？」

我一直想盡辦法避免跟大家談這個主題。因為我希望能維持自己是個「親子高手」的形象，也就是不管參加工作坊的家長丟出什麼疑難雜症，到我這裡都能迎刃而解。我擔心一旦講了這個主題，就可能動搖到我累積的聲望。睡覺這回事，是沒有仙丹解藥的。家有幼兒的家長，想好好睡個覺，通常沒有那麼簡單。

我還記得我自己小時候每每會在夜半醒來，孤身一人在漆黑的房間裡，經常讓我嚇得動也不敢動。我會大叫請爸媽過來，因為我真的嚇到不敢動。我母親或父親會一臉睏倦地進來，把我帶到他們房間裡睡。啊！我這才終於逃離恐懼，睡在爸媽溫暖的身體中間，多麼安全、多麼甜蜜。我也記得，有時我會在半夜站在廚房裡，等媽媽幫我熱一杯蜂蜜牛奶，好讓我的喉嚨痛舒服一點。吞嚥伴隨的痛苦讓我害怕，但媽媽總是在我身邊，為我準備獨特的神奇靈藥，讓我能好過一些。

我也想當一個像這樣的母親。我希望孩子在黑漆漆的深夜裡感到孤獨的時候，會知道自己有一個像女超人一樣的母親可以依靠。我希望可以幫助他們走出惡夢的陰影，無私地照顧他們疼痛的喉嚨。

但當我自己成為母親之後，我發現……呃……事情比想像的複雜。於是我把自己對完美家長的願景調整了一下。我心目中描繪出來的新圖像是：這個同樣身而為人的家長，自己也需要擁有充足的睡眠，才能夠有正常的表現，成為那完美的、無私奉獻的最佳母親。我原以為孩子的夜半驚醒會是偶發而不是常態，但我的孩子們卻沒有接收到這項訊息。我發現，當女超人每天晚上都得出動時，她的熱情很快就被消耗殆盡了。這種勞苦枯燥的工作，一點也不像什麼英雄舉動，更不用說是睡眠不足的酷刑了。當我一個晚上要因為孩子的呼喚被叫醒好幾次，或者必須花上好幾個小時才能把孩子哄到睡著，這已經摧毀了我在白天作為一個正常的、快樂的人的能力。要是前晚被孩子叫醒好幾次，我會發現自己在早上醒來後，用怨恨的眼神望著孩子們甜美紅潤的臉龐，然後大嘆一口氣。

可惜，睡眠問題是沒有標準答案的。光是這一個問題就可以寫成一本書，類似的書籍已經多到可以擺買好幾個書櫃了。這些書提供了各式各樣的建議，包括不回應孩子的叫喊，或是一直與孩子共床而睡，直到孩子自己決定分開。有些家長擔心如果堅持與孩子分房，孩子會有被遺棄的感覺。有些家長則強烈需要在晚上有單獨的共處時間。在家長的睡眠需求，以及孩子希望二十四小時隨時有人無條件待機的需求之間，實在很難取得平衡。我們並不認為自己可以武斷地指手畫腳，我們能做的，只有和你分享其他家長的成功案例，讓你自己想出適合自家孩子的方案。

我請小組裡的成員一起腦力激盪。「把筆拿出來！我們一起把你對孩子用的方法、小時候你爸媽對你用的方法，或是你的朋友或兄弟姊妹對他們的孩子用的方法寫下來。這次課程的目標是創造出一個像小菜拼盤一樣的哄睡策略大全，讓所有的家長都可以從裡面選出最適合自己孩子的方式。」

「什麼？所以這次我們沒有講義可以領？」唐尼露出凶惡的眼神：「我是來這裡找答案的，不是來回答問題的！」

我倒吸一口氣。「我們現在就是在創造講義的內容。以後其他家長會感謝我們的！」

我把紙張傳下去，家長們埋著頭開始書寫。十五分鐘後，他們終於抬起頭，準備好跟大家分享故事了。下面就是那天家長們分享的事例。

茱莉的故事：我馬上回來

希瑞爾兩歲半的時候，每天都會乖乖地照我的要求躺上床。但只要我一離開，她就會跟著起來，說她想喝水、她聽到奇怪的聲音，或是她想到有一件事忘記告訴我。她希望我一直在她睡著之前，都守在她身邊。我也試過這樣做，我會急躁地在一旁等待她眼皮掉下來的那一刻來臨，然後極其小心地匍匐離開她的房間，稍有一點動靜就僵著不敢出聲。這可不是我理想中的夜間活動啊！

後來，我讀到一本書，建議家長應該堅持讓孩子待在床上，但是時不時回到房間看看孩子的狀況。家長探視的間隔時間應該越來越長，例如第一次在五分鐘後回來，接著變成十分鐘、二十分鐘等等。要是孩子在間隔期間呼喊你，家長應該不予理會。嗯……後來有一天，我真的這麼做了，不過是無心插柳的結果。那天，希瑞爾一如往常不希望我離開，但我急著想上廁所。於是我跟她說，我只離開幾分鐘，馬上就會回來。當我回到房間時，我驚訝地發現，她非常平靜地乖乖躺在床上等著我。我輕輕揉了她的背，然後告訴她我需要趕快把髒碗盤放進洗碗機裡，這樣明天早上我們才有乾淨的碗盤可以用。不過我保證等我一處理完，就會馬上回來看她，我也真的這麼做了。接著我說，我需要去換上睡衣、刷牙，等我弄完就會回來看她。當我再進房間的時候，她就已經睡著了！

於是後來，這就變成我們每天的標準入睡流程。我會保證時不時進房間看她，而她會乖乖待在床上，知道我馬上就會回來。更好的是，她可能自己等著等著就睡著了。這比以前我苦苦等她睡著再想辦法溜出房間，或是她想盡辦法撐著不睡，好讓我一直留在她身邊要好多了。我想其中有一個關鍵的因素，就是我不在時，她能想像到我正在外頭做什麼事情。有一次我甚至把我需要去沙發上讀報紙當成離開的理由。真是既珍貴又意想不到的奢侈時光啊！

莎拉的故事：孩子的一天

有一個方法能讓傑克在睡覺前進入比較放鬆的狀態，就是讓他躺上床、蓋好被子，然後把傑克的一天當成睡前故事來說。雖然，傑克的一天很可能不像故事書有情節轉折和插圖可以看，但這樣的故事似乎能讓他放下今天一整天發生的事，然後放鬆地入睡。傑克的一天很可能是這樣的：「今天你做了好多事情，這是個忙碌的日子。早上七點你就起床了，你進廚房問我有沒有藍莓優格可以吃，可是家裡的優格剛好吃完了！你有一點點難過。但是你很快就決定改吃牛奶泡早餐穀片。你不小心把一點牛奶灑到地上，不過詹戈（我們家的狗）反而高興得要命，把地上的牛奶舔得精光……。」大概類似像這樣。傑克很喜歡聽我說他一天生活中的大小事，甚至喜歡到忘記要吵著不想睡覺。

喬安娜的故事：壞兔兔

阿丹兩歲的時候，每次只要到了睡覺時間，就會特別難應付。顯然，他不希望今天就這樣進入尾聲。有些時候只要讀個故事、唱幾首搖籃曲就能搞定，但有時候，光是這樣遠遠不夠。他會故意在床上扭來扭去，讓自己睡意盡失。通常，接近睡覺時間時，我的耐心非常有限。我會告訴他要躺好、放鬆，培養睡意。但是**從來**就沒有用。我花了一段時間才發現，要把事情變得好玩才能起到幫助。我當然沒有心情跟他玩，但是黔驢技窮的我，也只能死馬當活馬醫。

阿丹有一個小兔子玩偶，我們都叫它兔兔彼得。我先把彼得塞進被窩，在阿丹下巴磨蹭，然後我假裝小兔子扭來扭去，跳起來、翻開被子。我嚴厲地指責它說：「彼得，現在是睡覺時間。你想跳的話，等明天早上再跳。」接著，彼得又扭著扭著離開了被窩。「彼得！阿丹需要睡覺了！快停下來。你不可以再這樣打擾我兒子睡覺了，否則他明天會很累，會沒有精神玩耍！阿丹，你可以幫我把彼得抓進被窩裡，抱緊它嗎？」大概是類似這樣的情節。

阿丹被這個情境劇逗得樂呵呵，而且會幫我把彼得抓進被窩、抱得緊緊地把它安撫好。這時，他反而變成用家長的角色，在安撫一個過於興奮、不肯睡覺的小麻煩。我想，這的確幫助他釋放了從清醒狀態艱難地過渡到睡眠狀態的一部分壓力。

安娜的故事：隆起的床

我只要能讓安頓爬上床，就算是成功了一半了。當他躺好、蓋好被子，我只要再說說故事、唱唱歌，很快就能讓他放鬆下來。我們發明了一個遊戲。我會說：「我需要去鋪床了，希望今天床沒有鼓起來。」安頓會跑到床上，然後我會一邊用手撫平被單，一邊抱怨它隆起的樣子。我會說：「我不知道這床被子怎麼又鼓起來了，每次我把它弄好，它又會變成這樣。我想我需要寫封信給床墊公司抱怨一下。我要再試一次看看，我得把這塊細細長長的小山撫平！」然後我會在他全身上下按壓一番，他會舒服地蜷在被子裡。他喜歡我這樣開玩笑，也喜歡我按壓他的身體。我曾經讀過一篇文章，裡面寫到肢體的按壓可以幫助有感覺處理問題的孩子放鬆，實際操作之後，我確實覺得很有效果。

唐尼的故事：幫洗澡換個名字

我要分享的並不直接與哄孩子入睡有關，不過確實是我們每天睡覺流程的其中一步。我堅持我們家雙胞胎每天晚上都要洗澡。你只要看過她們吃晚餐時，用手拿過食物又去玩頭髮的樣子，就一定能理解我為什麼這麼做。我們家不常吃魚是有原因的！總之，她們通常都很不願意去洗澡，因為她們知道，一旦去洗澡，就表示不能玩了、該睡覺了。而我卻很容易因此變得毛躁，因為我知道唯有趕快洗澡才能開始這套流程，而且距離我能真正休息的那一刻，還有好長的路要走啊！

上禮拜我母親來看我們，並且主動說願意幫孩子們洗澡。珍娜馬上就說：「不要洗澡！」我提醒她說，下午吃點心的時候，她的頭髮抹到芒果汁了。然而，她卻不為所動。此時，外婆說：「噢，我們當然不要洗澡。無論怎麼樣我們都不洗澡。今天晚上，我們要『嘻澡』。」

我的精神為之一振，我對她們說：「你們聽到了嗎？我覺得浴缸好像在說話喔！」我提高嗓子，模仿浴缸悲傷的語氣說：「我好孤單喔，今天都沒有人來找我玩。我好想念珍娜和艾拉。」

孩子們蹦蹦跳跳地跑上樓，把衣服都脫好了。當浴缸注滿了水，她們一個個準備爬進去。此時，外婆說：「噢，不不不。嘻澡跟洗澡是不一樣的，我們在嘻澡的時候，你必須背對浴缸倒著跨進去。」於是，孩子們轉過身，倒著跨進了浴缸。我再一次裝成浴缸說：「我感覺好多了，好高興可以跟妳們一起玩，謝謝妳們！」

珍娜回說：「不客氣！」於是她們從頭到腳都被洗乾淨，爬出浴缸、穿上睡衣後，就上床睡覺了。真是個美好的夜晚啊！

麥可的故事：野餐早餐

在我們家，問題不出在晚上，而是早上。傑米每天都好早起床，真的很早！珍和我一直拜託他，在電子時鐘上出現「7」這個字之前，不要進來叫我們起床（我們把時鐘顯示「分鐘」的地方遮起來了，這樣他才比較好判斷）。這樣的要求很過分嗎？他依然每天一大早就闖進來爬在我們身上，雖然我們都假裝不理他。他總是說自己餓了，但我覺得他只是想博取我們的注意力。畢竟，誰會在早上五點肚子餓啊？

上禮拜五，珍突然靈光一閃，想到一個好主意。他問傑米想不想要一個特別的野餐早餐。她幫他拿出一個大碗，讓他自己決定要吃什麼穀片。我們把他要的穀片放進一個小的收納盒，然後用一個小杯子裝好牛奶，放在冰箱的最下層。傑米高興極了。隔天早上，他自己起床、自己弄好早餐，然後就一直玩樂高，玩到七點才來找我們。雖然餐桌被弄得有點亂，但是跟可以睡久一點比起來，那根本不算什麼！我們現在每天都這麼做。

喬安娜的故事：音樂的魔力

小時候我曾經在生日時收到一個兒童錄音機作為禮物。那是我收過最棒的生日禮物了。每天晚上我都可以選一個錄音帶放來聽。有時候我會放音樂，我最喜歡聽的是湯姆·格萊澤（Tom Glazer）的《義大利麵上》（*On Top of Spaghetti*）、皮特·席格（Pete Seeger）的《市政廳兒童音樂會實錄》（*Children's Concert at Town Hall*），還有另一張我非常珍愛的專輯，叫做《兒歌與民謠》（*For Kids and Just Plain Folks*），裡面收錄了讓小時候的我每聽必笑的經典之作——《對爸媽好一點》（*Be Kindto Your Parents*）。有時候我也會放說故事的錄音帶來聽。只要聽著那些話語或旋律，我就很容易睡著。它們能讓我不被心中的憂慮所困——例如哪個影子可能是怪獸、晚上可能會有搶匪闖進來，或者走廊可能會失火等等。直到現在，那些錄音帶內容的字句，我和我弟弟都還能倒背如流。

瑪麗亞的故事：灰塵怪

小班在晚上膽子特別小。我已經知道，無論多無辜、多無害的小東西，都可能把他嚇得不行。他最喜歡的一本關於外太空的書裡，有一頁提到黑洞，於是有好幾個禮拜，他都因此而不敢睡覺。後來，我們再也不在晚上讀那本書了。上禮拜我們讓他看了一部電影，內容是一隻小老鼠去西部探險的故事。有一幕，老鼠在沙漠中看到自己的父母，他朝他們跑過去，靠近後卻發現爸媽消失了，原來那是自己的幻覺。唉！我多後悔讓他看了那部電影！接下來連續三個晚上小班都不肯自己睡，因為他怕我們會消失。

但是，就算不讀科學書、不看普級電影，我們家還是有怪獸的問題要解決。我們用玉米粉和亮片做了怪獸驅除劑，把它裝在調味料罐裡，在房門前面直直撒了一條線作為保護。當粉末驅除劑失去效果之後，我們在水裡滴了幾滴薰衣草精油，做成防獸噴霧。我還幫他準備了一支雞毛撢子，好讓他把床底下的怪獸都趕走。有一次，我先生還幫他用「隱形磚頭」在床邊造了一道牆作為保護。我們甚至把家具的位置調換了，這招效果非常好，而我完全不知道為什麼。我們必須不斷想出新花樣，不過怪獸防治一直是我們睡覺流程中的主要活動。

我曾經告訴他，怪獸並不存在。他會說：「**我知道啊**！可是我還是很怕！」當我們認真看待他的焦慮，效果通常比較好。因為他會覺得我們是一個團隊，一個一起防治怪獸的團隊，而這能讓他更安心一點。

聽完大家分享的故事之後，我整個人興奮極了。我們一起想到了這麼多豐富的點子！不過，我們仍然不知道上述有哪一個辦法特別適用於任何一個孩子。當上述的點子都沒有產生效果時，你可以試著和孩子討論解決方案。例如像這樣：

第一步：找一個平和的時機，和孩子談談（別選在睡前進行啊）。

第二步：承認孩子的感受

「要習慣自己一個人睡很不容易。」

「妳真的很喜歡我們躺在妳身邊，陪妳入睡。」

「雖然有部分的你知道媽咪還想睡覺，但是你真的很難、**很難**忍住不把她叫醒。」

「半夜自己一個人醒著的時候，真的一點也不好玩。」

「自己一個人躺在黑漆漆的房間真的好可怕喔。」

然後，看看孩子是不是願意跟你分享她的感受。記得回應她說的話：「噢，原來玩偶在半夜看起來很像怪獸。」如果她不想說話，你可以跟她說你自己小時候怕黑的故事。當她知道爸媽小時候也一樣怕黑，可能會覺得安慰一點。

第三步：描述問題（簡短一點！）

「這真的是個棘手的問題。你不希望半夜睡醒的時候只有自己一個人，但是媽咪和爸比需要睡在自己的床上，這樣我們隔天早上才會有精神。」

第四步：請孩子出主意

「我們需要想想辦法，一般人遇到這樣的狀況時，可以怎麼**做**呢？」

「怎麼做才能讓你比較想睡？」

「當你半夜醒來，又睡不著時，可以怎麼做呢？」

請把孩子出的主意全部寫下來，別做任何批判——就算是最異想天開的主意也一樣（例如「買一隻猴子當寵物陪我睡覺。」）。下面是其他家長曾經試過且成功的方法，如果你需要一些靈感，可以參考以下：

- 在床邊放一本有交通工具的圖畫書，睡不著時可以翻著看。
- 把孩子最喜歡的歌曲或故事錄成一張專輯，讓她可以在床上聽。
- 準備一個特別的娃娃或玩偶，讓孩子可以抱著。
- 添購一個夜燈，消除對黑夜的恐懼。
- 重新安排晚上睡覺的地點，讓孩子可以和兄弟姊妹一起睡。
- 製作三張「請起床」的卡片，讓她在「真的、真的」很需要你的時候使用，以免覺得自己走投無路。她可以自己動手做卡片。
- 把爸爸或媽媽說故事的聲音錄下來，這樣當她自己躺在床上時，也可以聽到父母的聲音。
- 列出孩子在大家起床前可以自己從事的各種特別活動。幫他準備一個進行活動所需的專屬工具箱。

- 請她幫忙製作一張兩面指示牌掛在你的房門前，一面寫著：「爸媽熟睡中」，一面寫著「歡迎進來！」

在你們為這場睡眠大長征討論解決方案的同時，還有一個非常重要的警告必須讓你們知道。根據我的經驗，再怎麼有創意的點子，都不可能比得上父母那張溫暖舒適的床。你很可能會發現，除非這個選項完全不在討論範圍之內，否則孩子不會願意認真思考其他的解決方案。如果你真的希望能保有自己的睡眠空間，你就必須嚴格劃清界線，並且在必要時**採取行動**，讓孩子知道你是認真的。在這過程中，很可能有人會掉下眼淚！

這也是我們工作坊中很多家長最後棄守的原因。他們寧願用其他的方式妥協，例如換一張大一點的床、在家長床旁邊加一張小床，或是為夜裡做惡夢睡不著的孩子在地上另外鋪一張小床墊。如果你能接受上述這些解決方式，那麼你可以用的辦法就更多了。

對我來說，這樣的妥協實在犧牲太大。每天晚上不用顧著孩子的那幾個小時，對我來說真的很重要。我先生也這麼覺得！所以，一旦我的孩子跨越嬰兒階段，不再需要晚上有人照看之後，我就馬上準備好要奪回自己的床啦！我的動力之一，是因為我的第一個孩子晚上總是喜歡睡成H形——也就是，頭靠在一個人身上，然後腳向著另一個人——重點是，晚上他一作夢，就會精力充沛地亂踢一通。每天早上我睡醒時脾氣都很暴躁，而且心中也有許多不滿。這不僅影響到我白天的精神狀態，對於我們的親子關係也沒有好處。

如果在晚上和孩子分開睡是你求之不得的事，請千萬不要因此而有罪惡感。我們相信，好好睡一覺不僅是生存的權利、自由的權利，也是幸福人生的必要因素。航空母艦（以及父艦！）必須先存活下來，船上的組員才能保有一線生機。請把獲得充分休息的家長想成是你給孩子的一個禮物，當你這麼做，也是在保護他們，以免像行屍走肉一樣精神不濟的家長，會不小心置他們於危險之地。我們並不是說，家長應該期待自己一年三百六十五天每天都能飽飽地一覺睡到天亮，但至少我們可以創造一個環境，讓夜裡起身是偶一為之的例外，而不是天天發生的常態。下面是幾個家長晚上**在不人身攻擊的前提下採取行動**的例子：

莎拉的故事：家長也有情緒

我沒辦法把孩子「放著哭」而不予理會，光用想的就沒辦法忍受。不過，我確實慢慢學會在孩子干擾我睡覺時，用比較堅定的方式表現出我的不滿。以前蜜亞半夜來找我時，我都會把她帶回房間，重新走一遍哄睡的流程。包括幫她蓋好被子、摟著她、唱唱歌，這些冗長又繁複的步驟我每一次都會做。但是，這只讓蜜亞頻頻在夜晚把我叫醒，簡直永無止境。最後，我終於開始強烈表達出我的情緒：「媽咪需要睡覺！我不喜歡半夜被叫醒！晚上是我們需要各自待在自己床上的時候。」我把她放上床，簡單地撫一撫被子，就馬上回到床上去睡覺了。

我還做了另一項改變，就是不再讓她在半夜爬上我們的床睡到天亮。以前我雖然會抱怨，但並不真的會做出把她趕走的舉動。我半夢半醒的腦袋告訴我，只要不用起床，什麼都好。但她睡在我身旁時總是扭來扭去，我根本沒辦法好好休息。長遠來看，硬著頭皮起來，把她送回自己的床，還是比較好的做法。在我強迫自己起床把她送回去持續一個禮拜之後，她就不再在半夜闖進來了——至少在大部分情況下是這樣啦！

喬安娜的故事：黑漆漆的夜晚

阿丹三歲的時候總是很調皮愛玩，他發現，在睡覺時間過後，一次又一次地起床是個好玩的遊戲。無論我多麼嚴厲地跟他說明，他總是在五分鐘或十分鐘後，又嘻嘻笑笑地起來找我。在一個晚上反覆經歷四次之後，我突然發現，如果不趕快改變計策，這個夜晚將會很漫長。於是，到了阿丹第五次起床的時候，他突然發現自己處在一個完全不好玩的環境裡。整個房子黑漆漆的，而且爸媽房間的門竟然鎖上了。他開始大哭，並且用力敲著門。我在門後不耐煩地喊著：「我要睡覺！」

他也喊著：「讓我進去！」

「不行！我累了，我要睡覺！」

他哭得更大聲了。於是我說：「你現在馬上跑回床上的話，我就去幫你蓋被子。」

阿丹馬上就跑回去了。於是我起來幫他蓋好被子，同時很簡短地安撫了他的情緒，我說：「晚上一個人待在床上確實不容易！問題是，我需要睡覺。所以我們明天再玩。」後來，我把連通兩間房間的門也打開了。接下來，那個夜晚便一片祥和。

並不是所有的哭喊都會對孩子造成傷害。事實上，如果我們為了保護孩子，而讓他們避開所有可能流淚的情況，反而可能導致他們情緒發展不健全。在艱困的情況下獲得爸媽的支持與同理，能讓孩子更加強大。有些時候，我們只需要安慰孩子的情緒就好，並不需要答應他們的每一個要求，無論孩子是希望吃糖果當早餐，還是要爸媽整晚提供隨叫隨到的陪伴。不管哪一樣，都是不健康的。

許多家長會發現，他們必須先經歷一段相當痛苦的「堅定立場」的過程之後，討論解決方案或其他方法才會開始起作用。請別會錯意，即便如此，和孩子共同討論解決方案依然是很有意義的。你可以這麼想，在你和孩子共同討論解決方案的時候，你相當於是在邀請孩子一起克服一個艱難的挑戰，而不是專制妄為地任他在黑夜裡哭泣。

除此之外，也有些時候，（暫時）溫柔地對孩子讓步才是最好的辦法。

麥可的故事：大家都有伴

卡拉出生的時候，傑米才不過兩歲大。原本他一直睡在自己的房間，但當卡拉成為家裡的新成員後，他就開始對夜晚產生了恐懼。對於妹妹的到來，他並不怎麼開心。雖然我們一直盡力安撫他，但事實擺在眼前，他得到的關注就是變少了。這個愛吵鬧的小小入侵者總是被媽咪抱在懷裡。那還只是白天呢。到了晚上，我們三人——媽咪、爸比和卡拉——可以一起睡，而傑米卻只能一個人睡在自己的房間，像個被家人排除在外的可憐蟲。我們試著向他解釋，在他還是個嬰兒的時候，他也是這麼跟我們一起睡的，但是那一點用也沒有。嬰兒時期對他來說已經是太遙遠的事了。當時我們還沒有參加工作坊，所以也沒有用上任何在這裡學的技巧。因此，我現在也不知道這些技巧會不會有效。總之，後來我們採取的方法是在我們房間地上再鋪一張床墊，讓他進來一起睡。

等到卡拉六個月大的時候，我們就讓她換到傑米的房間去睡。我們幫傑米換了一張新的「大人床」，在天花板上掛了裝飾品，還在牆上貼了狗狗、魚類和卡車的海報，簡單來說，就是把他們即將共用一間專屬房間的事情搞得很大。從此之後，兩個孩子睡一間房，爸爸媽媽睡另一間，這樣就沒有誰會落單了。那時，傑米已經準備好了。雖然他在白天有時還是會覺得妹妹很煩，但他卻很喜歡晚上有她的陪伴。

睡覺

1. 承認孩子的感受

「有時候要睡著真的不容易。自己一個人躺在黑漆漆的房間裡有可能是很嚇人的。」

2. 要好玩

「我得把床上這些鼓起來的小山撫平！」（往下按按孩子的腿和手臂）

3. 討論解決方案

「我們來想想，有什麼辦法可以幫助你晚上自己躺在床上。裝個特別的夜燈？在床邊放一本圖畫書？還是一卷錄了歌曲和故事的錄音帶？」

4. 在不人身攻擊的前提下採取行動

「爸爸媽媽需要睡覺！我現在要把你放回自己的床上，我們明天早上再玩。」

12

愛亂跑的孩子——當孩子總在公共場所失控暴走

喬安娜

「我要求救！」麥可喊著。「要是我把家裡任何一個孩子搞丟，我太太一定會把我的頭砍下來。我一直都把傑米看得很好，但是卡拉現在動作也越來越快了。有時候，車子一在停車場停好，他們就會馬上往完全不同的方向飛奔。我真的需要有個分身，才能同時看好這兩個孩子。不然就是需要一台無人機，從天上看著他們兩個。」

「噢！」唐尼笑著說：「我們可不能錯過這個用想像來補償的機會。麥可啊！我真希望能有一台無人機，在你盯著傑米的時候，從天上幫你看好卡拉。或者要是你有兩個分身就好了，這樣你還可以在他們幫你看著孩子的時候，坐在旁邊喝杯咖啡。」

麥可笑了。「要是這些東西真的上市的話，我一定第一個衝去買。不過話說回來，我到底該怎麼辦呢？妳都是怎麼做的，唐尼？妳家有一對雙胞胎耶，要是我們生雙胞胎一定會完蛋。」

「嗯……真謝謝你的恭維啊。」唐尼做了個鬼臉。「這真的不容易。我曾經考慮過要買那種最近很流行的幼兒牽繩，但是我又怕別人看到我把孩子像狗一樣牽著，會露出嫌惡的表情。說真的，當你提出這個問題，我也是豎起耳朵準備要聽大家的意見。」

「我也是，」瑪莉亞說：「小班不會在停車場亂跑，但有時候當我叫他，他會聽不到。他並不是假裝沒聽到，可能只是他剛好在專心看著什麼，所以聽不到。」

這讓我想到我的大兒子，阿丹。三歲的阿丹簡直是亂跑高手，他最最討厭的，就是有人牽著他的手。無論在停車場、在人來人往的公共空間、在大街上——任何危機四伏的地方，他都想要自由自在地奔跑。他會想扭開我的手，而我抓得越緊，只會讓他越想要掙脫。

我跟小組成員說了一個故事。有次，我帶阿丹去看商場的節日佈置，那是一個星期天下午，那裡人潮洶湧、擁擠無比，這真是一個錯誤的決定。當時，阿丹和我爭得你死我活。他想擺脫我流著汗的手心，自由自在地走；而我則擔心會跟他在人潮中走失。最後，我只好把他抱起來，送回車子裡，而他則撕心裂肺地全程又踢又叫。他扯著嗓子尖叫，那聲音大到讓我擔心別人會以為是我綁架了這個孩子。我把氣呼呼的他放進後座，鎖上門，等到他累了、稍微可以控制的時候，我才把安全帶繫上，帶他回家。簡直是史上最失敗的節日約會。

我說這個故事是想告訴大家，根據我的經驗，有時候家長就是需要當機立斷，夾著尾巴趕緊逃回家。不是每個問題都能在當下解決好。當孩子出現安全上的疑慮，該採取行動，就要採取行動。不過，我們永遠還有下一次機會，也就是說，我們可以把希望放在未來。我們有一大堆的工具可以用來處理這個問題，而我們首先要做的，是先控制環境，而不是控制孩子。

在「那次事件」發生之後，有很長一段時間，我都不再去逛商場。我用的是最簡單的方式，也就是離商場遠一點——只要我控制好環境，問題就不會發生了。我也規定自己，只帶阿丹去四周有完整圍籬的遊戲區玩。但是，我還是免不了要去雜貨店買東西，畢竟，家裡得有東西吃啊！這時候就是該來討論解決方案的時候了。下面是我和阿丹當時談到超市停車場的對話。

我（先承認他的感受）：你不喜歡我在停車場的時候牽住你的手。
阿丹：對啊！
我：你希望可以自由地到處跑。
阿丹：對！你每次都捏的好用力，而且你都好兇。
我（描述問題）：噢，所以你不喜歡手被捏得很緊的感覺。那確實很痛。我是擔心車子有可能撞到你，因為開車的人看不到這麼小的小朋友，那對你來說很危險。這是為什麼我每次都要大聲吼你。（我讓他看到自己的頭其實比車窗還低，所以駕駛人有可能看不到他）。
我（請他出主意）：我們該怎麼做，才能不捏你的手，又能確保你的安全呢？你想要拉著我的衣服走路嗎？或是拉著我的皮帶？還是你想要幫忙推購物車呢？
阿丹：我可以幫忙推購物車，可是你要好好說話，不可以兇我。
我：好，沒問題。購物車很重，很高興你願意幫忙。我會記得說話溫柔一點。

請注意，我沒有說自己說話之所以「不溫柔」，是因為他不聽話，而且還讓自己處於隨時可能丟了小命的狀態；要是他好好配合，我就不需要吼他了。要是我這麼說的話，大家的情緒都可能變差，我們的對話也不會如此順利平和。

參加工作坊的其他家長提過許多不同的建議。例如，有一個媽媽就把牽狗繩交到孩子手裡。她讓孩子把牽狗繩扣在自己的腰帶上，於是孩子就能假裝媽媽是自己的狗狗，他必須把「她」牽到車子裡，並且要確保這隻「狗狗」不會闖到車陣當中。另一位家長則提議全家人像大象家族一樣走路，也就是每個人都牽著對方的尾巴（也就是衣角囉）。有一個家裡有四個孩子的家長總是讓孩子裝成火車，當他們從商店走向車子時，會像火車一樣發出欽鏘欽鏘的聲音，然後輪流當車頭和車尾。這是學校老師最喜歡使用的經典技巧之一，當老師需要班上學生移動到他處時，透過這個方式，可以讓他們整齊地通過走廊，不會影響到其他班級的學生。

最重要的是，必須想出一個好玩的方法，讓孩子能安全地從A處移動到B處，而不是各持己見、誰也不讓誰。當然，要是有孩子打破規則突然跑走，你就會需要趕緊把他抓好，就算他對你拳打腳踢、大哭大鬧也是一樣。而且，這是很可能發生的事。但事情過去之後，你可以把握機會跟孩子談一談，然後一起為下一次擬定計畫。一切就再重新來過：「你不喜歡被抓住，但是我不希望自己需要擔心你可能出事。我們下次該怎麼做呢？」

你的跑跑小尖兵很快就會發現，你是如此堅持要把安全放在第一位、完全不妥協；同時，你也總是寬厚地邀請他一起想想辦法。至於那些遊蕩到一旁探索、玩耍，因此未回應家長呼喚的孩子，狀況就稍微有點不同了。我們先試著想想，孩子的腦袋裡在想什麼。他完全沉浸在某個新奇的事物裡面，他只是跟隨自己的本能，發現了某個從未見過的世界。他並不是調皮，也不是故意搗蛋，只是自然地表現出人的本性——求知的慾望。那麼，我們可以怎麼對這個正面的活動稍作調整，讓孩子不至於有安全之虞呢？

其中一個方法是，提前和孩子討論解決方案：「我們每次去公園的時候，你都喜歡到處走走看看。有時候你喜歡走到很遠的地方。問題是，要是我叫你的時候你不回答，會讓我很擔心。我會很怕找不到你。我們該怎麼辦呢？你可以一起想想辦法嗎？」

如果孩子確實和你一起制定了計畫，那麼屆時他很可能就會願意配合。他很可能會喜歡你用有趣的方式把他叫回來，而不是像以往那樣單方面宣布：「不玩了，要回家了。」或許他會發明一個秘密暗號——一種口哨聲，或是用某個字代表特別的意思。例如當你說袋鼠，表示他要向媽媽招招手，但可以繼續玩；當你說老虎，就表示他得趕快回到你身邊。當你說的話沒有被聽到，你做了手勢也沒被看到的時候，一個尖銳的口哨聲應該足夠吸引到他的注意力。

要是孩子依然沒有回應，你就必須採取行動了：「我們下次再來試試看。我現在必須帶你回家，因為我不想把你搞丟。」或者說：「我必須先把你放進購物車，因為我不希望自己在店裡找不到你。」如果你的孩子性格特別執拗，又特別喜歡四處探索，那麼，或許他會需要看到你採取了行動，才會知道你是認真的。

麥可的故事：裝傻的爸爸

我把停車場的問題解決了。我讓卡拉自己選，是要像猴子一樣騎在我肩膀上，還是要坐在嬰兒車裡。至於傑米呢，我則把這個家族大長征的計畫交到他手裡。我假裝自己不知道要怎麼走，讓他負責帶著我到商店裡。買完東西後，我又假裝不記得車子停在哪裡。他知道我是裝的，但是他一點也不介意。他指路指得不亦樂乎，而且這也讓他必須待在我身邊，不會跑遠。

唐尼的故事：獅子、老虎和大熊

我的孩子們最近對動物超級著迷，所以我跟他們說：「停車場外面是一片險惡的叢林，我們需要小心，可能會有獅子跑出來！」我們鬼鬼祟祟地穿過一輛輛車子，彼此緊緊貼在一起。我一邊喊著：「那台紅色的車子後面可能有獅子！」孩子們開心極了。至少目前為止是這樣，她們每次都還吵著要玩。她們甚至編出更多的動物——恐龍、蜘蛛、蟒蛇、鱷魚、老虎等等。很奇妙的是，讓她們想像自己可能受到威脅，竟然比實際開口威脅她們還要有效！

瑪麗亞的故事：開心的腳

我們編了一個叫做「冷凍腳」的遊戲。我們在家裡就先練習了幾次。我會叫小班儘可能跑得很快很快，然後當我我大喊：「冷凍腳！」他就必須馬上停下來。這是他最近最喜歡玩的一個遊戲。現在，不管我們去到哪裡，只要我需要他停下來，我就大喊「冷凍腳！」他就會馬上停下腳步——嗯，至少大多數時候是這樣啦！遇到他沒有停下來的時候，我就會直接把他抓進嬰兒車裡。

除此之外，在我們要出門之前，我會花很多時間跟他討論我們的「計劃」。舉例來說，上禮拜我就自己一個人把兩個孩子帶去參觀蘋果節。我事前提醒他說，我們等下會去到一個人很多的地方，他必須抓好嬰兒車的把手，這樣我才知道他人在哪裡。我一再向他保證，即便如此他仍然可以看到動物，而且可以去草堆上玩。只要我們事先討論過計劃，到了現場，他就知道自己該怎麼做了。

總而言之，我儘量試著多從他的角度看事情。我越來越知道要怎麼在他的需求（想玩）和我的需求（保證他的安全）之間，取得平衡點。現在，我通常可以比較放心地出門，不需要像以前那麼擔心他會到處亂跑而不停下來。這對我的母職生涯來說，真的是一個很大的改變！

愛亂跑的孩子

1. 調整你的期待：控制環境，而不是控制孩子

儘量不要帶著年紀還太小的孩子，去做那些感覺會好玩，但其實只會帶來更多壓力的活動。等孩子再長大一點，你還有很多機會可以帶他去商場看節日佈置，或是去聽一場河邊的戶外演奏會。

2. 承認孩子的感受

「你不想要手被捏得很痛，你想要可以自由自在地到處看看。」

3. 描述你的感受

「我擔心其他人在倒車的時候，可能看不到像你這樣小的小朋友。」

4. 提供選擇

「你可以坐進購物車裡，也可以幫忙推。」

5. 要好玩

「這裡是險惡的叢林，我們需要緊緊地貼在一起。我剛才好像在那輛車後面看到獅子的尾巴耶！」

6. 討論解決方案

「我們一起想一個暗號，當這個暗號出現的時候，就表示我們要馬上跑到對方身邊，越快越好。」

7. 在不人身攻擊的前提下採取行動

直接把孩子帶回家。「我們不能再待在這裡了。我需要看著寶寶，但是又擔心你會在河邊跑不見。」

13 打、捏、戳、揍、推——不是我弄的！

茱莉

瑪麗亞激動地闖進教室。「我今天真的很生氣！」她對著大家說：「我一定要告訴你們今天早上發生了什麼事。小班拿著水壺坐在沙發上，伊莎貝爾爬過去，伸手想拿他的水壺。小班說：『不可以！』但伊莎貝爾還是一直試著去抓。小班本來就有時候會把腳塞進伊莎貝爾胸前，用腳把她推走，但這一次，伊莎貝爾整個人飛了起來，頭直接撞到地板。我大聲斥責小班，叫他進去房間，他馬上就飛奔過去了！後來我花了十五分鐘才把驚魂未定的伊莎貝爾安撫好。如果家長懲罰要看時機，現在不就正是時候嗎？」

「同意，」唐尼說：「妳必須讓孩子知道底線在哪裡。孩子不小心犯錯是一回事，但這次小班是故意傷害了她。一定得讓他知道這樣做的後果是什麼呀！他做了這樣的事情，我們不能放任他全身而退。」

「不過我覺得，小班已經看到事情的後果了，」我說：「妹妹哭了，他被媽媽罵了，還被罰關房間，他很可能知道自己闖了大禍，而且媽媽現在對他非常生氣。這已經是一個讓人很難受的後果了吧？問題是：『那現在我們該怎麼做？我們要做出什麼樣的反應，才能達到想要的終極目標？』」

「什麼目標？」唐尼疑惑地看著我。

「我們的目標是希望小班成為一個對妹妹更包容的哥哥，而不是一個討厭妹妹的哥哥。除此之外，我們也希望他在未來的人生裡，可以知道除了暴力之外，還有其他的方法能保護自己。」

「我看不出寬大仁慈的態度何以能讓他學會管好自己的行為，」唐尼反駁：「如果家長放他一馬，只會讓孩子覺得就算對別人動手動腳，也不會怎麼樣。我的哥哥們以前一天到晚都亂推我，但我爸媽從來沒有讓他們覺得這樣不對。我們家有七個小孩，我爸媽基本上放任不管，所以我們只能自己想辦法適應彼此。年紀大且長得更高更壯的孩子當然佔有優勢，但其他小不點就不是那麼好過了。」

「我的意思不是讓家長在孩子動手動腳時假裝沒看到，」我說：「我們還是需要讓孩子知道，暴力在這個家裡是不被允許的。問題在於，要怎麼做怎能讓家人之間依然有愛的流動，而不是徒增恨意。透過這樣的方式，才能真的讓加害和受害的雙方，都不會再使用暴力或受到暴力的傷害。」

當然，最重要的是要先保護孩子。你必須採取任何必要的措施，來避免孩子受到傷害！這可能意味著你得抓住其中一個孩子。但是，在你動手的同時，嘴巴說出來的話更是至關重要。我們需要用其他的字眼來取代「壞小孩」、「你怎麼能對小嬰兒做出這種事？」或是「不要這麼壞心眼！」我們需要用不會造成人身攻擊的字眼，來堅定地陳述出你的原則。

「妹妹不是可以讓你這樣推的！」

接下來，你要去關懷受害的一方。

「來，媽媽幫撞到的地方呼呼！我們是不是要拿冰塊放在上面敷一敷？」

但是，光是在沙子裡畫出一條界線是不夠的。要是能把問題的根源完全消除，你從一開始就不需要踏進沙子裡。家長該怎麼做，才能讓孩子對兄弟姊妹感覺更有愛，並且更不容易再一次傷害他們？

我們可以幫助孩子彌補過錯：

「伊莎貝爾需要一點安慰。你可以幫忙把她的泰迪熊拿過來嗎？……太好了，小班，謝謝你！」最後，我們可以承認孩子的感受，並且和他一起討論解決方案：

「要跟一歲小孩相處真是不容易。當小嬰兒硬是要爬到你身上，或拿你的東西的時候，我們可以怎麼辦呢？」

我們只知道叫孩子不可以對弟弟妹妹動手動腳，但有時卻忘記，家裡有個小小孩對孩子來說是多大的挑戰。當孩子發現自己的處境正是人類達到文明必經的偉大之路時，他可能會覺得鬆了一口氣！那正是——試著不用暴力解決問題！

安娜的故事：吼出警告

安頓一直都很喜歡弟弟，但是當路克長到兩歲，開始會搶他的玩具時，安頓就經常對他大發雷霆。他甚至開始會動拳頭。我們特別花時間討論了解決方案，也聊到當他氣得真的想動手時，可以怎麼做。他最喜歡「像獅子一樣大吼」這個方案。後來，當路克又在他玩得好好的時候爬到他身邊，他馬上把臉湊近路克，然後像獅子一樣吼了出來。路克馬上嚇得大哭。我的天！

我又一次和安頓坐下來談心：「我們需要重新再想一個方案，獅子吼對路克來說太恐怖了。」我們後來決定改成吼進枕頭裡，而不是當著路克的臉大吼。安頓很喜歡這個主意。之後，每當他生氣的時候，他就會這麼做。我只要一聽到他吼出來，我就會跑過去鼓勵他，對他說：「謝謝你用這麼好聽的叫聲叫我過來！」雖然他還沒有知書達禮到能和女王共進下午茶的程度，但這已經是他的一大步了。至少比動手打人好多了！

瑪麗亞的故事：送一朵花給妹妹

上次工作坊結束後，我就決定要跟小班討論解決方案。當我告訴他，我想跟他聊聊動手打人和踢人的事情，他馬上就溜進被子裡，用猴子玩偶擋住了自己的耳朵。顯然他很擔心！

我坐到床邊，跟他說：「我想跟你談談那天你跟伊莎貝爾發生的那件事。我知道跟一歲的寶寶相處並不容易，她們不知道不可以亂碰你的東西。」

小班沒有回應，也沒有看我。

我繼續說：「我想你也不希望傷害到妹妹，你只是想讓她不要過來。你不是故意要讓她摔倒撞到頭的。你也沒想到會這樣！當你發現她開始大哭，而我又破口大罵，一定讓你覺得很害怕。你也不希望事情變成這樣。」

小班把猴子拿下來，眼睛直直看著我說：「我沒有想要事情變成這樣。」

「我知道，平常你一直是一個很溫柔的哥哥。我們需要想想辦法。下一次當妹妹又想拿你的東西時，我們可以怎麼做？」

小班想了一會兒，而我靜靜等待著。「如果她又這樣，我就把猴子放到她頭上。」

「這樣她很可能會笑出來，然後就忘記要拿你的東西了！我要拿張紙把你說的寫下來。」

我拿了紙筆，寫好給小班看。他笑了一下就跑走了。我當時好失望！我以為我們會繼續討論出好多方案，但或許三歲小孩並沒有辦法在一件事情上專注太久。我覺得他當時應該是如釋重負，不再感到罪惡，所以馬上就準備好要讓這件事過去了。當他離開的時候，我一邊在後面說著：「記得喔，如果你發現自己想要打人或推人，你隨時可以叫我過來幫忙。」

幾分鐘後，他把自己從幼稚園做的一朵小紙花拿了過來，他說要把這朵花送給伊莎貝爾，「讓她開心一點」。

隔天，班傑明坐在沙發上的時候，伊莎貝爾又爬過來了。他用擔心的語氣叫我：「媽咪！把伊莎貝爾帶走！」方向正確的反應！又有一次，他正用彩色筆在畫畫，伊莎貝爾卻把其中一隻拿走。他用一隻乾掉的色筆跟她交換，伊莎貝爾樂呵呵地接受了。有時候，他對妹妹還是太粗魯，但我可以看到他的態度在轉變。他現在會思考該用什麼方式和妹妹相處，而不是直接用暴力解決問題。

唐尼的故事：為了貓咪打架

有天，我接到湯瑪斯的老師打來的電話。她說他在下課的時候打了某個同學，並且被叫到校長室。他一直想跟三個下課時會一起玩的男生做朋友，我覺得可能是這些男孩不想跟他一起玩，而湯瑪斯卻沒有意會到。

我掛上電話的時候，整個人氣得冒煙。我完全無法接受孩子使用暴力。在我心裡，我馬上想好要罰他不能看電視、不能吃甜點、不能去參加朋友的生日派對……這樣他一定會學到教訓！算湯瑪斯幸運，我在放學之前遇到安娜，安娜說服我打消了這些念頭。

到了學校後，老師過來和我交待了整個事件。湯瑪斯氣呼呼地走出學校，我趕緊追上去說：「哇，你現在看起來好生氣！」他狠狠瞪了我一眼：「我**是**很生氣……我氣**你**怎麼可以跟老師講話！」

「噢，我知道了。老師有告訴我你今天下課的時候發生了不好的事情。」他把頭靠在我肩上，開始掉眼淚。我說：「噢，你好難過，今天發生了一些事情。」

然後他開始對我傾訴。原來那些男生說，湯瑪斯家裡沒有養貓，所以不可以跟他們一起玩。湯瑪斯說，他有一隻玩偶貓，但他們說那不算數。接著有個男孩動手推他，然後湯瑪斯才還手打他。

我一直用「喔～」、「噢……」來回應他，最後他終於冷靜下來，並且自己說要為了動手打人的事寫一封道歉信！

對我來說，當湯瑪斯做出打人的舉動，我很難不給他點顏色瞧瞧。但如果我還是按照平常的直覺去行動的話，我覺得他就不會告訴我貓咪的事，最後也不會決定要跟對方道歉了。

打、捏、戳、揍、推

1. 在不人身攻擊的前提下採取行動

- 確保大家的安全

「我現在需要把你們分開！」

- 關心受傷的地方

「讓我親親撞到的地方。你想要拿冰塊敷在頭上嗎？」

2. 強烈表達出你的感受

「我不喜歡看到伊莎貝爾受傷！」

「這讓我很生氣！」

3. 幫助孩子彌補過錯

「伊莎貝爾需要安慰。你可以幫她拿一個玩具過來嗎？還是你覺得她會想吃草莓嗎？」

4. 承認孩子的感受

「妹妹一直要來抓你的東西，真的讓人很無力。」

「生氣的時候要忍住不打人、不推人，真的不容易！」

5. **提供資訊**

「我們家裡不允許有人推別人。爸爸不可以推我，你也不可以推妹妹，妹妹也不可以推你。當然，我也不可以推你們其中的任何一個人——除非你是要我幫忙推盪鞦韆！」

6. **討論解決方案**

「有時候妹妹真的讓人很抓狂！當妹妹一直來搗蛋的時候，哥哥可以怎麼做呢？我們需要想想辦法。」

14 爸媽真的生氣了！

茉莉

「說實話，我對我們學的這整方法是持保留態度的，」安娜娓娓說著：「並不是說我不相信這些技巧有價值、有用處，只是我在關鍵時刻總是不會記得要使用它們。每次我被安頓搞到氣炸了的時候，我就只想揍他而已。我就連**試著**想一想有哪個技巧可以用，都不願意。當下我就是顧不了這麼多！很抱歉，我的個性就是這樣，我沒辦法在當下冷靜思考這一切。」安娜癱坐在椅子上。

「安娜，不用道歉啦，」瑪麗亞一邊說著，一邊垂著頭：「我也想過同樣的事。上次，小班故意用腳踢伊莎貝爾，我整個氣炸了。我對他大叫：『你到底哪裡**不對勁**啊？你怎麼可以這麼討厭？我不管妹妹對你做了**什麼**，我不想聽。你走開，我不想看到你！我連你的媽媽都不想當了。』我實在好丟臉，其他細節就先不說了。」

這讓我想起我第一次帶的那個長期工作坊。每次我們見面時，都會花一點時間交流近況，每個人有五分鐘的時間，可以輪流說說最近和孩子相處的情況。有一次輪到我的時候，我說了自己對亞舍發火的事情。我跟大家抱怨那天早上他有多麼可惡，一直故意欺負弟弟，我簡直想把他送給別人算了。有沒有誰家裡缺一個五歲大的小孩？

那時，我擔心自己毫無遮掩的自白可能讓小組成員對我失去信心。沒想到，他們反而因為發現我也不過是個常人，而鬆了一口氣。原來，在他們的想像中，我應該是個無比有耐心的母親，永遠不會對孩子生氣。就是在那天，我發現人們對我講述的這套方法有一個常見的誤解——家長都以為他們應該要隨時保持冷靜，永遠不能失控。目前為止，我還沒有遇過一個家長能做到這個地步。而且，就算真的有家長能做到這樣，我也不確定自己是不是想認識他／她！這樣的人應該是個機器人，而不是真正有血有肉的人。

「安娜、瑪麗亞，謝謝妳們跟我們分享了心中負面的感受。事實上，你們會有這樣的感覺是完全正常的，就算再深情的家長，也有可能被孩子氣得咬牙切齒——甚至勃然大怒。我們再重新回想一下這套方法的基本原則：**我們可以接納所有的情緒，但有些行為必須被制止**。這個原則不只適用於孩子，也當然適用於家長。其中困難的地方在於，要能發覺並接受我們激烈的情緒，同時克制自己的行為，這樣我們才不會對孩子造成傷害。或者，如果我們確實傷到了孩子，那麼，我們的挑戰就是必須在情緒回復正常之後，重新建立起與孩子的連結。」

這時，瑪麗亞說：「我曾經讀過文章說，當我們真的對孩子非常生氣的時候，應該要深呼吸、從一數到十，或是做做開合跳。」

「這些都可能有幫助，不過在我生氣的時候，一想到我應該冷靜下來，就會讓我更暴躁！當我生氣的時候，根本就不想要冷靜。事實上，要是家長明明看起來很生氣，卻用冷靜的方式跟孩子說話，反而很可能讓孩子覺得困惑。孩子接收到的訊息是混亂的呀！」

我生氣的時候，說話會變得很大聲。好在，有許多方式都可以讓我不需要壓抑大嗓門，也不會對孩子造成心理傷害。還是一樣，請善用我們的工具，在這種時候，以下工具真的相當好用。

用一個字表達。當我被孩子的散漫搞到抓狂的時候（而且其他比較溫和的工具，例如變得好玩、提供選擇等，都沒有辦法讓他們乖乖把玩具車收好的時候），我會大喊：「車子！」然後把我所有無奈、不滿的情緒都發洩在這個字裡面。就算我用盡全身的力氣大聲喊出「車子」這個字，也不太可能對孩子的心理造成長久的傷害。

如果只說一個字還不足以表達你的憤怒，你可以用**提供資訊**的方式發洩你的怒火。你可以大吼，說：「弟弟不是讓你這樣踢的！」

你還可以**用強烈的方式表達你的感受**。但請記得多說「我」，別說「你」。「當我看到小嬰兒被別人捏的時候，我會非常生氣！」

你也可以**描述你看到的**：「我看到有人受傷了！！！」

你還可以**採取行動**：「我不能忍受沙子被亂扔，我們現在得離開這裡了！」

這些話都不會對孩子造成傷害。它們不會讓孩子覺得自己很壞、一無是處，或者不被疼愛。不過，當孩子聽到這些話，他們會確確實實知道，現在的情況已經超出了爸媽能忍受的範圍。除此之外，這樣的說話方式，也等於為孩子樹立了模範，讓孩子知道怎麼樣用不攻擊的方式來表達憤怒和沮喪的情緒。

當然，一個暴怒的家長對著自己大吼，這本身就是一件令人非常不舒服的事。所以，故事絕對不能停在這裡。當你的怒意漸漸消退，很重要的是必須和孩子**重新建立連結**。孩子需要知道自己可以重新做回一個好孩子，也需要知道未來怎麼做會更好。你可以用我們最好用的工具——**承認孩子的感受**作為開頭：「剛才那樣一點也不好玩，你不喜歡被我吼吧？但是我真的很氣你——（請自行帶入你想抱怨的點）。」

接著，你們可以一起計畫下一次出現類似情況時該怎麼做，或者你可以協助孩子彌補過錯。或許你們可以一起**討論解決方案**，想一想以後每天早上要怎麼做，才能讓大家比較順利出門。或者孩子可以做出彌補，例如找一個漂亮的彩色OK繃貼在自己把弟弟弄痛的地方。他可能會想好好傾訴，說說小嬰兒為什麼把他惹得這麼生氣。這一切都是成長過程中極其珍貴的學習過程——孩子將學到什麼會讓別人生氣，以及惹人生氣之後該怎麼辦。一個怒火朝天的家長正是孩子在學習人際關係的藝術時，能夠獲得應對線索的關鍵對象。

「但是，妳難道不擔心自己有可能會太過火嗎？我不覺得孩子經常被吼是件好事，無論吼的內容是什麼字，」瑪莉亞說：「我媽媽以前經常吼我們，那感覺就像是跟一個隨時可能爆發的炸彈住在一起。我哥和我總是戰戰兢兢，深怕一不小心她又要爆發。」

我不得不同意瑪麗亞的觀點。身而為人就是有可能生氣、有可能爆炸，本書介紹的工具只是能夠幫助大家用更安全的方式來發洩這些壓力。如果你感覺自己快要失控了，或者孩子因為你太頻繁爆發而面露恐懼之色，那麼尋求外部協助會是個好方法。尋求治療師或諮商師的幫助一點也不丟臉，他們可以協助你用其他的方式來紓解自身的壓力。這麼做，對你自己和孩子都好。

安娜同意地點著頭。「好吧，不過在我們全部跑去心理諮商之前，能不能花幾分鐘的時間，請大家分享一下，當自己感覺到內心的火山即將爆發時，大家都是怎麼做的？我可不介意多聽幾個免錢的小撇步。」

「我會大喊：『我現在很想打人喔！你最好趕快走開！』」唐尼說：「過一會兒之後，我會打電話給我妹妹訴苦，她會安慰我，告訴我她的孩子至少跟我的孩子一樣可惡。或許你會想，我怎麼不跟我先生說就好？但他是那種會一直想提供建議、設法解決問題的人，我可不想聽那些！我妹妹會聽我抱怨、發牢騷，當輪到她的時候，我也一樣會聽她說。」

瑪麗亞接著說：「如果我先生在家，我就會出門，在家附近跑一跑。要是我真的很生氣，可能就會跑得更遠一點。或許是因為呼吸了新鮮空氣，或是保有自己依然能自由活動的感覺，出門跑步總是能幫助我冷靜下來。」

「我真希望我也有個偶爾能幫忙看一下孩子的伴侶，」安娜說：「我沒辦法丟下孩子自己出去走走，所以我只好把自己關在廁所裡面低聲咒罵。孩子們會來敲門求我出去。雖然這樣我至少知道他們是安全的，不過門還是要關著一會兒。」

「我的第三個孩子出生之後，有段時間我幾乎無時無刻都很暴躁、隨時都能一觸即發，」莎拉說：「後來我去看了心理諮商師。諮商的過程確實讓我更清楚看到自己的觸發點。當然我還是很容易生氣，但是至少我不覺得自己是失控的，而且也有許多時候是幸福的。加入這個工作坊也幫了我很大的忙。有時候，如果某個孩子做了一件很糟糕的事情，我會想：『真等不及要跟工作坊的成員說說這件事。』我知道你們一定會**懂**，有這樣的一群人在身邊真好。我知道最後我們大家只會拿來互相說笑。」

麥可清了清喉嚨，說：「我必須承認，只要我沒有睡飽或是肚子餓，就會很容易生氣。雖然這樣說很清楚就知道問題出在哪裡，但是我平常真的很容易為了再多做一件事就不小心熬夜。吃東西也是一樣，有時候我必須發現自己已經在吼孩子，才會意識到其實我是餓了。」

「謝謝你提出來，麥可。有時候我們都太專注於照料孩子，以至於忘記照顧自己的需求。就像飛機上的安全須知說的——遇到緊急情況時，『請先為自己戴上氧氣面罩，再幫助他人。』犧牲自己對現狀一點幫助也沒有！說到這裡，我們趕緊為今天的討論做收尾，這樣大家才可以趕快回家吃點東西、早早上床睡覺。」

喬安娜的故事：你得親自體會

當我母親和另一位作者完成《解放父母／解放孩子：快樂家庭氣氛指南》這本書之後，她寄了一本給一位她一直很仰慕的作家。這個作家是一個觀察敏銳且極具創意的幼兒老師，他曾經把自己的經驗寫成好幾本感人的書。他告訴我母親說，他無法推薦這本書。當他看到書裡寫到家長可以對他們珍愛的小寶貝發火時，整個驚嚇不已。他畢生都在研究如何與孩子相處，有些孩子的狀況非常棘手，例如有嚴重的行為問題。他不能想像，也不可能允許別人對這樣無助且無辜的孩子表達出自己激烈的情緒。

根據我所有的工作坊經驗，每當那些溫柔慈愛的、悉心照料的、全身心奉獻給孩子的家長們讀到討論憤怒的那一章，所有人都像是活過來了一樣。「我超愛那一章！」「它讓我覺得自己沒有那麼糟。」「這是我讀過的所有親子教養書中，對我最有幫助的內容！」我從來沒有聽過一個家長被《解放父母／解放孩子》書中描述的怒火嚇到過。

這個作者本身並不是家長。我只能說，你必須親自體驗過全年無休、全日無歇照料孩子那種緊張、無從喘息的沮喪感受，才能真正體會到，深愛孩子的家長也可能出現憤怒的情緒。畢竟，這些珍貴的、可愛的孩子，有時是如此不受管束、如此讓人抓狂。

喬安娜的故事：惹麻煩的山

在某個冷得要命的冬天，我被關在家裡無法出門，只能試著在客廳取悅兩歲半的阿丹和六個月大的山姆。阿丹那天鐵了心想要爬山，山若不來，他便自己造一座。他把自己的小木馬拖到客廳，抬到茶几上。接著，他又跑到自己的房間，把自己的小椅子拖出來。他伸長了手，終於把小椅子成功放到木馬上，只靠三隻腳支撐平衡。然後，他就開始爬了。

在這個不像話的建築物搖搖欲墜的同時，我趕緊抓住他的手臂。阿丹固執地扭開我的手，重新爬向他自製的小山。當時我整個腦袋沒有想到任何一個工具，我沒有接受他的感受、提供選擇，或者用想像的方式來補償。我只是出於直覺反應警告他：「不可以、不可以！」然後我馬上把椅子和木馬拿下來，毀了他的偉大傑作。阿丹氣壞了。他不僅大哭，還用腳踢我的小腿。好痛！這下換我爆炸了。我用力抓著他，伸長手臂讓他碰不到我。我喊著：「嘿！不准踢人，很痛耶！」

他也朝著我大叫：「住手！」他不僅繼續扭動掙扎，腳還一直在踢。

我更生氣了，我吼著：「我不會讓你弄傷我！」我放開阿丹，抱起嬰兒（嬰兒這時也在哇哇大哭），然後氣呼呼地跑回我房間，鎖上房門。

這下，阿丹就像瘋了一樣。他一直踢著門，叫著：「讓我進去！我要進去！」

「**不要**！我不想被你踢！」

「讓我進去……讓我進去……讓我進去！我不踢妳了。」

「好，如果你不踢我，我就讓你進來。」

我一開門，阿丹就撲進我懷裡，委屈地哭著。小嬰兒也沒停下來，依然在哭。於是我們三個一起躺上床。阿丹偎在我身邊，並且伸出手臂環抱著山姆寶寶。「大家都在咕，」他吸著鼻子喃喃地說。「是啊，大家都在哭。」我附和著。我們窩在一起，把棉被蓋在身上，一起舒適地沉浸在各自的悲傷中。一會兒之後，我們就起來找點心吃了。

我們確實發生了爭吵，也確實有人動了拳腳。孩子對媽媽做出攻擊，他的母親不用回手的方式就保護了自己，並且大聲堅持著自己的權益。最後，一家人重新建立連結，並且感受彼此的愛意流動。過不了多久，我們就需要跟阿丹聊一聊爬東西有多麼好玩，並且要跟他一起想想更安全的挑戰方式。這就是家有幼兒的現實生活，踢人與哭喊都是家中可能出現的情景。

茱莉的故事：開車時發火

有天下午，我接到電話得知祖母離開了人間，但是我必須等到隔天才有班機能飛到東岸參加喪禮。那天晚上，我實在沒有心情做晚餐，所以我決定帶孩子們出去吃披薩。沒想到，出門的那趟路卻變成一場惡夢。瑞西吵著想聽拉斐（Raffi）*的專輯，亞舍卻說只有小嬰兒才會聽拉斐的歌。

* 拉斐．卡沃基安（Raffi Cavoukian），是一位知名的加拿大創作人和兒童音樂家。

瑞西吵著說：「我才不是小嬰兒！」

亞舍說：「你**就是**小嬰兒啊，你聽的都是嬰兒聽的音樂。」

他們倆你一句我一句地吵著，瑞西開始大哭，而我微弱的制止聲——「嘿！嘿！」——一點也沒發揮作用。

當時我實在無法好好思考。我腦袋裡想不到任何一個工具可以使用。我的心思完全被悲傷佔據，於是開始對嘲笑瑞西的亞舍發火。

我把車子停在路邊，亞舍決定坐到前座，這樣他才可以從副駕駛座的置物箱中，找出一些比較「成熟」的音樂來聽。當時，我心中突然冒出一把火，幾乎就想馬上把置物箱的門重重關上，夾住亞舍小小的指頭。好在，我及時控制住自己，但那股想傷害他的念頭是如此強大，甚至把我自己嚇壞了。

那天的經驗讓我學到了教訓——當我們心情極度不好的時候，千萬別開車載著孩子去吃披薩！如果可以的話，請先照顧好自己的情緒。回想當時，我應該這麼告訴孩子：「孩子們，媽媽今天很難過，沒有辦法開車。大家就吃牛奶泡穀片當晚餐吧！」

章節重點

爸媽真的生氣了！

A.在你生氣的當下，如果你非得喊出來，那麼就……大聲地使用以下工具吧！

1.用一個字表達

「車子！」

2.提供資訊

「弟弟不是讓你這樣踢的！」

3.描述你的感受

「當我看到小嬰兒被別人捏的時候，我會非常生氣！」

4.描述你看到的

「我看到有人受傷了！！！」

5.在不人身攻擊的前提下採取行動

「我不能忍受沙子被亂扔，我們現在得離開這裡了！」

B.當狀況解除，大家都安全無憂的時候，請照顧你自己。

選擇對你最有效的事情來做，例如：在家裡附近跑一跑、深呼吸、獨處一下（把自己關在某一個房間裡）、打電話給朋友發洩情緒、寫email給朋友、寫日記、抱抱你的寵物、聽聽你最喜歡的音樂、照顧你的基本需求——睡個覺，或去填飽肚子……等等。

C.重新和孩子建立連結，試著討論解決方案。

「剛才那樣一點也不好玩，你不喜歡被我吼吧？但是我真的很氣我們又要遲到。下一次我們可以怎麼做呢？」

D.如果你發現自己的怒氣多到無法遏制，請尋求專業人士協助。

15 問題糾錯——當以上工具不奏效的時候

喬安娜

「希望你別誤解我接下來要說的話，」唐尼說：「有時候，這些工具對我來說真的沒有效。或許我的孩子比你的孩子更固執，也可能是我不夠有耐心。只是，我原本以為只要我使用這些工具，就能讓孩子們**聽我說話**。你上課時舉的例子和分享的故事聽起來都很溫馨，效果也很神奇，但真實生活並不永遠會以喜劇收場，至少在我們家是這樣。

就像上次有一天，珍娜想去她朋友梅根家裡玩，但是那天湯瑪斯在練習足球，我得先去接他回家，然後還要做晚餐。我真的沒時間帶她去呀！我儘可能運用了我的同理心，至少在一開始是這樣。我為她提供了選擇：『妳可以明天去梅根家，或者禮拜六的時候去。』然後她就開始哭了：『我一定要今天去！妳一定要帶我去！』

我也向她提供了資訊：『我得去接湯瑪斯回家，還要做晚餐，我真的沒有時間帶妳去梅根家再回來做這些事。』我也試過讓她主導：『不然，妳有沒有其他想做的事呢？』但這一切都一點幫助也沒有，我只是把情況弄得更糟。最後，我實在受不了她一直哭鬧，於是我把她送進房間，關上了門。」

當你試著用各種技巧安撫哭鬧的孩子，但卻一點效果也沒有的時候，真的會讓人感覺很挫折。你很可能開始對自己產生懷疑，或者對你使用的方法打了個問號。如果這些技巧沒辦法讓孩子更願意跟我配合，那我何苦這麼大費周章呢？

當「讓孩子乖乖配合」的工具沒有效果時

「當我發現自己的技巧不斷碰壁時，我心中的座右銘是：『只要有疑慮，就重新回去再一次承認孩子的感受。』妳或許可以試著說：『噢，真是**糟透了**，妳**不想**改天才去梅根家玩，妳**現在**就想去！我也希望我可以帶妳去。』

我不能保證孩子心中的烏雲會馬上消散，因為她現在表現出來的失望，很可能是一整天情緒累積下來的最後一根稻草。她可能仍然會氣呼呼地在家裡走來走去，或是靠上妳的肩膀哭一會兒，然後才能真正釋懷。」

唐尼嘆了一口氣：「妳說的沒錯，我沒想到要先用話語去承認她想要的東西。我以為提供資訊、提供選擇或討論解決方案，就**是**在承認她的渴望。這實在好難，我感覺自己永遠學不會。」

「嘿，別這麼想，」我說：「妳已經做對了好多。妳沒有罵她，讓她受到心理上的傷害；妳也沒有妥協，讓她以為只要哭哭啼啼就能予取予求。妳堅持了自己的立場。我可以保證，一定還會有下一次機會，讓妳在這些工具沒有發揮效果的時候，重新練習承認孩子的感受。」

當你的同理心似乎讓孩子更難受時

「那麼，當我們同理孩子的感受，但卻連這麼做也越弄越糟的時候，又是怎麼回事呢？」莎拉提出疑問：「那天老師告訴我，索菲亞在學校和別人起了衝突。我接她放學的時候跟她說：『我聽說妳跟珍奈兒今天吵架了。』然後她就開始掉眼淚。我接著說：『妳一定很不開心。』然後她就開始大哭。她告訴我，吃午餐的時候珍奈兒不願意跟她一起坐，後來也不讓她和其他女生一起玩互相打扮的遊戲。我一直說著像這樣的話：『噢，好難受喔！』、『妳一定很難過，這可不是朋友該對妳做的事！』但是我越說，她只是哭得越厲害。最後我只能把她放著，讓她自己哭個夠，這樣我才有時間去做晚餐。」

確實，有時候當妳說出孩子的痛處，反而好像讓她更加難受。這是怎麼回事？

「我們來親自實驗看看，」我向大家提議：「想像一下，假設妳祖母上禮拜過世了。妳和祖母關係一直很親密。妳試著不去想這件事，因為這樣妳才能振作起來好好上班。但是妳正好遇到一個好朋友，她對你說：『我聽說了妳祖母過世的事，真的很遺憾，妳們的關係這麼親密、這麼特別。』這時，妳很可能感覺自己所有的防備都崩毀了，眼眶也開始泛淚。妳朋友抱著妳，對妳說：『妳一定很想她。』眼淚終於潰堤，妳開始嚎啕大哭。」

朋友對妳說的話，真的有讓妳感覺更難受嗎？

「我想我會因為心中的悲傷有了宣洩的出口，而覺得好過一點，」莎拉說：「知道有人理解我的感受也會讓我好一些。」

「那麼，要是過了幾分鐘後，妳朋友對妳說：『唉，畢竟她年紀也很大了。妳不能整晚都這麼悲傷，妳需要趕快走出來，我們去打保齡球吧！』」

聽到這兒，所有人都發出嫌惡的聲音。「好，我懂了，」莎拉說：「就算我們對孩子說了『正確的話』，也不表示她們會跟上我們的速度馬上破涕為笑。孩子心裡難過的時候，家長的壓力真的很大。我想，我可能只是很難接受自己沒辦法立刻修復她們的每一道傷口。」

唐尼露出懷疑的眼神：「所以妳的意思是說，我們應該花上個把小時一直去同理她們的感受，直到她們準備好釋懷？我就是對這樣的事情最沒耐心。尤其，孩子難過的事情通常只是沒辦法跟朋友玩，而不是像祖母過世這樣的大事。」

要是妳發現自己快要沒有耐性，或者快要沒有時間了，那麼，妳可以**在不責怪孩子的前提下，照顧自己的需求**。與其說：「好啦，哭夠了吧？事情沒有這麼糟啦！」不如說：「我看得出妳現在好難過，不過我需要開始做晚餐了。等妳想過來的時候，可以來廚房跟我一起待著。」

當你說出孩子的感受，卻反而讓他更生氣時

「那麼，當我們承認孩子的感受，結果他們反而對我們生氣，這又是怎麼回事？」安娜提出疑問：「我說個例子給妳聽。安頓對他的樂高積木是又愛又恨。他很喜歡玩，可是他的小肌肉運動技能還掌握得不太好，所以玩樂高有可能會讓他非常、非常挫折。每次他不小心把做到一半的東西毀了的時候，他就會大哭大叫，亂摔東西。這時候，如果我試著承認他的感受，例如跟他說：『好沮喪喔！』或是『你看起來很生氣』，那麼，他反而會對我發火。他會朝我大喊：『妳不要說！』感覺好像是我在他的傷口上灑了鹽。他確實不想要我說出他的情緒。」

當妳發現承認孩子的感覺沒有奏效時，以下是妳可以重新確認的幾個點：

妳說話的語調或聲音，和妳想表達的情緒是不是相符的呢？還是妳只是在做做樣子？在盛怒的情

況下，沒有一個孩子（或大人）會想聽到別人用極度冷靜或甜美的聲音，平平淡淡地說「喔，你現在感覺很沮喪。」你一定要用真誠的方式儘可能表現出情緒。

「這真的讓人好～沮喪喔！」

而且，別忘了，你並不是只能把孩子的感受說出來，還有很多其他的方式，可以讓孩子知道你了解他的感受。例如，只是發出同情的聲音，也可能安慰到他：

「齁！」「噢……。」

如果這樣還不夠，你還可以**幫孩子把想法說出來**：

「臭積木！」

「怎麼沒有人發明只要**放**在一起就能**黏**得好好的積木！」

「你並不想看到**這樣**的事情發生！」

有的時候，**把發生的事說成故事**，也可能帶來幫助：

「你花了好多心血在那上面，幾乎就快完成了！你把所有藍色的大積木排在一起當成底座，用好多紅色的小積木做成燈，你還在最上面放了一個帶著雷射槍的外星人。它明明就快要準備好飛去火星，結果卻爆炸了！可惡！」

有的時候，最好的辦法就是**什麼也不說**！

有時候孩子會希望自己一個人靜靜待著，不要有人來打擾，**即便**自己正處於艱難的時刻。孩子並不總是希望有人在旁邊喋喋不休地轉述自己現在的感受（大人也是一樣）。請記住，孩子會哭，情緒會過（當然，期間也不乏有玩具或杯子此起彼落的可能性）。我們無法為孩子擋去所有挫折，也不應該這麼做。要是從未親自體會、試著應對，孩子就不可能學會如何面對逆境。

當孩子需要有人幫助他從絕望的低谷中走出來時

「好吧，那麼，要是孩子根本是矯揉做作、放大問題，又該怎麼辦呢？」唐尼問：「我們用的方式難道不會讓自己養出一個沉浸在自艾自憐裡面的孩子嗎？當孩子習慣了家長無止盡的同情和安慰，那麼一旦她進入真實世界，會怎麼樣？老師才不可能那樣對她，畢竟一個班有二十五個孩子啊！」

「我懂你的意思，」我說：「我曾經對我們家老二擔心過一模一樣的事情。問題是，即便是我們眼中一點小小的不便，也可能在孩子心中造成莫大的失落感。我們不可能說兩句話就說服他們走出情緒，也不可能用解釋的方式讓他們少難過一點。不過，仍然有些方法能幫助孩子走出失落的低谷。讓我說說阿丹和山姆的故事給妳聽。」

兄弟大不同

我只要承認了我們家老大的感受，他的情緒馬上就會好轉。要是他從鞦韆上掉下來、撞到頭，還把手中緊緊握著的玩具車摔壞（這很可能就是他掉下來的主因），我只需要說：「噢，親愛的，好痛喔！讓媽咪親親你的頭。可憐的小車被摔壞了，我們需要用膠把它黏一黏。」他的眼淚就能立刻止住。烏雲散去，陽光再次閃耀，阿丹又能繼續冒險了。

相反地，我們家老二卻通常需要透過別人協助，才能調適心情。每當山姆受傷，他總是用盡力氣哭喊不停，以至於我經常擔心當他上學以後該怎麼辦。哪個老師能有這麼大的耐心，去處理他這麼無止無盡的悲苦情懷？

我還記得，有一次山姆不小心擦傷了膝蓋，他哭了好久好久，以至於我甚至想他會不會其實是傷到了骨頭？不過，因為了解他的個性，所以我決定等等看。後來，他終於看起來比較釋懷。他說他好餓，然後津津有味地啃著我給他的蘋果。五分鐘後，他低頭看到自己的膝蓋，竟然就又開始哭了。我當時氣壞了，我說：「山姆，已經不痛了，你就不用再哭了！」

結果換他氣到不行。他把一個被誤解的三歲小孩能有的所有不滿都表現在臉上，然後對我說：「不痛並**不**代表我就不用再**哭**！」

像山姆這樣對身體和情緒的傷害都相當執著的孩子，讓我學會一件事，就是只承認他們的感受不一定是足夠的。我們可能還需要在他們陷落的絕望低谷中造出一些臺階，讓他們看到原來還有出路。

「來，媽咪給膝蓋一個特別的親親，你也可以自己親一親，如果你想要的話。」（山姆喜歡一起參與療癒的過程）。

「我們應該貼哪一種OK繃呢？一般的OK繃，還是有恐龍的OK繃？」

「幸好我們的皮膚知道怎麼自己癒合。現在你的身體正在忙著製造新的皮膚細胞，來修復刮破的傷口。你覺得它需要花多長的時間才能癒合呢？三天？還是四天？」

這種親吻、選擇與資訊輪番上陣的方法，讓山姆找到了一條重拾笑容的出路。幸好，等他大到進了大班的時候，他就已經可以自己處理了。不過在他學會自己克服情緒之前，我依然有相當多機會拿出各式各樣的工具來幫助這個無助的孩子。

地上的爆米花

還有一次，山姆上車的時候不小心把手上的爆米花打翻在停車場的地上，又是悲劇一場。我用一貫的方式回應他：「噢，好失望喔！你一直在期待等下可以吃爆米花，你並不想發生這樣的事！」

山姆哭得更兇了。我試著跟他對話，問他等下到家以後我們可以做什麼點心來吃，但是他心心念念著那杯打翻的爆米花，對我的提議一點興趣也沒有。最後我放手一搏，說：「好吧，你真的很難過，也真的很生氣。可是啊，我知道有人會因為爆米花被打翻了而很開心喔！」

山姆禁不住自己的好奇心，他急著問：「誰？」

「小松鼠看到地上有免費的爆米花一定高興極了，現在牠很可能急著四處奔走，跟牠的家人朋友分享這個好消息，然後牠們會一起聚在爆米花旁邊開一場盛大的派對，搞不好還會邀請花栗鼠一起來吃喔。雖然對我們來說是壞事，對牠們來說可是天大的好事呢！」

山姆一想到停車場上開了松鼠派對，就露出了微笑。「對**我們**來說是壞事，對**牠們**來說是好事，」他複述著我的話。

山姆現在已是一個泰然自若的青年，對於生命中種種哭笑不得的諷刺，自有一番敏銳而坦然的見解。我不禁想，這一切說不定就是從停車場上的松鼠開始的。

好吧，我懂你的意思了，」唐尼說：「有的時候我的問題是出在用錯工具，而有的時候，是我應該對使用的工具更有耐性一點。但是，難道這些工具就沒有真的無效的時候嗎？」

如果有一種工具能保證在任何情況下，都可以馬上讓孩子破涕為笑就好了。要是我們發明出這樣的工具，搞不好還可以獲頒諾貝爾獎呢！（你看，我把「用想像來補償」這個工具運用的不錯吧？）

但是，如果真有這樣一種工具，也可能使我們在孩子的成長過程中錯過許多。孩子不是一板一眼的機器人，在他們長成一個親切善良、有想法且自動自發的人之前，他們必須先學會應對各式各樣的情緒與經驗，其中也包括巨大的哀傷與失落。這過程中，孩子免不了會哭哭啼啼，家長也很可能咬牙切齒。然而，這些都是生而為人的自然過程。

瑪麗亞的故事：抵制浴室

那天晚上，我正在準備讓孩子上床睡覺。有的時候，小班會不願意在睡前上廁所。這樣的話，他有可能會在半夜叫我起來（當然非我所願），也可能不叫我起床，但是隔天早上我就得去他床上收拾善後。

於是，那天我決定為他提供選擇：「你想用外面的廁所，還是用我房間裡的廁所？」

他怎麼說呢？「**不要！**我不要去廁所！」

我又試了另一組選項，還加上一點資訊：「小班，你睡覺前需要去上廁所，床單才不會在半夜的時候變得濕濕的喔！你想要自己去，還是想要我跟你一起進去？」

「我再也不要進去廁所，絕對不要！」

哇，我把工具用上了，但是情況卻只越演越烈，看來我似乎要搞砸了。

但接著我想，**一定發生了什麼事吧**？我記得妳說過，每當我們出現質疑，就應該重新回過頭去承認孩子的情緒，但我根本不知道他現在是什麼感受。

於是我對小班說：「好像有什麼原因讓你今天晚上不想去上廁所。」

結果呢，他伸出雙手，給我看他手臂上剛貼好的恐龍刺青。他用非常難過的表情告訴我：「我不想把它們洗掉。」

啊哈，原來就是它！「噢，我知道了，它們對你來說真的很特別。那我們要不要在你洗手的時候，用毛巾把手臂包起來？這樣它們就不會被弄濕了。」小班很喜歡這個主意，於是就開開心心地去上廁所了。

麥可的故事：重溫懷念的夏令營

星期天晚上我跟傑米說，明天早上他就要去參加新的夏令營了。他一聽，卻開始大哭大鬧。這次，我沒有像以往一樣試著說服他新的夏令營也會很好玩，我只是一直不斷回應著他的情緒，雖然幾乎感覺像永無止盡一樣。

我：你不喜歡這個主意，你不想參加新的夏令營。

傑米：對！我才不要去！

我：你希望你還可以回去參加冒險營！你超喜歡冒險營！（那是他以前參加的營隊，他真的很喜歡，可是營隊已經結束了。）

傑米：對啊！
我：我猜你想要一直、一直去參加冒險營！他們應該永遠都不要結束這個營隊！
傑米：對！而且他們應該持續整個夏天！（這時他還在哭，但是他人已經爬到我的大腿上了。）
我：這樣你就不用去適應新的營隊了。營隊裡會做什麼活動你都已經知道，你一定會玩得很開心，而且這樣你就可以一直選湯姆做你的小隊輔了。
傑米：而且這樣安迪也會在那裡。
我：參加新的營隊很可能讓人感到害怕。你不知道會遇到誰，也不知道會發生什麼事。
傑米（哭著點頭）：嗯嗯……。

就這樣過了二十分鐘之後，我真的很想跟他說：「好了，夠了吧？」很明顯我越是接受他的情緒，他就哭得越兇。但是我沒有放棄，最主要的原因是，我想回來告訴你這招沒有用。但過了大概半小時之後，他告訴我：「好了，我不想說了。」他看起來並沒有好一點，只是累了。
但是隔天，我們一到新的營隊地點之後，他就馬上跟著輔導員跑走了。我想，他可能只是真的需要好好大哭一場，來為他最愛的營隊畫下句點。

喬安娜的故事：吵著要糖

我的老么查克作為三個孩子中最小的弟弟，總是樂於跟著大家的決定走。拜託，他有兩個很會自得其樂的哥哥，還有三隻狗和一隻貓，生活裡從來就不缺樂子，所以幾乎沒有什麼事情能讓他生氣。除了——糖果。

查克兩歲半的時候，終於可以和其他大孩子一起在萬聖節去挨家挨戶討糖果吃。前一年他當然也有去，為了跟他的狗狗湊一對，他打扮成大麥町狗的樣子騎在媽媽肩上（狗狗也被打扮成大麥町狗的樣子，用顏料畫出黑色的點點）。不過那並不算數，這次才是真的上場。他透過自己的努力，帶回了滿滿一整袋的糖果。

到了隔天，他才發現自己竟然不能隨心所欲吃這些糖果，簡直五雷轟頂。我告訴他，雖然糖果很好吃，但是如果一次吃太多，會對身體不好。其他兒子都同意一天吃兩顆是可以接受的，如果糖果比較小顆，就可以吃三顆。我們把大家的糖果袋放在冰箱上面的櫃子裡，這樣就不會受到誘惑，而且狗狗也碰不著。

理論上查克是同意這個協議的，但是後來他才發現，一天比他想像的還要久。只要誰提到**糖果**這兩個字（萬聖節剛過的那幾天，這個字超級容易被提及），查克就抑制不住自己的衝動，只想衝過去把糖果**放進嘴裡**——即便他早就吃了超過我們說好的量。當他發現流淚沒辦法改變事實，就更進一步開始亂踢亂叫。

接受他的感受似乎沒有什麼效果，用想像來補償也不起作用：「要是你有一個對食物不這麼神經質的媽媽就好了！例如一個人超好的媽媽，不但會給你糖果當午餐吃，還會用超級溫柔的聲音對你說：『噢，親愛的，我得確保我的孩子們都～健健康康的。』」

要是我熱情地提供其他食物給他，只會讓他更生氣。

後來，我忙著幫哥哥們準備午餐，最後查克自己哭累了，才終於加入我們。

過了一會兒之後，我把哥哥們帶到一旁，請他們注意不要在查克面前提到**糖果**這個字。要是他們非得說，就請拼出字母，別直接說出來。甜食的誘惑力是如此強大，即便只是想到它，那個念頭也不是兩歲孩子能承受得住的。

我覺得我想到的解決辦法真是神來之筆。查克後來再也沒有崩潰過，因為其他孩子提到糖果時都改用拼音的方式來說，以免又害他爆發。大概一個禮拜之後，有個朋友來家裡作客，查克見到她時這麼問：「請問你身上有沒有C-A-N-D-Y可以給我吃？」

我的朋友驚訝極了：「哇，他會拼字了？他大概是我看過最最聰明的兩歲小孩！」

原來，查克一直留意著我們的對話。當眼前擺著攸關糖果這麼重要事情時，他不用多少時間就破解了我們的暗號。不過，我也發現，雖然他並沒有被我們的暗號唬弄過去，卻也沒有再鬧過脾氣。我想，那是因為他已經測試過我的底線，並且發現我一點也沒有被他動搖。

有時候，當孩子真的想要某樣東西卻又得不到時，很自然就會大哭大鬧。但這不表示我們做的事情是錯的。為人家長是個吃力不討好的角色，我們必須在事關孩子的健康和安危時堅守立場，即便面前這個小小孩正用他獨特的方式掀起情緒的狂風暴雨。

問題糾錯

1. 當孩子氣到不願配合，請重新回過頭去承認他的感受。

「妳連一點點改天才去的**念頭**都不想要有，妳一直期待著**今天**要去朋友家玩！」

- **請確保你說話的語調和話語中的情緒是相符的**

「這真是讓人失望！」

- **試著用聲音取代言語**

「齁！」「噢……」

- **把發生的事說成故事，也可能帶來幫助**

「你花了好多心血在造這艘太空船，你用藍色積木做成底座，用紅色積木做成燈，它幾乎就要準備好出發了！只要再把火箭的翼板裝好就好了……」

2. 給孩子一段回復情緒的時間（也讓你自己休息一下吧！）

「我看得出妳現在很難過，我會待在廚房準備晚餐，等妳想過來的時候，可以來廚房跟我一起待著。」

3. 幫助孩子從失望的低谷中走出來，你可以使用的方式包括：承認他的感受、提供資訊、提供選擇

「糟了，破皮了！好痛喔！幸好我們的皮膚知道怎麼自己癒合。現在你的身體正在忙著製造好多新的皮膚細胞來保護可憐的膝蓋，最後它就會回復到像之前一樣了。你覺得它需要花多長的時間才能癒合呢？我們應該幫它貼上哪一種OK繃？」

4. 採取行動，並且堅守原則；如果你經常因為孩子的哭鬧或抱怨就妥協，那麼這些工具就不會有效。

「我知道你希望我們可以吃糖果當早餐！我現在必須把它收到看不見的地方，你可以選擇吃穀片或是雞蛋。」

5. 重新確認「基本需求」

孩子是不是肚子餓或沒睡飽？或者他是否感覺不知所措？孩子的發展程度足以滿足你對他的要求嗎？

就這麼結束了？

喬安娜和茱莉

所以，一切都搞定了嗎？大家的孩子現在是不是都會乖乖地刷牙，用極其溫柔和尊重的方式對待弟弟妹妹和小動物，每餐都吃好多蔬菜，再也不會把硬幣塞進ＤＶＤ播放器或朝上面塗花生醬，到了晚上就像天使一樣沉沉睡著，整晚都不會起來打擾你的睡眠？

不是嗎？

嗯，我們也覺得大概不會這樣。你也不想要生活變得這麼無趣吧！我們希望這本書能幫助讀者找到豐富的靈感，讓你們克服孩子日復一日帶來的挑戰。到了晚上，你們會感覺……疲憊，這是一定的，但是也會比之前更平靜、和孩子更有連結，內心也更加喜悅。

當孩子再長大，進入不同的年齡和發展階段，你們會遇到新的挑戰，會衍伸出新的疑問，也會發展出新的故事。誰知道呢？說不定我們倆會繼續就這個主題再寫一本書。

我們希望聽到讀者的心聲！請和我們分享你的故事——無論是成功或搞砸的經驗，或是你的疑問和觀察心得。讀者可以透過電子郵件聯繫我們（info@HowToTalkSoLittleKidsWillListen.com），也可以在我們的網站上留言（HowToTalkSoLittleKidsWillListen.com）。我們誠摯地希望可以建立一個家長們相互支持、分享的連結網絡，讓大家共同為了彼此最重要的任務而努力——培育我們的下一代。

致謝

我們要謝謝兩位丈夫，安德魯・曼寧（Andrew Manning）和唐・阿布拉姆森（Don Abramson）。當分隔兩地的我倆花著大把時間抱著電話筒，一邊叨叨不休，一邊敲著鍵盤寫作時，他們一直有耐心地支持我們、相信我們。

我們也要謝謝我們的孩子：丹、山姆、查克瑞・法伯・曼寧，以及亞舍、瑞西和希瑞爾・金・阿布拉姆森。孩子們為我們帶來挑戰，讓我們激發出靈感，同時也幫我們解決科技使用的問題、偶爾幫我們順稿編輯，有時甚至在我們工作的時候幫忙做晚餐。

我們還要謝謝經紀人包柏・馬克爾（Bob Markel），以及我們的編輯珊儂・威區（Shannon Welch）。在他們的帶領下，這本書得以從想像化為現實，對於我們一再延遲的進度，他們也總給予無窮的寬容和理解。

另外要謝謝本書的繪圖者崔西和可可・法伯，以及山姆・法伯・曼寧。他們在大四學業正忙的時候，依然幫助我們把瘸腳的草圖賦予了生命，即便自己其實需要準備期中報告和期末考。

我們還要謝謝我們的父母：阿黛爾與萊斯利・法伯，以及派特和艾德・金。謝謝他們堅定的信任，以及取之不盡的智慧建言。

我們也要謝謝所有家長、祖父母、老師、圖書館員、小兒科醫師、語言治療師、護士、物理治療師、兒童看護、兒童醫療輔助者和幼稚園院長們和我們分享了自己的故事，無論結局是成功或者一敗塗地。

我們還要特別謝謝成就了我倆的阿黛爾·法伯和依蓮·馬茲麗許，是她們開創了這一切，並且為我們提供了無窮的靈感。這一切都因為有你們！

最後，我們要向卡茲（喬安娜的比利時牧羊犬）大喊一聲。每當喬安娜和茱莉在電腦前工作太久，牠就會爬到喬安娜身邊，把嘴裡咬著的玩具朝喬安娜頭上丟過去，提醒她起來走一走。真是無比重要的貼心舉動啊！

親子田　親子田系列029

讓小小孩瞬間聽話的說話公式

How to Talk so Little Kids Will Listen: A Survival Guide to Life with Children Ages 2-7

作　　者　喬安娜・法伯（Joanna Faber）、茱莉・金（Julie King）
譯　　者　鄭百雅
總 編 輯　何玉美
選 書 人　陳鳳如
主　　編　陳鳳如
封面設計　周家瑤
插　　畫　俞家燕
內文排版　菩薩蠻數位文化有限公司

出版發行　采實文化事業股份有限公司
行銷企劃　黃文慧・陳詩婷・陳宛如
業務經理　林詩富
業務副理　何學文
業務發行　吳淑華・林坤蓉・張世明
會計行政　王雅蕙・李韶婉
法律顧問　第一國際法律事務所　余淑杏律師
電子信箱　acme@acmebook.com.tw
采實粉絲團　http://www.facebook.com/acmebook

I S B N　978-986-95256-1-9
定　　價　380 元
初版一刷　2017 年 8 月 31 日
劃撥帳號　50148859
劃撥戶名　采實文化事業有限公司
10479 台北市中山區建國北路二段 92 號 9 樓
電話：02-2518-5198
傳真：02-2518-209

國家圖書館出版品預行編目資料

讓小小孩瞬間聽話的說話公式 / 喬安娜.法伯(Joanna Faber), 茱莉.金(Julie King)著 ; 鄭百雅譯. -- 初版. -- 臺北市 : 采實文化, 2017.08
面 ;　公分. -- (親子田系列 ; 29)
譯自 : How to talk so little kids will listen : a survival guide to life with children ages 2-7
ISBN：978-986-95256-1-9（平裝）
1.親職教育 2.親子溝通

528.2　　　　106013483